现代林业发展战略研究

蒋志仁 刘菊梅 蒋志成 著

北京工业大学出版社

图书在版编目（CIP）数据

现代林业发展战略研究 / 蒋志仁，刘菊梅，蒋志成著． — 北京：北京工业大学出版社，2021.10 重印
ISBN 978-7-5639-7153-4

Ⅰ．①现… Ⅱ．①蒋… ②刘… ③蒋… Ⅲ．①林业经济－经济发展战略－研究－中国 Ⅳ．① F326.23

中国版本图书馆 CIP 数据核字（2019）第 272085 号

现代林业发展战略研究

著　者：蒋志仁　刘菊梅　蒋志成
责任编辑：张　娇
封面设计：点墨轩阁
出版发行：北京工业大学出版社
　　　　　（北京市朝阳区平乐园 100 号　邮编：100124）
　　　　　010-67391722（传真）　　bgdcbs@sina.com
经销单位：全国各地新华书店
承印单位：三河市元兴印务有限公司
开　　本：787 毫米 ×1092 毫米　1/16
印　　张：12
字　　数：240 千字
版　　次：2021 年 10 月第 1 版
印　　次：2021 年 10 月第 2 次印刷
标准书号：ISBN 978-7-5639-7153-4
定　　价：52.00 元

版权所有　翻印必究
（如发现印装质量问题，请寄本社发行部调换 010-67391106）

前 言

随着全球化进程的日益加快,众多的全球性问题,如环境恶化、气候变化、生物多样性损失、贫困、能源缺乏、原材料供应等日益严峻。森林具备多种功能,可以成为应对上述全球性问题的重要解决方案,这促使林业的重要性由行业层面上升到了国际层面,成了社会关注的热点。当前,我国林业发展和生态文明建设进入了一个新的历史时期,更需要及时了解林业发展的新理念、新思路,制定新的林业发展战略,只有这样才能顺应国际潮流,深度融入全球林业发展进程,发挥积极作用。

在党的十九大报告中,坚持人与自然和谐共生成了坚持和发展中国特色社会主义的基本方略之一,建设美丽中国成了建设社会主义现代化强国的重要目标之一,提供更多优质生态产品成了现代化建设的重要任务之一,绿水青山就是金山银山成了建设生态文明的重要理念之一。这些重大理论创新给林业现代化建设带来了深层次、全方位的影响,既赋予了林业新地位、新使命,又对林业改革发展提出了新理念、新要求。在此背景下,探讨现代林业的发展战略就具有了现实意义。

本书基于我国林业的发展现状、面临的机遇挑战以及现代林业的发展理论,结合林业在国家与区域发展中的重要地位,从我国林业的总体发展中探讨了现代林业的发展战略,着重论述了现代林业生态环境建设的发展战略,并就现代林业在生态建设与产业发展中的关键技术做了详细的阐述,最后从政治、经济、法律等多个方面探讨了现代林业发展战略实现的保障措施,为现代林业的发展提供了可行性的建议。

本书内容翔实,框架结构设计合理,能够为林业相关人士提供指导。由于笔者精力和水平有限,书中的错漏之处在所难免,恳请广大专家、读者批评指正。

目 录

第一章 现代林业发展概述 ·· 1
    第一节 中国林业的发展变迁 ·· 1
    第二节 中国林业发展现状 ·· 8
    第三节 现代林业发展面临的机遇与挑战 ······························ 14

第二章 现代林业发展的理论基础 ·· 25
    第一节 区域经济发展理论 ·· 25
    第二节 生态系统理论 ·· 29
    第三节 生态经济学理论 ·· 32
    第四节 可持续发展理论 ·· 34

第三章 林业在国家和区域发展中的重要性 ································ 39
    第一节 林业是生态建设的主体 ······································ 40
    第二节 林业是无可替代的基础产业 ·································· 57

第四章 现代林业总体发展战略 ·· 69
    第一节 现代林业发展的总体战略思想 ································ 69
    第二节 现代林业发展战略布局与目标 ································ 79
    第三节 现代林业发展战略实施建议 ·································· 88

第五章　现代林业的生态环境建设发展战略 ... 95
第一节　社会生态环境建设对林业的需求 ... 95
第二节　林业生态环境建设的发展战略指导 ... 98
第三节　林业生态环境建设发展战略的具体实施 ... 106

第六章　现代林业生态建设的关键技术 ... 115
第一节　现代林业建设的关键技术 ... 115
第二节　现代林业生态保护的关键技术 ... 122
第三节　现代林业生态建设中高新技术的应用 ... 124

第七章　现代林业产业发展的关键技术 ... 127
第一节　林产品发展的关键技术 ... 127
第二节　林种选育与资源开发 ... 137

第八章　实现现代林业发展战略的保障体系 ... 143
第一节　建立长期稳定的资源配置体系 ... 143
第二节　建立规范有序的经营体系和运行机制 ... 159
第三节　强化科技支撑和人力资源保障体系 ... 165
第四节　建立健全完备的林业法制体系 ... 172
第五节　建立与国际接轨的新型合作交流体系 ... 178

参考文献 ... 183

第一章 现代林业发展概述

第一节 中国林业的发展变迁

一、新中国成立前的林业发展概况

我国古代是一个多林的国家。据《山海经》等史料记载,远古时代的华北、西北分布着相当数量的森林。从陕西到甘肃的西山,有大小山峰78座,其中覆盖树木多的33座,占42%;无木者7座,占不到10%。华北地区也分布着大量森林,但并不像现在的景观。随着社会的发展和人口的增加,森林受到了破坏,林地日益减少。

从秦汉时代直到鸦片战争前的漫长封建社会时期,我国逐渐由一个多林的国家变成了少林的国家。原来密林遍布的黄河流域是中华民族经济、文化发展的摇篮,但是,历经数千年的反复摧残破坏,加之人口增多,人们到处毁林开荒,使得森林面积日益减少,水土流失日趋严重,以致黄河上游到处都是秃岭荒坡和千沟万壑,下游河床淤高,水灾频繁。

1840年鸦片战争以后,由于外国列强的侵略,中国逐渐沦为了一个半封建半殖民地国家。从1840年至1949年的100多年间,随着帝国主义列强的入侵,国内封建地主、官僚资本主义和帝国主义相互勾结,加剧了对我国森林资源的破坏和掠夺。

1894年,甲午战争后,日本帝国主义霸占了我国领土——台湾,全岛200多万公顷森林落入日本之手。1904年日俄战争后,日本势力逐渐侵入我国东北,日本帝国主义根据《北京中日会议东北三省事宜条约》的规定,于1908年成立了中日两国政府合办的"鸭绿江采木公司",从此鸭绿江一带的森林又完全陷入了日本帝国主义的手中。

1912年(民国元年),农林部公布了《东三省国有林发放规则》(十八条),规定发放林场有效期以20年为限,一次承领面积以200平方千米为限,从而大部分森林资源落入了地主官僚之手。抗日战争前,四川省峨边县发现近1000平方千米的森林,宋氏豪门的中国木业公司立即巧取豪夺,将其据为己有,进行垄断开发。结果因运输困难半途而废,给整个林区造成了严重伤害。

在整个抗日战争期间，由于日本法西斯侵略者对我国大部领土实行了野蛮的军事占领，以及疯狂的烧杀与大规模的掠夺，使得我国林业方面的损失惨重，其造成的林木损失面积相当于当时我国森林面积的10%（约6亿立方米）。

总之，我国的森林从盘古开天地、三皇五帝时开始，就随着大自然的变迁而不断演化，但随着人类的干预，到1949年新中国成立前夕，我国森林的覆盖率仅为8.6%。

二、新中国成立后的林业发展历程

新中国成立70多年来，林业为国民经济建设和人民生活做出了重大贡献，取得了巨大成绩，同样也存在着某些失误。回顾研究新中国林业的发展状况有利于分析目前的形势，总结经验，寻找未来发展之路。

新中国林业发展大致可以分为三个阶段：1949—1978年为第一阶段，1979—1997年为第二阶段，1998年至今为第三个阶段。

（一）林业建设的起步与徘徊阶段（1949—1978年）

新中国成立初期至十一届三中全会是新中国林业发展的第一阶段。这一阶段党和政府针对林业建设方针、森林权属界定、保护森林资源、防止森林火灾、禁止乱垦滥伐等问题先后出台了一系列政策，这一阶段又可分为建设起步和徘徊停滞两个时期。

1. 建设起步时期（1949-1958年）

1949年，中国人民政治协商会议做出了"保护森林，并有计划地发展林业"的规定。1950年，党和政府提出了"普遍护林，重点造林，合理采伐和合理利川"的建设总方针。1964年，为进一步完善这一方针，又进一步提出要"以营林为基础，采育结合，造管并举，综合利用，多种经营"。林业建设总方针的提出与完善对保护发展、开发利用森林资源发挥了重要的指导作用。

新中国成立前，我国山林权绝大多数为私有，山林可以自由买卖。1950年通过的《中华人民共和国土地改革法》对山林权属问题做出了界定，确立了国有林和农民个体所有林。1949年中国人民政治协商会议做出了"保护森林，并有计划地发展林业"的规定。1950年第一次全国林业业务会议决定"护林者奖，毁林者罚"，各地政府积极组织群众成立护林组织，订立护林公约，保护森林，禁止乱砍滥伐。同年，政务院（现已撤销）还颁布了《关于全国林业工作的指示》，指出林业工作的方针和任务是以普遍护林为主，严格禁止一切破坏森林的行为，在风沙水旱灾害严重的地区发动群众有计划地造林。1958年4月，中共中央、国务院发布了《关于在全国大规模造林的指示》，同月，中共中央、国务院发布了《关于加强护林防火工作的紧急指示》等。

林业建设总方针的确立与完善、森林权属的界定、保护森林资源政策的出台与实施，有助于保护森林资源，推动了我国林业的发展。据相关统计资料，1949年前后，全国森林覆盖率仅为8.6%，1950—1962年主要林区的森林资源调查显示，全国森林覆盖率为11.81%。森林覆盖率有了较快的增长。

2. 徘徊停滞时期（1958—1978年）

这一时期，党和政府为推动林业的健康发展曾出台过一些正确的政策，如1958年9月，中共中央下发了《关于采集植物种子绿化沙漠的指示》；1961年6月，中共中央发布了《关于确定林权、保护山林和发展林业的若干政策规定（试行草案）》；1963年5月，国务院颁布了《森林保护条例》，这是新中国成立以后制定的第一个有关森林保护工作的最全面的法规；1967年9月，中共中央、国务院、中央军委、中央文革小组联合下发了《关于加强山林保护管理，制止破坏山林、树木的通知》等，这些政策措施都有利于森林资源的保护和合理开发。

但就总体而言，这一阶段我国林业建设历经了较多的曲折。全国范围内出现了毁林种粮的现象，森林资源遭到了严重的破坏，水土流失严重，生态环境问题凸显。1973—1976年，我国开展了第一次全国森林资源清查工作，结果显示，当时森林面积约121.9万平方千米，森林覆盖率为12.7%。1977—1981年第二次全国森林资源清查显示，我国森林面积为115.3万平方千米，森林覆盖率降至12.0%，指标较第一次清查时有所下降。

十一届三中全会前，党和政府为推动林业发展出台了一系列政策，就政策的实施效果来看，情况并不理想，林业建设一度停滞，甚至发生了倒退。这与以下几点因素密切相关。

（1）林业建设缺乏有利的社会环境。1958—1978年间，我国先后经历了"大跃进"、人民公社化运动、三年自然灾害和"文化大革命"，党和政府在思想和认识方面出现了偏差，"左"倾思想盛行，在急于求成思想的指引下，全国人民"向自然界开战""以粮为纲"，全国范围内出现了大规模的毁林种粮现象，这一时期森林资源的利用和开发严重背离了林业可持续发展的要求。尽管20世纪60年代党和政府采取了一些补救措施，如制止乱砍滥伐、恢复林业经济正常秩序等，但"文化大革命"爆发后，"以粮为纲"的政策再度推行，林业建设依然很艰难。

（2）以木材生产为中心的林业经营实践。受传统林业经营思想的影响，在林业经营实践中，无论是森工企业，还是营林部门，都执行了以原木生产为中心的经营方针。森林仅被作为一种经济资源，林业建设的首要任务被定位为了生产木材。随着国民经济的恢复和发展，社会各条战线对木材等林产品的需求不断加大，木材年产量逐年增长，从1949年的5670万立方米到1980年的3507.8万立方米，增长了6倍多。超指标采伐、超期采伐甚至乱砍滥伐给林业发展带来了严重危害。

（3）取之于林多，用之于林少，森林保护不到位。由于对森林保护和营造的重要性认识不足，林业建设的正确思想、方针、政策没能得到有效落实，如林业建设"以营林为基础"没能得到有效的贯彻。重砍伐，轻营造，"年年植树不见树，岁岁造林难成林"。据相关资料显示，从新中国成立至十一届三中全会前，我国每年平均造林315万公顷，累计造林超过了 9000 万公顷，但成林面积却只有 2800 万公顷，保存率不到 1/3。

（二）林业建设的恢复与振兴阶段（1979—1997 年）

从 20 世纪 70 年代末到 90 年代后期，即从改革开放之初到 20 世纪末，这一时期是林业发展的第二阶段。大力植树造林、加强森林保护、强调可持续发展成为这一时期党和政府林业政策措施的重点。这一阶段又可分为三个时期：

1. 恢复发展时期（1978—1983 年）

十一届三中全会以后，伴随着党和国家工作重点的转移，林业建设步入了正常轨道。党和政府就植树造林问题相继出台了一些政策，如《全国人民代表大会常委会关于植树节的决议》《关于大力开展植树造林绿化祖国的联合通知》《中共中央关于加快农业发展若干问题的决定》《中共中央国务院关于大力开展植树造林的指示》《中共中央国务院关于保护森林发展林业若干问题的决定》等。

由于历史欠账太多，以上政策的出台、实施没能遏制住我国生态失衡的局面。1981 年 7—8 月，我国四川、陕西等省先后发生了历史上罕见的特大洪水灾害。长江、黄河上游连降暴雨、洪水暴发、山体崩塌，给人民群众的生命财产和国家经济建设造成了巨大的损失。专家学者以大量的数据和事实论证了森林植被遭到破坏、生态失去平衡是造成这次洪灾的主要原因。

严峻的生态形势使党和政府对森林生态效益的重要性的认识不断提升。邓小平指出："最近发生的洪灾涉及林业问题，涉及森林的过量砍伐。看来宁可进口一点木材，也要少砍一点树。"1981 年 12 月 13 日，第五届全国人大第四次会议审议并通过了《关于开展全民义务植树的决议》，从此，植树造林成了我国公民应尽的义务。在党和政府的领导下，全国人民掀起了植树造林运动的高潮，展现了一场规模浩大的生态建设运动。为了改变我国西北、华北、东北地区的风沙危害和水土流失，减缓日益加速的荒漠化进程，党和政府决定在西北、华北北部、东北西部绵延 4480 千米的风沙线上实施"三北"防护林体系建设工程。1986 年后又陆续开展了绿化太行山、沿海防护林、长江中上游防护林、平原绿化、黄河中游防护林等生态工程。全民义务植树和大型生态工程的上马体现了出党和国家对生态建设重视程度的日益加强。

2. 加强森林保护时期（1984—1991 年）

按照中央部署，为了保护森林，促进林业发展，我国农村广泛实行了林业"三定"政策。但随着经济体制改革的深入，木材市场逐步放开，在经济利益的驱动下，一些集体林区出现了对森林资源乱砍滥伐、偷盗等现象，甚至一些国有林场和自然保护区的林木也遭到了哄抢，导致集体林区蓄积量在 300 万立方米以上的林业重点市由 20 世纪 50 年代的 158 个减少到了不足 100 个，能提供商品材的县由 297 个减少到了 172 个。第三次森林资源清查（1984—1988 年）显示，较第二次清查，南方集体林区活立木总蓄积量减少了 18558.68 万立方米，森林蓄积量减少了 15942.46 万立方米。在生产建设需要和人类生存需求的双重压力下，木材年产量居高不下，长期超量采伐、计划外采伐对森林资源消耗巨大，远远超出了森林的承载能力。

与人祸对应的是天灾。1986年春，我国多个省份又连续发生了森林火灾1200多起，烧林52万多亩，造成了严重的经济损失。1987年，大兴安岭林区又发生了特大森林火灾，大火持续了近一个月。据统计，过火林地面积114万公顷，其中受害森林面积87万公顷，烧毁储木场存材85万立方米。这是新中国成立以来最严重的一次森林大火，损失非常惨重，面对森林资源出现的危机，党和政府高度重视，先后颁布了一系列林业保护政策。其中主要有《国务院关于坚决制止乱砍滥伐森林的紧急通知》《中共中央国务院关于制止乱砍滥伐森林的紧急指示》《中华人民共和国森林法》《中华人民共和国森林法实施细则》《中共中央国务院关于加强南方集体林区森林资源管理坚决制止乱砍滥伐的指示》《封山育林管理暂行办法》《国务院关于保护森林资源制止毁林开垦和乱占林地的通知》《中华人民共和国水土保持法》《林业部关于当前乱砍滥伐、乱捕滥猎情况和综合治理措施的报告》，以上政策明确指出，保护森林、发展林业是我国社会主义建设中的一个重大问题，要正确处理当前利益和长远利益、经济效益和生态效益的关系。我国林业建设实行以营林为基础，普遍护林，大力造林，采育结合，永续利用。对森林的保护和管理必须加强，在任何时候都不能有丝毫放松。对乱砍滥伐应当随起随刹，绝不能手软。要彻底改变"木材生产为中心"的理念，坚决调减木材产量，给林业以休养生息的机会。这些政策措施对森林资源的保护以及林业的健康发展起到了积极的促进作用。其中《中华人民共和国森林法》及其实施细则的出台标志着我国林业法制建设跨上了一个新的台阶。

3. 向可持续发展转变时期（1992—1997年）

1992年6月，巴西里约热内卢联合国环境与发展大会对人类环境与发展问题进行了全球性规划，会议通过的《21世纪议程》使可持续发展这一模式成了世界各国的共识。会后，我国编制了《中国21世纪议程——中国21世纪人口、环境与发展白皮书》，该书成为中国可持续发展的总体战略。作为可持续发展战略的重要组成部分，党和政府把生物多样性资源保护、森林资源保护等放到了突出位置。在《国务院关于进一步加强造林绿化工作的通知》（1993）中，其明确指出要坚持全社会办林业、全民搞绿化，总体推进造林绿化工作，切实抓好造林绿化重点工程建设。在随后制定的《中华人民共和国农业法》中明确指出，国家实行全民义务植树制度；保护林地，制止滥伐、乱伐森林，提高森林覆盖率。1994年10月通过的《中华人民共和国自然保护区条例》强调要将生物多样性作为重点保护对象。在1996年9月出台的《中华人民共和国野生植物保护条例》中，我国明确提出了要以严厉的措施保护生物多样性，维护生态平衡。

从20世纪70年代末到90年代后期，经过各方努力，林业建设中存在的毁林开垦、乱砍滥伐等现象得到了一定程度的遏制，植树造林、封山育林等工作初见成效。1984—1988年第三次全国森林资源清查显示，我国森林面积为124.65万平方千米，森林覆盖率12.98%，活立木蓄积量105.72亿立方米，森林蓄积量91.41亿立方米。1989—1993年第四次清查显示，森林面积13.70万平方千米，森林覆盖率13.92%，活立木蓄积量117.85亿立方米，森林蓄积量101.37亿立方米。1994—1998年第五次清查显示，森林面积158.94万平方千米，森林覆盖率16.55%，活立木蓄积量124.88亿立方米，森林蓄积量112.67亿立方米。可见，我国森林面积和蓄积出现了双增长的良好局面，林业发展取得了阶段性成果。

同时，也需清楚地认识到，由于生产建设对木材的需求居高不下，林业发展形势依然严峻。依据林业年鉴中的统计数据，1986—1991年，我国每年的木材产量曾一度递减，从6502.4万立方米下降到了5807.3万立方米，减少了695.1万立方米，减幅为10.7%。但是，1991年之后又迅速反弹了，至1995年，木材产量攀升至6766.9万立方米，远远超过了1986年的产量。

（三）林业建设的快速发展阶段（1998年至今）

1998年至今是我国林业建设的第三个阶段。这一时期我国的林业建设初步实现了以木材生产为主向以生态建设为主的历史性转变。这一阶段分别以1998年特大洪灾、《关于加快林业发展的决定》的出台和中央林业工作的召开为三个节点。

1. 发展战略开始转型（1998—2002年）

1998年特大洪灾后，林业发展向以生态建设为主转变。1998年我国"三江"（长江、嫩江、松花江）流域发生了特大洪灾。此次灾害持续时间长、影响范围广，灾情特别严重，可谓百年洪灾。据国家权威部门统计，全国共有29个省（自治区、直辖市），均受到了不同程度的洪涝灾害，农田受灾面积229万公顷，倒塌房屋685万间，直接经济损失251亿元。有专家指出，洪灾与生态环境的破坏有着直接的关系。长期以来，长江流域上游无节制的森林采伐致使植被减少，森林覆盖率急剧降低，导致流域内大量水土流失严重，泥沙淤积，河流蓄水能力降低。北方嫩江、松花江流域的洪灾成因也是如此。

洪灾引发了党和政府对林业发展战略的深入思考。时任国务院总理的朱镕基在考察洪灾时指出："洪水长期居高不下，造成了严重损失，也与森林过度采伐、植被破坏、水土流失泥沙淤积、行洪不畅有关。"在灾情还未结束时，国务院就下发了《国务院关于保护森林资源制止毁林开垦和乱占林地的通知》，强调："必须正确处理好森林资源保护和开发利用的关系，正确处理好近期效益和远期效益的关系，决不能以破坏森林资源，牺牲生态环境为代价换取短期的经济增长。"在此基础上，党和政府又出台了多项政策，如《国务院办公厅关于进一步加强自然保护区管理工作的通知》《中共中央关于农业和农村工作若干重大问题的决定》等。在这些政策中，党和政府反复强调保护和发展森林资源的重要性以及迫切性。同时，党和政府果断采取措施，实行了天然林保护工程。进入21世纪后，又相继实施了退耕还林还草工程、"三北"防护林建设、长江中下游地区重点防护林体系建设、京津风沙源治理、野生动植物保护及自然保护区建设、重点地区速生丰产用材林建设等工程。林业六大工程的实施标志着我国林业以生产为主向以生态建设为主的转变。

2. 新的发展战略确立（2003—2008年）

《关于加快林业发展的决定》的出台标志着我国林业以生态建设为主的发展战略的基本确立。由于林业具有生产周期长、容易破坏、难恢复的特点，进入21世纪后，我国生态问题日益凸显。2003年6月，中共中央、国务院出台了《关于加快林业发展的决定》，指出我国生态整体恶化的趋势没能根本扭转，土地沙化、湿地减少、生物多样性遭破坏等仍呈加剧趋势。乱砍滥伐林木、乱垦滥占林地等现象屡禁不止。气候异常、风沙、洪涝、干旱等自然灾害频发，严重制约了经济、社会等各项事业的发展。

随后，在中共中央、国务院出台的一系列政策中，我国反复强调贯彻林业可持续发展战略的重要性。这些政策主要有：《中共中央国务院关于促进农民增加收入若干政策的意见》《中共中央国务院关于进一步加强农村工作提高农业综合生产能力若干政策的意见》《中共中央国务院关于推进社会主义新农村建设的若干意见》《中共中央国务院关于积极发展现代农业扎实推进社会主义新农村建设的若干意见》国务院《中国应对气候变化国家方案》等。这些政策体现出党和政府对林业建设、生态建设认识的进一步深化。党和国家对林业建设的认识已经上升到了事关国家发展全局、事关应对全球气候变化的战略地位。由此确立了"三生态"林业发展战略思想，即确立以生态建设为主的林业可持续发展道路，建立以森林植被为主体的国土生态安全体系，建设山川秀美的生态文明社会。我国在这一阶段规划了林业建设的目标：力争到2010年使我国森林覆盖率达到20.3%，2020年达到23.4%，2050年达到28%，基本建成资源丰富、功能完善、效益显著、生态良好的现代林业，最大限度地满足国民经济与社会发展对林业的生态、经济和社会需求，实现我国林业的可持续发展。

3. 跨越式发展新时期（2008年至今）

中央林业工作会议的召开标志着我国林业建设进入了以生态建设为主的新阶段。为了促进传统林业向现代林业转变，2008年6月，中共中央、国务院出台了《关于全面推进集体林权制度改革的意见》，要求用5年左右时间基本完成明晰产权、承包到户的改革任务。2009年6月，中央召开了中华人民共和国成立60年来首次林业工作会议，研究了新形势下林业改革发展问题，全面部署了推进集体林权制度改革的工作。会上，时任国务院总理的温家宝明确指出，林业在贯彻可持续发展战略中具有重要地位，在生态建设中具有首要地位，在西部大开发中具有基础地位，在应对气候变化中具有特殊地位。时任国务院副总理、全国绿化委员会主任回良玉也指出，实现科学发展必须把发展林业作为重大举措，建设生态文明必须把发展林业作为首要任务，应对气候变化必须把发展林业作为战略选择，解决"三农"问题必须把发展林业作为重要途径。这说明党和政府对生态林业建设重要性的认识达到了前所未有的高度。随着我国工业化、城镇化步伐的加快，毁林开垦和非法占用林地的现象日趋严重，社会经济发展需求与林地供给矛盾十分突出。为此，2010年6月9日，国务院审议通过了《全国林地保护利用规划纲要（2010—2020）》，这是我国第一个中长期林地保护利用规划。主要从严格保护林地、合理利用林地、节约集约用地的角度提出了适应新形势要求的林地分级、分等保护利用管理新思路，具有里程碑意义，体现了党和国家全面加强生态建设的决心和意志，也标志着我国林业发展政策由以前摸着石头过河，在不断尝试中前进，逐步过渡到了对林业发展规律有了深入认识，注重总体规划顶层设计的新的历史时期。随着以上政策的出台和实施，林业建设获得了健康的发展，森林资源得到了有效保护和发展，并取得了巨大成就。

总体来看，我国过去长期以木材生产为中心，这段历史时期有着一定的合理性甚至是必要性。随着实践发展和认识的转变，林业生态效益与经济效益相对立的观点逐步被破除，未来林业建设的方向应该是：进一步解放思想，妥善处理林业建设中经济效益与生态效益的关系，积极探索能够实现两者之间共赢的最佳切入点和载体，实现两者之间的良性互动；在坚定以生态建设为主的林业发展战略的同时，推动林业经营方式改革，提高林业生产力水平，最大限度地满足经济社会发展对木材及林产品的需求。

第二节　中国林业发展现状

一、林业建设的主要成就

新中国成立70年来，我国林业建设在探索中前进，在改革中发展。尤其是最近30多年来，林业在管理体制、经营机制、组织形式、经营方式、产业结构等方面进行了富有成效的改革和调整，林业生态体系、产业体系和生态文化体系建设取得了长足的发展。

（一）全面构建林业生态体系为维护国家和全球生态安全做出了重大贡献

建立完善的林业生态体系，发挥林业巨大的生态功能是发展现代林业的首要任务，也是维护生态安全、建设生态文明的重要基础。1978年以来，党中央、国务院采取了一系列有效措施，全面加强林业生态体系建设，为维护中华民族生存根基和全球生态安全做出了突出贡献。

1. 建设和保护森林生态系统使我国成了世界上森林资源增长最快的国家

一是大力发展人工林。目前，我国人工林保存面积达5300多万公顷，占世界人工林总面积近40%，居世界首位。2000—2005年，全球年均减少森林面积730万公顷，而我国年均增加405.8万公顷。我国人工林年均增量占全球的53.2%。二是大力保护天然林。为了保护我国珍贵的天然林资源，国家实施了天然林资源保护工程，全面停止长江上游、黄河上中游地区天然林的商品性采伐，大幅度调减东北、内蒙古等重点国有林区天然林采伐量，有效地保护了9930万公顷森林。三是大力实施退耕还林。1999年以来，退耕还林工程区25个省区市累计完成退耕地造林905万公顷、荒山荒地造林1262万公顷、封山育林160万公顷，占国土面积82%的工程区森林覆盖率提高了2个多百分点。四是大力建设长江、珠江、沿海等防护林体系。1989年以来，长江、珠江流域、太行山绿化、沿海防护林体系建设工程分别完成了营造林570万、71万、489万、142.09万公顷。2008年国务院又决定到2015年再投资99.84亿元全面加强沿海防护林体系建设。

建设和保护森林生态系统的有效措施使我国森林资源实现了持续增长，森林覆盖率从1981年的12%增加到了21.63%，森林蓄积量达到了151.37亿立方米，活立木总蓄积量达到了164.33亿立方米。森林资源总量持续增长，使我国吸收二氧化碳的能力显著增加。2004年，中国森林净吸收了约5亿吨以上的二氧化碳当量，占同期全国温室气体排放总量的8%以上。国际著名专家评估表明，中国是世界上森林资源增长最快的国家，吸收了大量二氧化碳，为中国乃至全球经济社会可持续发展创造了巨大的生态价值。

2. 治理和改善荒漠生态系统，土地沙化趋势得到了初步遏制

我国是土地沙化危害最严重的国家之一。为遏制土地沙化，我国坚持科学防治、综合防治、依法防治的方针，实施了三大重点治理工程，土地沙化由20世纪90年代末期年均扩展3436平方千米转变为了新世纪初期年均缩减1283平方千米，在总体上实现了从扩展到缩减的历史性转变。一是实施三北防护林体系建设工程。工程涉及我国13个省区市的551个县（旗），建设期到2050年。经过30年建设，累计造林保存面积2374万公顷，使黄土高原40%的水土流失面积得到治理。二是实施京津风沙源治理工程。工程涉及北京、天津等5省区市的75个县（旗）。到2007年，累计完成治理任务669.4万公顷，实行禁牧568.4万公顷，生态移民11.6万人。工程区林草植被盖度平均提高了10%～20.4%。三是实施农田防护林体系建设工程。1988—2007年，全国平原地区累计完成造林710万公顷，农田林网控制率由59.6%提高到了74%，3356万公顷农田得到了保护。

3. 保护和恢复湿地生态系统，不断增强湿地的生态功能

我国湿地面积3848万公顷，居世界第四位、亚洲第一位，保存全国96%的可利用淡水资源。改革开放以来，我国制定了抢救性保护自然湿地、制止随意侵占和破坏湿地等一系列政策，实施了湿地保护工程。2013年，第三次全国湿地资源调查显示，我国已建立了各级湿地公园468处、受保护湿地面积达2324.32万公顷，比第二次调查增加了525.94万公顷，湿地保护率由30.49%提高到了现在的43.51%。水源涵养等生态功能不断增强。我国政府先后获得了"献给地球的礼物特别奖""全球湿地保护与合理利用杰出成就奖""湿地保护科学奖""自然保护杰出领导奖"等国际荣誉。

4. 全面保护生物多样性，使国家最珍贵的自然遗产得到有效保护

物种是最珍贵的自然遗产和生态平衡的基本因子，维护物种安全是可持续发展的重要标志。为了加强野生动植物和生物的多样性保护，我国颁布了《野生动物保护法》《野生

植物保护条例》等法律法规，建立了各类自然保护区2395处，覆盖了15%以上的陆地国土面积，超过了世界12%的平均水平。建立了400多处野生植物种质资源保育、基因保存中心和160多家植物园、树木园，已初步形成了类型齐全、功能完备的自然保护区网络体系。300多种珍稀濒危野生动植物和130多种珍贵树木的主要栖息地、分布地得到了较好的保护，大熊猫等濒危野生动物种群数量不断扩大，有效保护了90%的陆地生态系统类型、85%的野生动物种群和65%的高等植物群落。

（二）加快建设林业产业体系，为国民经济发展和农民增收发挥了重要作用

建设发达的林业产业体系，发挥林业巨大的经济功能是现代林业建设的重要任务，也是建设生态文明的重要物质基础。改革开放以来，我国林业产业在曲折中发展、在开拓中前进、在调整中完善，从小变大、由弱渐强，取得了显著成绩。

1. 产业规模不断扩大

2013年，全国林业产业总产值达到了4.46万亿元，木材、松香、人造板、木竹藤家具、木地板和经济林等主要林产品产量稳居世界第一。同时，产业集中度大幅提升。全国规模以上林业工业企业超过了15万家，产值占到了全国的70%以上，广东、福建、浙江、山东、江苏等五省林业产业总产值占到了全国的一半左右，龙头企业培育初见成效，依托自然资源和具有区域特色的产业集群已逐步形成。

2 新兴产业异军突起

近年来，在传统林业产业继续巩固的同时，竹藤花卉、森林旅游、森林食品、森林药材等非木质产业迅速发展，野生动植物繁育利用、生物质能源、生物质材料等一批新兴产业异军突起。2013年，全国木本油料、干鲜果品等特色经济林产量达1.34亿吨，油茶种植面积达5750万亩，花卉种植面积达1680万亩，木材产量达8367万立方米。森林等自然资源旅游达7.8亿多人次。林产品进出口贸易额达1250亿美元，初步确立了我国作为林产品国际贸易大国的地位。

3. 特色产业不断壮大

不同地区的特色支柱产业不断发展，有力地促进了区域经济繁荣、农民增收和社会就业。2007年，陕西省继苹果形成支柱产业后，花椒产业也成了新的经济增长点，韩城市花椒产值占林业总产值的95%以上，有11万农民靠花椒实现了脱贫致富。江苏省邳州市大力培育杨树和银杏产业，林业年产值达到了140多亿元。山东省沾化区仅冬枣一项就实现了年销售收入18亿元，枣农人均收入超过了6000元。

（三）大力发展生态文化体系，全社会的生态文明观念不断强化

改革开放以来，在林业生态体系和产业体系建设取得重大进展的同时，党和政府高度重视生态文化发展，生态文化体系建设明显加强，人与自然和谐相处的生态价值观在全社会开始形成。

1. 生态教育成为全民教育的重要内容

我国发布了《关于加强未成年人生态道德教育的实施意见》，坚持每年开展"关注森林""保护母亲河"和"爱鸟周"等行动，在植树节、国际湿地日、防治荒漠化和干旱日等重要生态纪念日，深入开展宣传教育活动。在电视频道开办了"人与自然""绿色时空""绿野寻踪"等专题节目，创办了《中国绿色时报》《中国林业》《森林与人类》《国土绿化》《生态文化》等重要文化载体。树立了林业英雄马永顺、治沙女杰牛玉琴和治沙英雄石光银、王有德等先进模范人物，坚持用榜样的力量推动生态建设。

2. 生态文化产品不断丰富

"创建国家森林城市"等各种文化活动的举办极大地丰富了生态文化内涵。同时我国还举办了全国野生动植物保护成果展、绿色财富论坛、生态摄影展、文艺家采风和生态笔会、绿化、花卉、森林旅游等专类博览会等活动，出版了《党和国家领导人论林业与生态建设》《生态文明建设论》《生态文化建设论》《森林与人类》等专著，形成了一批有价值的研究成果。《中华大典·林业典》编纂和林业史料收集整理工作全面启动。制作播出了11集大型系列专题片《森林之歌》，赢得了社会好评，电影《天狗》和电视专题片《保护湿地》荣获了2007年度华表奖。

3. 生态文化基础建设得到加强

到2013年为止，我国已建成了国家级森林公园779处，经营面积1048万公顷。确立了上百处国家生态文化教育基地。2007年，首个生态文明建设示范基地——湄州岛生态文明建设示范基地正式建立，国家级特大型综合植物园——秦岭国家植物园工程开工。此外，我国还建设了一批森林博物馆、森林标本馆、城市园林等生态文化设施，保护了一批旅游风景林、古树名木和革命纪念林。2007年，福建省确定了20个"森林人家"示范点，重庆市建成了20多个农家社区森林公园，河南省新建生态文化基地232个，北京市建成了观光果园400多个。这些基础设施建设为人们了解森林、认识生态、探索自然、陶冶情操提供了场所和条件。

4. 生态文化传播力度明显加大

我国将林业宣传工作纳入了党的宣传工作布局。2013年以来，为宣传贯彻中共十八大精神，以促进生态林业和民生林业发展为主题，各级林业部门大力宣传林业在生态文明建设中的地位和作用，宣传林业在经济社会发展中的职责和任务，全面推进了生态文化体系建设。一方面，将天然林保护、退耕还林、湿地恢复、沙漠化治理等16项重大生态修复工程的建设情况不断向社会公开，在"两会"、植树节、森林日、爱鸟周、湿地日、防治荒漠化日、森林防火紧要期广泛组织开展系列宣传活动。另一方面，大力宣传集体林权制度改革的重要意义、重大举措和巨大成就，用典型事例说明改革带给农村社会的发展红利，以及给广大农民带来的福祉。持续宣传林业产业"倍增计划"和产业基地建设、产业集群发展的态势，引导社会资本投入林业发展。持续宣传林业十大主导产业及其政策要点，特别是林下经济、森林旅游、油茶等木本油料产业和林业生物质能源产业的扶持政策和激励措施。

二、林业建设的重要经验

我国经过改革开放多年来林业建设的实践，初步探索出了一条适合中国国情、林情的林业发展道路，为林业在21世纪取得更大的发展积累了宝贵的经验。

1. 坚持把解放思想作为现代林业发展的重要前提

解放思想、与时俱进是事业不断取得胜利的重要思想武器。改革开放以来，我国林业之所以能够得到持续快速的发展，取得巨大的成就，创造成功的经验，甚至有很多方面在世界上处于领先地位，就在于坚持了解放思想、实事求是的思想路线，不断破除阻碍林业发展的旧观念，消除束缚林业发展的思想羁绊，提出了"在发展中保护、在保护中发展""生态中有产业、产业中有生态""兴林为了富民、富民才能兴林"等许多新理念，为林业发展打开了广阔的视野。

2. 坚持把深化改革作为现代林业发展的根本动力

只有深化改革才能激发林业的内在活力，增强林业发展的动力；只有深化改革才能理顺生产关系，解放发展林业生产力。改革开放以来，各级林业部门坚定不移地推进以林业产权制度改革为重点的各项改革，不断调整完善林业政策和机制，有效激发了林业发展的内在活力。

3. 坚持把建设生态文明作为现代林业发展的战略目标

林业是生态文明建设重要的物质基础，也是重要的文化载体。建设现代林业就是按照建设生态文明的要求努力构建三大体系，提升三大功能（生态功能、经济功能和社会文化功能），发挥三大效益（生态效益、经济效益和社会效益），以林业的多种功能满足社会的多样化需求，从而使林业发展的方向更好地适应建设生态文明的要求。

4. 坚持把兴林富民作为现代林业发展的根本宗旨

兴林富民是国家、集体和个人多方利益的最佳结合点。只有兴林才能不断夯实富民的资源基础，只有富民才能不断壮大兴林的社会基础。在林业发展实践中，各级林业部门坚持在兴林中富民、在富民中兴林，充分调动了广大林农群众和林业职工发展林业的积极性，为林业发展增添了动力和活力。

5. 坚持把实施重点工程作为现代林业发展的重要途径

重点工程是国家投资的载体。发展现代林业必须坚持工程带动战略，带动各种生产要素向林业流动。40年来，国家先后启动实施了一批林业重点工程，优化了林业生产力布局，解决了林业长期投入不足的问题，为林业发展提供了有力保障。

6. 坚持把依法治林和科技兴林作为现代林业发展的重要手段

发展现代林业，必须全面加强法制建设，充分发挥科技的支撑、引领和带动作用。我国林业法制建设不断完善，基本建立了较为完备的林业法律法规体系、行政执法体系、监督检查和普法体系。林业科技支撑能力不断增强，科技对林业发展的贡献率不断提高，已由 1996 年的 27.3% 提高到了"十二五"期间的 48%，其中科技转化率达 55%，为林业又好又快的发展提供了有力支撑。

7. 坚持把国际合作作为现代林业发展的重要力量

我国先后与 70 多个国家（地区）及国际组织建立了长期稳定的林业合作关系，累计争取无偿援助项目 700 余个，受援资金约 7.7 亿美元。林业对外科技交流、经济贸易、对外承包和海外开发森林不断增加。我国加入了《濒危野生动植物种国际贸易公约》《湿地公约》《联合国气候变化框架公约》《生物多样性公约》《联合国防治荒漠化公约》和《国际植物新品种保护公约》等公约，在促进全球林业发展和生物多样性保护方面发挥了重要的作用。

三、林业建设存在的问题

在我国林业建设取得重大成就的同时，仍然需要看到，与全面建设小康社会的要求相比，我国林业发展还很落后，林业供给能力还不充分，难以满足不断增长的多样化需求。林业刚刚从以木材生产为主的发展阶段转向以生态建设为主的发展阶段，这一阶段的特征是：边治理，边破坏，治理速度赶不上破坏，生态环境"局部好转，总体恶化"，并且恶化的趋势还未得到根本扭转。与此相伴随的另一个特点是：中国林业目前处在社会主义初级阶段的较低发展水平，森林资源还没有摆脱农民对其的生存依赖、工业对其的经济依赖。破坏森林资源的原发性动力依然强劲。

与国内经济发展需求和世界先进水平相比，当前我国林业建设的问题主要表现为：

1. 森林资源总量不足、质量低下

我国人均森林面积和蓄积量仅为世界平均水平的 1/4 和 1/7，远不能满足占世界 22% 的人口的生产生活的需要。尽管森林清查结果反映，我国已经连续多年实现了森林面积和蓄积的增长，但增长速度已经开始放缓，第八次全国森林资源清查显示，森林面积增量只有第七次清查的 60%，未成林造林地面积比第七次清查减少了 396 万公顷，仅有 650 万公顷。同时，现有宜林地质量好的仅占 10%，质量差的多达 54%，且 2/3 分布在西北、西南地区，立地条件差，造林难度越来越大、成本投入越来越高，见效也越来越慢，要实现森林面积增长的目标还需付出艰巨的努力。

2. 严守林业生态红线面临的压力巨大

2009—2013 年，各类建设违法违规占用林地面积年均超过了 200 万亩，其中约一半是有林地。局部地区毁林开垦问题依然突出。随着城市化、工业化进程的加速，生态建设的空间将被进一步挤压，严守林业生态红线，维护国家生态安全底线的压力日益加大。

3. 加强森林经营的要求非常迫切

我国林地生产力低，森林每公顷蓄积量只有世界平均水平131立方米的69%，人工林每公顷蓄积量只有5276立方米。林木平均胸径只有13.6厘米。龄组结构依然不合理，中幼龄林面积比例高达65%。林木蓄积年均枯损量增加了18%，达到了1.18亿立方米。进一步加大投入，加强森林经营，提高林地生产力、增加森林蓄积量，增强生态服务功能的潜力还很大。

4. 森林有效供给与日益增长的社会需求的矛盾依然突出

我国木材对外依存度接近50%，木材安全形势严峻。现有用材林中可采面积仅占13%，可采蓄积仅占23%，可利用资源少，大径材林木和珍贵用材树种更少，木材供需的结构性矛盾十分突出。同时，森林生态系统功能脆弱的状况尚未得到根本改变，生态产品短缺的问题依然是制约我国可持续发展的突出问题。

第三节 现代林业发展面临的机遇与挑战

随着经济全球化和林业国际化进程的不断加快，国内外日新月异的林业发展趋势为现代林业带来了前所未有的发展机遇与挑战。

一、世界林业发展趋势给林业发展带来的机遇

（一）促使人们对林业生态战略地位的认识更加深化

环境与发展是当今世界的两大主题，保护和改善生态环境是全人类面临的共同挑战。日益恶化的生态环境所造成的资源体系和经济贫困化已危及了社会经济体系的稳定，引起了国际社会的广泛关注，成了21世纪人类生存与发展的重大问题。

森林是陆地生态系统的主体，是自然界最丰富、最稳定和最完善的储碳库、基因库、资源库、蓄水库和能源库，具有调节气候、涵养水源、保持水土、防风固沙、改良土壤、减少污染等多种功能，对改善生态环境、维持生态平衡、保护人类生存发展起着决定性的和不可替代的作用。在各种生态系统中，森林生态系统对地球上生物界特别是对人类的影响最直接、最重大，也最关键，离开了森林的庇护，人类的生存与发展就会失去依托。

随着全球自然资源的日益匮乏和生态环境的持续恶化，森林以其巨大的、不可替代的作用成了当今世界环境与发展的核心与焦点。以森林为经营对象的林业，以其保护性和生产性的特征积极参与和协调社会—经济—环境大系统的循环，也因此使其在全球人口、环境与发展格局中的地位和作用越来越受到国际社会的普遍关注。特别是1992年6月联合

国环境与发展大会以后，森林问题全球化已成了大势所趋。与林业有关的具有法律约束力的国际公约、协定、议定书以及目前暂不具备法律约束力的国际林业进程和相关国际组织森林准则对各国林业的发展正在产生着不同程度的影响，林业已不仅仅是某一区域和国家自己的事务，而是关系到了世界环境与发展的全球化问题。积极帮助发展中国家发展林业，保护森林也逐渐成了发达国家的共识。正如联合国环境与发展大会秘书长莫里斯·斯特朗所提出的，"在推动环境与经济领域一体化这件事情上，为协调国家利益和全球范围的环境保护利益方面取得一致意见，没有任何别的问题比林业更重要的了"。国际社会对林业的普遍重视将使中国政府和广大群众对林业战略地位的认识更加深刻，对现代林业的发展更加关注。

（二）促使森林资源达到消长平衡已成为林业的发展目标

自20世纪70年代以来，世界森林资源呈现出了两种截然不同的消长趋势，即发展中国家的森林资源大幅度下降，发达国家的森林资源缓慢增加。尤其是在1992年6月联合国环境与发展大会召开后的10年间，全球平均每年消失的森林面积仍达到了900万公顷，而且这种趋势仍将持续相当长的时间。努力遏制全球森林资源下降，促使全球森林资源消长平衡，扭转和改善全球生态环境持续恶化的局面已成了世界各国林业发展的共同目标。

我国在世界上仍属发展中国家，但作为一个负责任的发展中国家，为履行国际义务，一是多年来十分重视对森林资源消耗的调控工作。据全国第五次森林资源清查汇总结果显示，目前我国森林面积和蓄积已实现了"双增长"，森林覆盖率持续增加，活立木生长量大于消耗量，用材林生长量与消耗量基本持平，且略有节余。但森林质量持续下降，单位面积蓄积量和可利用资源进一步减少。二是多年来十分重视扩大森林面积和增加森林资源。我国是一个少林国家，特别是西部地区更是缺林少绿，为此，我国一直将加快西部少林地区林业发展作为增加森林资源的一个主要途径。西部具有大力发展林业的广阔地域空间，又是整个国家发展战略中保护和发展的重点地区，因此，在此发展林业必然会得到国家的重视和扶持。

（三）强调生态优先，实施可持续经营

林业的可持续发展主要取决于森林的可持续经营，因此，解决森林的可持续经营问题就成了解决环境与发展问题最主要和最直接有效的途径和手段。

森林经营理论自诞生以来，为适应经济社会发展及生态环境保护对林业发展的要求，200多年来一直处于不断发展和完善之中，先后经历了"森林永续经营理论"以森林永续收获为核心的"法正林理论""近自然林业理论"和20世纪80年代末才提出的"森林生态系统经营理论"等的不断丰富、补充和完善的过程。但是，促使森林经营理论真正变革的是1992年联合国环境与发展大会，在此次会议上，世界各国首脑签署了《21世纪议程》《关于森林问题的原则声明》，形成了可持续发展和森林可持续经营理论，将可持续经营

作为森林经营和林业发展的目标,把当代人的利益和后代人的利益,把务林人的利益和全社会的利益,把林业的经济效益、生态效益和社会效益全部纳入了决策的视野,对其给予了同样的重视;将林业发展与社会整体、全局和长远利益有机地结合了起来,极大地丰富和发展了森林经营理论的内涵。同时,随着人们对森林功能认识的进一步提高,森林利用逐渐由以采伐天然林为主向以采伐人工林为主转变,由以工业利用为主向以生态效益为主、发挥森林多种效益的方向转变,林业在国民经济和社会发展中的主体地位和重要作用也相应地发生了变化,林业的生态公益效能不断增强。为适应国际社会与本国对林业发展和生态环境保护的要求,世界各国纷纷调整林业发展战略,将森林可持续经营作为各国林业发展的指导思想和理论基础。尽管各国调整的广度和深度因社会经济发展水平的不同存在着很大差异,但其共同点都是森林经营,更加强调和注重发挥森林的生态和社会效益。这一森林经营理念的确立和弘扬将给现代林业的发展带来极大的鼓舞和鞭策。

(四)发展林业是缓解资源供需矛盾和保护生态环境的重要手段与途径

人口、经济的持续增长对资源、环境的压力日益加重,使得世界木材和林产品的供需矛盾日趋突出。而全球天然林资源,特别是热带雨林资源数量的减少和质量的急剧下降已引起了国际社会的普遍关注。大力发展和营造人工林,并积极推动社会林业(包括乡村社会林业、城市社会林业和特殊社区林业等3种类型)的发展不仅能够大幅度增加木材及林产品产量,以缓解供需矛盾,还能够迅速建立起卓有成效的国家森林生态防护体系并保障天然林不致减少,同时还能积极促进区域经济发展,以解决当地劳动力就业的问题。因此,自20世纪以来,特别是近三四十年来,不论是发达国家还是发展中国家,不论是森林资源较少的国家还是森林资源丰富的国家,都非常重视发展人工林和社会林业,其把大力营造人工林和加快社会林业发展作为一种既能满足经济社会发展需要,又能保护和改善生态环境的重要手段和途径。

我国是人工造林和保存面积最大的国家,但同时也是世界上人口最多的国家和世界上人均森林资源较少的国家。据全国第八次森林资源清查结果显示,我国森林覆盖率为21.63%,森林覆盖率也远远低于全球31%的平均水平,人均森林面积仅仅是世界人均水平的1/4,人均森林蓄积也只有世界人均水平的1/7。可以说森林资源总量相对不足,质量也不太高,而分布不均的状况也还没有得到根本的改变。因此,大力发展人工林,加快社会林业发展将是我国林业发展的一个主要方向。随着国家对林业和生态建设投入的力度不断加大,其将为我国加强天然林保护,大力发展人工林和加快社会林业发展带来新的机遇。

二、可持续发展战略给林业发展带来的机遇

(一)国家实施可持续发展要求加快林业的发展

可持续发展是社会、经济、人口、资源和环境的协调发展和人的全面发展,它主张世

界上任何地区、任何国家的发展不能以损害别的地区、别的国家的发展能力为代价,主张当代人的发展不能以损害后代人的发展能力为代价。

我国是一个人口基数大、人均资源少、生态环境先天脆弱,而经济发展处于高速增长期的发展中国家,为避免重蹈发达国家以资源与环境换取经济发展的覆辙,我国政府一直以来都十分重视国民经济和社会需要与资源、生态环境的协调发展。特别是在1992年联合国环境与发展大会之后,为保障中华民族的可持续性发展,以江泽民同志为核心的第三代领导集体高瞻远瞩,运筹帷幄,大力推动着我国坚定不移地加快走文明发展的道路,实施了可持续发展战略。在1995年9月党的十四届五中全会上,江泽民同志提出:"在现代化进程中,必须把实施可持续发展作为一项重大战略。"1996年3月,第八届全国人大第四次会议批准了《中华人民共和国国民经济和社会发展"九五"计划和2010年远景目标纲要》,第一次把可持续发展与科技兴国并列为国家战略。1997年9月,在党的"十五大"报告中,明确提出了要"实施科教兴国战略和可持续发展战略"。2001年7月1日在建党80周年纪念大会上,江泽民同志全面阐述了我国可持续发展战略:"坚持实施可持续发展战略,正确处理经济发展同人口、资源、环境的关系,改善生态环境和美化生活环境,改善公共设施和社会福利设施,努力开创生产发展、生活富裕和生态良好的文明发展道路。"2002年3月,在中央人口资源环境工作座谈会上,江泽民同志再次强调指出,"为了实现我国经济和社会可持续发展,为了中华民族的子孙后代始终拥有生存和发展的条件,我们一定要按照可持续发展的要求,正确处理经济发展与人口资源环境的关系,促进人和自然的协调与和谐,努力开创生产发展、生活富裕、生态良好的文明发展道路。"

与此同时,我国紧锣密鼓地相继制定了一系列法律法规以及各重点领域的目标与行动纲领,把可持续发展贯穿到了整个国家的经济建设、社会公平、文明进步和生态建设、环境保护的各个领域,落实到了国家的经济建设和社会发展计划与远期规划当中。最高决策层对实施可持续发展战略的全面推行以及所取得的辉煌成就高度体现了"一个民族对于自身发展的审慎选择;一个时代对于生态环境的整体关怀;一个国家对于全球思考的伟大贡献"。

我国的青海等部分地区,由于过去过度垦牧,缺乏保护,出现了草场退化、土壤沙化、水土流失严重、荒漠化加剧、湿地萎缩、生物多样性遭到破坏等一系列生态问题。多年来虽经多方治理,但局部改善、整体恶化的局面仍未改变,并已严重影响到了区域经济社会的持续发展,也对国家整体生态安全乃至相关国际社会的生态安全构成了威胁。因此,努力协调经济和社会发展与资源、环境的关系,实施现代林业可持续发展战略成了实现经济社会持续发展的必然选择。

(二)可持续发展战略赋予林业以重要地位,林业面临着快速发展机遇期

在影响可持续发展的3个因素中,与林业密切相关的就占了两个:一个是资源,一个是环境。林业独具的自然性、可再生性、低能性和环境友好性决定了林业作为经济社会可

持续发展与生态环境资源可持续利用的桥梁，其所具有的特殊作用是任何部门与行业都不具备的优势。因此，林业既是一项重要的社会公益事业，又是一项重要的基础产业，肩负着改善生态环境、维护国家生态安全和促进经济发展的双重重大使命，在人类经济社会持续发展的全局中居于特殊、重要的地位。2003年，中共中央、国务院《关于加快林业发展的决定》中指出：在贯彻可持续发展战略中，要赋予林业以重要地位；在生态建设中，要赋予林业以首要地位；在西部大开发中，要赋予林业以基础地位。

1. 林业维护着国家和区域生态安全，林业的战略地位进一步凸现

经济和社会的可持续发展必须要具有良好的生态环境条件，只有环境系统源源不断地为经济系统提供物质和能量，才能使经济和社会的可持续发展成为可能。也就是说，资源的可持续利用和持续良好的生态环境是经济和社会可持续发展的物质基础。

森林是地球生命系统的支柱，是维护陆地生态平衡、促进生态良性循环的重要调节器。林业是以土安全、水安全、环境安全、生物安全等为主体的国家生态安全体系的基础和纽带，是生态建设的主体，承担着维护国家生态安全的重大使命。没有林业的持续发展，就不可能有持续良好的生态环境，也就不可能实现经济和社会的可持续发展。

我国是一个生态环境十分脆弱的国家，水患、沙患已构成了中华民族的心腹大患，严重影响和制约着我国全面建设小康社会宏伟目标的实现。我国人均水资源只有2000多吨，是世界人均占有量的1/4；全国常年农业缺水 300×10^8 立方米，全国667个城市中有400多个城市缺水；全国荒漠化土地占国土陆地面积的27.3%，而且每年还以2460平方千米的速度在增长，全国水土流失面积仍高达 356×10^4 平方千米，每年流失的土壤总量达50多亿吨。因此，抓紧建设以森林植被为主体、乔灌草相结合的国土生态安全体系，减缓温室效应，治理水土流失，遏制荒漠化，保护生物多样性，是国家和区域可持续发展赋予林业的重大历史使命。

2. 森林产出丰富，社会需求巨大，林业发展前景广阔

林业不仅是一项重要的社会公益事业，还是一项无可替代的重要基础产业和新世纪的朝阳产业，对人类经济社会的发展具有极为重要的积极作用。

其一，林业为人类经济社会的发展提供了重要的、不可替代的物质基础。一是作为当今四大原材料之一的木材正成为一种越来越宝贵的战略物资，成为支持经济社会发展的重要基础；二是林业可提供丰富的绿色产品，对满足人们的绿色消费需求起到了重大的作用；三是林业能够对传统农业起到有益的补充，极大地丰富和提高人们的生活质量；四是林业提供的木质能源是解决农村用能的一个重要途径。

其二，林产品功能和结构上的多样性决定了林业是区域经济尤其农村经济的重要组成部分。一是林业可以改善农牧业和农村生态环境，为培育绿色食品和农牧民增收创造良好的条件；二是林业能够持续不断地生产各种木本粮油和大量优质的木材、竹材、干鲜果品、森林蔬菜、食用菌类、中药材、花卉、饲料及大量工业原料，是农民实现增产、增收的重要途径；三是林业产业的发展对带动农村种植业、畜牧业和加工服务业的结构调整具有极为重要的作用。

其三，生态环境已成为当今世界一个国家、一个地区、一个城市综合竞争力的重要组成部分。环境是一个国家、地区或城市的生命，如果没有一个良好的环境，这个国家、地区或城市自身的生存不但会受到威胁，而且也不可能带来强大的游客流、信息流和资金流，更谈不上正常有序的发展和扩张。要建设一个经济繁荣、社会稳定、环境优美的现代化国家、地区或城市，就必须把生态环境的保护和建设放在首位，只有改善了生态环境，才能更好地引进资金、技术和人才，才能加快当地经济和社会的发展。要保证经济的持续高速发展，就需要吸引更多外来的人力、物力和财力，将其投入到经济的开发之中，也就必须更加注重生态保护和林业建设，为增强综合实力和竞争力创造更好的软环境。

其四，林产品贸易也是国际贸易的重要组成部分，是一个国家林业竞争力的一个重要方面，林产品出口贸易更是一个国家综合国力和竞争力的体现。

其五，林业生态产业是新世纪的朝阳产业，也是现代林业产业的根本方向和重要内容。一是随着人们物质生活水平的提高以及生态意识的增强，公众呼唤优美的环境、清新的空气、高质量的饮用水和无污染的绿色产品的要求也越来越强烈，人们对林业的主导需求已发生了根本性的变化，生态和社会需求已占据了主导地位，给林业生态产业的内涵和外延带来了很大的发展空间；二是以林为主的多元化林业生态产业方兴未艾，并在促进生态建设和地方经济发展方面有了长足发展；三是作为典型的林业生态产业之一的非木质林产品的生产，已成了保护森林资源、提高农民收入、增加就业机会和保障社会稳定的重要补充手段，并已引起了国际社会的高度重视。

3. 林业有利于促进人类的文明与进步，生态文明观念有利于提升林业的社会地位

文明是人类社会实践活动中进步、合理成分的积淀，它的发展水平标志着人类社会生存方式的发展变化。生态文明是指人类在物质生产和精神生产中充分发挥人的主观能动性，按照自然生态系统和社会生态系统运转的客观规律，建立起来人与自然、人与社会的良性运行机制和协调发展的社会文明形式。生态文明建设的主要目标是使自然生态系统和社会生态系统最优化和良性运行，实现生态、经济、社会的可持续发展，其核心内容就是实现人与自然和谐相处、共生共荣、共同发展。

大自然孕育了人类，人类则在认识自然、改造自然的过程中创造了一个又一个光辉灿烂的文明。森林是人类文明的摇篮，是人与自然和谐相处的主要载体，也是人类社会持续存在的基础。森林作为人类社会这个大生态系统的一员，与系统中其他成分之间相互作用，有着密切的关系，不但时刻影响着我们生存环境的好坏，而且对我们的生活质量也具有极为重要的作用。人类的衣食住行与森林均有千丝万缕的联系，无不在消费着森林资源或林产品，反过来，我们人类的活动也无时无刻不在影响着森林的数量和质量。森林的繁茂曾经孕育了人类的古代文明，森林的衰亡也必将影响着人类现代文明的前进步伐。人类社会发展的历史证明，人类的文明进程与森林兴衰息息相关，一个国家森林的消亡就意味着这个国家的消亡。森林是林业发展的主体资源，林业兴则生态兴，生态兴则文明兴。发达的林业是促进人类文明的基础，是实现生态文明的保障，更是国家富足、民族繁荣和社会进步的重要标志。

为此，我们既要生产发展、生活富裕的小康社会和现代化的物质文明，又要蓝天碧水、净土和生物多样的生态文明；既要为今天的发展尽力，又要把青山绿水留给子孙后代。随着现代文明的发展，人们对环境与资源基础支撑的依存度也在不断增加，只有加强环境与资源保护，后代的生存和发展才能获得长久的支撑能力。加快林业发展，增加森林资源，改善生态环境，保障生态安全，储备后续产业，建成具有多功能的林业生态体系和产业体系，就是坚持以人为本，统筹人与自然和谐发展，加快社会文明发展步伐的具体体现。

三、西部大开发战略给林业发展带来的机遇

（一）林业生态环境建设是西部大开发战略的关键和重点

实施西部大开发战略是我国在世纪之交的重大战略决策，是推进全国改革和建设，实现国家经济发展、社会长治久安以及我国现代化建设第三步战略目标的重大举措，不但具有重大的经济意义，而且具有重大的政治和社会意义。西部大开发将着重解决调整生产力布局和区域发展政策，形成东西部协调发展的格局。其关键和重点是基础设施和生态环境建设，包括加强生态建设和环境保护，天然林资源保护，因地制宜地实施耕地退耕、还林还草，推进防沙治沙和草原保护，注意发挥生态的自我修复能力。国土陆地面积占全国57%，居住人口占全国23%的西部地区是我国重要江河的发源地，具有极为重要的生态区位，对我国中东部生态环境质量和国家生态安全具有控制性作用。但由于特殊的地理和气候条件，加之人类活动影响的不断增大，导致西部森林植被稀少，类型单一，缺少生态屏障，致使大部分地区生态环境极度脆弱，土地退化严重，人类生存条件十分恶劣。据第八次全国森林资源清查汇总成果显示，西部地区的森林覆盖率（注：仅指乔木，不包括特别规定的灌木等在内，下同）不到20%，大部分地区的森林覆盖率很低。占国土陆地面积近30%的甘、新、宁、青西北4省（区）的森林面积只有440多万公顷，仅占全国森林总面积的2.8%，森林覆盖率仅为1.53%，而其水土流失面积却占全国水土流失面积的80%，荒漠化土地面积占全国的90%以上。

恶劣的生态环境严重制约着区域经济社会的正常发展。据《2001年中国发展问题报告》显示，1999年西部地区拥有的GDP只占全国的14%，人均为4250元，相当于全国人均值的60%，相当于东部人均值的47%；西部城镇居民人均年可支配收入和农民人均年纯收入分别为5058元和1583元，仅相当于全国同类指标的86%和72%，相当于东部同类指标的1/2和1/3；西部社会商品零售总额仅占全国的13%，人均购买力仅为全国平均水平的47%；全国大部分的贫困县集中在西部地区，90%的最贫困人口在西部；改革开放20

年，西部地区经济增长速度比全国低1.1%，比东部低4.1%。恶劣的生态环境使大型基础设施和生产基地缺乏生态屏障的同时也使得人才、信息、技术难以进去，资源难以合理利用，也势必严重影响着西部大开发战略目标的实现。因此，要建设一个经济繁荣、社会进步、生活安定、民族团结山川秀美的西部地区，就必须把生态环境保护和建设放在首位，只有改善了生态环境，才能更好地引进资金、技术和人才，才能加快西部经济和社会的发展。正如江泽民同志所强调的，"改善生态环境是西部地区开发建设必须首先解决的一个重大课题，如果不从现在起努力使生态环境有一个明显改善，西部地区实现可持续发展的战略就会落空"。西部地区生态治理与建设任务巨大，林业发展空间广阔。

（二）发展林业是恢复和改善区域生态环境的根本措施和最基本的切入点

林业是生态建设的主体，是西部大开发的根本和切入点。西部地区生态环境的恢复和改善，地方经济的发展，以及农民收入的增加等，在很大程度上取决于林业的发展。西部地区林业发展的战略布局成功与否，以及西部地区林业发展的速度，直接关系到了西部大开发的成败。因此，国家实施西部大开发战略必将对推动西部地区的林业发展，特别是对国家生态安全的发展将产生极为重大的现实意义。

四、加快林业发展的决定给林业发展带来的机遇

（一）《关于加快林业发展的决定》将林业的地位提到了前所未有的高度

2003年6月25日是我国林业发展史上具有里程碑意义的一天，中共中央、国务院正式出台了《关于加快林业发展的决定》（以下简称《决定》），对林业做出了全面的科学的定位，将林业的地位提到了前所未有的高度，赋予了林业在可持续发展战略中以重要地位，生态建设中以首要地位，西部大开发中以基础地位，标志着我国林业建设指导思想从根本上发生了由以木材生产为主向以生态建设为主的历史性转变，中国林业建设从此跨入了一个崭新的时代。林业受到了全社会普遍和空前的重视，为林业的快速发展奠定了坚实的社会基础。

（二）《决定》对林业建设将产生巨大的推动作用

中央林业《决定》的出台对加快中国林业的发展具有极为重要的现实意义和深远的历史意义。

其一，从国家层面上来说，为认真贯彻《决定》精神，（现为国家林业和草原局，下同）明确提出了实施以生态建设为主的林业发展战略。这一战略是把坚持以人为本，全面、协调、可持续的科学发展观与林业发展的具体实践相结合，把《决定》精神与林业贯彻落实《决定》的实际行动相结合，把经济社会协调发展对林业的要求与林业自身协调发展相结合，把林业的发展真正融入了国民经济和社会发展的大局，促进了人与自然和谐发展。

林业在统筹人与自然和谐发展中具有重大的、独特的、不可替代的关键作用，是国民经济和社会发展全局赋予林业最重要、最根本的时代重任，是以生态建设为主的林业发展战略的出发点和根本目标。

要实现人与自然和谐发展，关键就是要加快林业发展，保护和改善生态环境。要加快发展，就必须以大工程带动大发展。六大林业工程既是林业发展新战略的物质内核，又是贯彻实施林业发展新战略的着力点和抓手，是新时期国家生态建设的主战场，也是贯彻实施以生态建设为主的林业发展战略的主战场。继续加大六大林业工程的投入力度，将极大地推动林业的快速发展。

其二，从省（区）层面上来说，为适应全面建设小康社会对林业工作的新要求，指导全省林业持续、稳定、协调发展，使林业在全省经济建设中发挥更加积极的作用，如青海省委、省政府就做出了有关加快林业发展的决定，以"三江源"自然保护区的建设为重中之重，加大了对大江大河源头地区的生态治理力度，将局部造林、常规发展逐步转向了整体治理、快速推进。这必将全面推动我国林业建设健康、协调、快速的发展。

五、区域社会经济发展给林业带来的机遇

林业是经济和社会可持续发展的重要基础，反过来，经济和社会的发展又必将推动林业的发展。

新中国成立以来，在党和国家的高度重视下，我国经济社会有了飞速发展。特别是改革开放以来，我国经济社会发生了翻天覆地的变化，这对推动林业的快速发展将产生极为重要的作用。具体表现在：其一，随着社会的进步，人们的文化素质和环保意识日益提高，人们对加快林业发展重要性的认识越来越深刻；其二，随着生活水平的提高，人们对林业的需求发生了根本性的变化，生态和社会需求已成为人们对林业的主导性需求，而且要求也越来越高；其三，区域经济实力的不断增强为加快林业发展，走生态文明道路奠定了一定的经济基础；其四，随着林业体制改革的不断深入，社会林业发展势头迅猛，已成了加快林业发展的重要途径和手段。

六、现代林业面临的挑战

现代林业发展既拥有前所未有的历史机遇，又面临着严峻的挑战。

（一）进一步解放思想观念面临的挑战

其一，传统计划经济观念根深蒂固。我国部分地区，尤其是西部地区，由于地处边远，经济社会发展滞后，市场经济体制发展相对缓慢。因此，计划经济观念仍较普遍地存在着，这对加快林业的发展会产生较大的不利影响。

其二，保守、封闭、狭隘观念和等、靠、要思想依然存在。尽管随着改革开放的不断深入，人们的思想观念发生了很大变化，社会林业也有了较大发展，但仍有不少地方的领导干部和群众不善于站在全局和长远利益上去分析、解决问题，把发展林业、改善当地生态环境错认为只是国家的事情，存在着不给钱不造林的保守、封闭、狭隘观念，以及给多少钱、造多少林，一味依赖国家的等、靠、要思想。这是加快林业发展道路上必须首先解决的重要问题。

（二）森林问题全球化带来的挑战

森林问题全球化是一把双刃剑，既给世界各国林业的发展带来了机遇，同时也带来了严峻的挑战，尤其对于发展中国家，会给其带来很大的压力。纵观人类经济社会的发展，无一不是建立在资源开发和利用的基础上。我国是发展中国家，在我国经济社会发展滞后的省份，一方面要努力发展经济，另一方面又要履行国际义务，全面保护和恢复生态环境。在这种背景下，林业发展必然会面临森林问题全球化的巨大压力和挑战。

（三）进一步深化林业改革面临的挑战

林业发展缓慢的一个重要原因就是林业生产关系不适应林业生产力的发展。要加快全省林业的发展就必须从全局出发，解放思想，与时俱进，对制约林业发展的体制、机制和政策，特别是在林业发展政策、林业产业政策、林业分类经营、国有林场圃管理体制等方面进行重大调整和改革。这将会对现有林业的体制、机制和政策构成巨大冲击，受到方方面面和形形色色的阻挠，成为林业发展的一个重大问题。

（四）生态和社会需求进一步加大带来的挑战

随着人们物质文化生活水平的提高，人们对林业的生态和社会需求进一步加大。进入21世纪以来，人类对生存环境的总体需求是返璞归真，回归自然，建立人与自然协调和谐的关系。人们对国土大环境的向往是实现山川秀美、生态良好，对生存小环境的向往是绿化、美化、净化，人们的时尚追求是走进自然进行生态休闲。林业既肩负着维护国土生态安全的重任，又要满足人们日益增长的生态和社会需求，这无疑会给林业的快速发展带来很大的压力。

（五）经济发展带来的挑战

林业在全省国民经济中所占比重很小，在百业待兴的社会经济发展中，林业发展会遇到各种矛盾，在资金投入上也势必会遇到激烈的竞争。一是林牧矛盾。传统的牧业生产方式对保护和发展林业资源的压力很大，是限制全省林业快速发展的主要因素。二是林农矛盾。由于农民对林业的认识不足，一方面极个别地方仍然存在着毁林开垦现象，另一方面一些农民对农田防护林存在偏见，导致产生了林农争地矛盾，客观上对林业的快速发展带来了一定的影响。三是林业与其他行业发展的矛盾。在全省经济社会发展中，其他行业的发展可能会征用一定的林业用地，这对林业的发展也会产生一定的影响。四是林业资金投入上会遇到的激烈竞争。一方面客观上各行各业都需要发展，另一方面主观上的自然条件差决定了林业具有投入大、周期长、见效慢、直接经济效益低等诸多特点，在争取资金投入上将会遇到激烈的竞争，从而对林业的快速发展带来很大的影响。

第二章 现代林业发展的理论基础

第一节 区域经济发展理论

区域经济发展究竟趋向均衡还是非均衡，这在经济学中存在着不同的理论解释。

一、区域经济均衡发展理论

新古典区域经济均衡发展理论的核心思想是：在市场机制作用下，区域经济发展通过区域内部资本积累过程和区域间的生产要素流动，最终会自动趋向均衡。所附加的假设条件重要的有两个：区域间生产要素完全自由流动，运输费用为0元；所有的区域内都是同质的，生产要素可以替代，存在同一固定比例规模收益的生产函数。新古典区域均衡发展理论建立在一系列假设基础上，并且将技术进步排除在分析之外。事实上，经济活动总是分布在不同的区域和一定的区位，经济主体之间必然要发生经济联系和相互作用，从而形成积极的或消极的外部效应。市场的作用很重要，但不是唯一的，单凭市场机制自动发挥作用，难以实现区域经济之间的均衡发展。国家实施区域经济政策，干预区域经济发展是必要的。

二、区域经济非均衡发展理论

非均衡发展是世界各国经济发展的一般规律和特征。非均衡系统经济理论认为，社会经济的发展必须根据非均衡发展规律，有重点、有差异、有特点地发展，而不是普遍采用一个模式发展；非均衡系统中总是存在着支配性变量，它代表着宏观整体的行为。因此，对于一个国家来讲，在不同时期要选择支配全局的重点地区、重点部门发展经济，这样才能取得事半功倍的效果。我国区域经济成长尚处在初级阶段，极化效应（增长极效应）比扩散效应更为显著，选择非均衡的区域发展战略既适应我国区域经济不平衡发展的状况，又符合加快全国经济发展步伐、提高宏观经济效益的要求。

同时，地区经济的非均衡发展战略必须与各区域间经济的协调发展相结合。也就是说，非均衡发展要适度。这就需要通过不同时期重点发展地区的变化以及重点地区产业结构效益的扩散，在一个较长时期内，逐步达到地区经济发展的相对平衡。经过20年的改革开放，我国东部地区率先进入了小康社会。21世纪，国家实施西部大开发战略，就是按照非均衡发展理论的原理，把国家的重点发展地区西移，以加快西部及一些边远少数民族地区的发展，经过较长时期的努力，以达到全国各地区的协调发展。

我国地域辽阔，内部差异很大，为了加快发展，同样应当实施非均衡发展战略。非均衡发展理论主要从现有资源的稀缺性角度指出了均衡发展的不可行性，强调应重点发展重点地区和重点部门来带动整个区域经济的发展。具有代表性的理论有以下几种：

1. 增长极理论

增长极理论是"二战"后影响最深刻、应用最广泛的区域非均衡发展学说，无论在发达国家还是发展中国家都得到了较好的验证。这一理论的基本主张是：通过建立具有创新功能、示范和扩散效应的增长极（如中心城市、特定的区域等），依赖其空间组织作用，牵动周围地区的经济发展。这一理论最早是由法国经济学家佩鲁（F. Perrou）提出的。他认为，增长并非同时出现在所有的地方，它以不同的强度首先出现于一些增长点或增长极上，然后通过不同的渠道向外扩散，并对整个经济产生不同的最终影响。他进一步指出，增长极的形成有两种途径：一种是由市场机制自发调节，市场引导企业和行业在某些大城市与发达地区聚集而自动产生增长极；一种是由政府通过经济计划和重点投资来主动建立增长极。根据他的观点，"极"是工厂或厂商，而不是地理区位。佩鲁增长极理论所关心的主要是增长极的结构特点，尤其是产业间的关联效应，但忽视了增长极的空间含义。20世纪60年代初，罗德文（Rodwin）首次将增长极理论应用于区域规划中，提出了增长极的空间含义。

增长极理论出现后，曾一度成为发展中国家和欠发达地区区域规划中应用最广泛的一种战略。这种"集中的分散化"战略也得到了联合国的支持，它的应用迅速地从西欧、北美传递到了拉丁美洲、东南亚各国。发展中国家普遍采用该战略的目的是希望将工业化扩展到农村地区，并通过解决地区不发达问题促进区域平衡发展。总体上，该理论是以发达的市场经济体制为背景的。由于各地区在经济体制和发展等方面客观上存在着差异，增长极理论在实践中效果并不显著。改革开放以来，我国实施的沿海地区发展战略就是以沿海地区的经济特区和开放城市为增长极，并由此取得了率先突破，带动了全国经济的高速度发展，说明增长极理论同样适用于我国。

2. 累积因果关系理论

瑞典经济学家缪尔达尔（Gunnar Myrdal）针对增长极理论的缺陷，运用动态的非均衡分析和结构主义分析方法提出了"地理上的二元经济"结构理论。并利用扩散效应（spread effect）（当经济发展到一定程度，各种要素从发达地区又流向落后地区的现象）

和回流效应（backwash effect）（生产要素受收益差异吸引由落后地区向发达地区流动的现象）说明了经济发达地区优先发展对其他落后地区的促进作用和不利影响。提出了如何既充分发挥发达地区的带头作用，又采取适当的政策来刺激落后地区的发展，以消除发达与落后并存的二元经济结构的政策主张。在其所著《经济理论与不发达地区》一书中，他认为，在自由放任条件下的经济发展过程中，市场力作用的趋势会产生区域间的不平衡；若国家越贫穷，将越会加剧区域间的不平衡，扩大区域之间的差距。缪尔达尔的区域经济的政策主张是，在经济发展过程中，当某些先起步的地区已积累了发展的优势时，政府应采用不平衡发展战略，通过发展计划和重点投资，优先发展这些有较强增长势头的地区，并通过这些地区的"扩散效应"带动其他地区的发展。

3. 梯度推移理论

梯度推移理论是一种以效率优先为基本指导思想的区域发展战略。它在以下两个方面突破了先前的区域发展理论：①它打破了片面强调"均衡布局"的传统布局模式，承认地区发展非均衡的现实，强调遵循非均衡到均衡的客观发展规律，从而使客观规律和实事求是成为制定经济发展战略的首要出发点；②它强调集中资金和资源实施重点发展，同时，在地区间形成产业结构转换的连续关系，从而使产业空间分布与地区经济互相联系，产业结构与产业布局相结合；③梯度推移理论强调经济发展要遵循一个从发达到不发达地区的逐步推进过程。改革开放后，我国实行的向东南沿海倾斜的非均衡发展的理论基础就是梯度推移理论。

4. 倒U型发展理论

1965年，美国经济学家威廉姆逊（J. G. Williamson）通过实证分析的方法，使用世界上24个国家的时间序列数据和横截面数据，相当确切地证明了："在国家经济发展的早期阶段，区域差距将会扩大，即倾向于不均衡。随着经济的发展，区域间不平衡将趋于稳定；当达到成熟阶段，区域间发展差异将逐渐减小，即倾向均衡发展。"倒U型发展理论最具创新的就是将区域均衡与经济增长联系了起来。

区域非均衡发展理论都强调发展对非均衡的依赖性，都倾向于认为无论经济发展处于何种水平，非均衡发展都将是绝对的，它是经济发展的必要条件，而忽略了均衡发展的积极作用。这一点在以实证为基础的倒U型发展理论中有所显示。

均衡与非均衡是贯穿于区域经济发展过程中的一对矛盾统一体。他们相互交替，不断地推动着区域系统从低层次向高层次演化。区域经济发展理论从不同侧面揭示了区域经济发展的模式。新中国成立初期推行的是均衡发展战略，主要支持内地工业，但忽视了效率，该政策影响了整个经济发展的速度。新中国成立后的30年的实践证明，区域平衡推进和平均分配的选择是低效率的，在不具备一定客观经济的条件下，强行实施区域均衡发展战略是失败的。改革开放后，我国开始实行向东部沿海地区倾斜的非均衡发展战略。其基础就是"梯度推进理论"。在计划经济和市场经济并存的双轨运行条件下，该战略对我国经济发展起到了重要作用。但随着市场经济的确立，"梯度推进理论"受到了挑战，因为在市场经济条件下，几乎所有的经济资源都向东部流动，而东部对中西部的技术推移带动效应十分有限，区域差距加大，使落后地区陷入了"马太效应"的恶性循环，地区间冲突日益激化。此外，中西部自身的基础设施等方面的自身条件不完善，使"梯度推进理论"的实施增加了难度。东部地区技术、经济向中西部的推移受阻，并影响了整个国民经济的发展后劲，因此西部开发势在必行。西部开发实际是非均衡发展战略向均衡战略的转变。这种转变尊重区域经济非均衡发展的客观规律，充分发挥了市场与政府的作用，是由局部的非均衡发展向整体的均衡发展过渡。在这一发展过程中，东西部应协调发展。值得注意的是，西部地区是国家的生态屏障，西部发展中的生态建设将为东部和全国发展奠定良好的基础。总之，目前的西部开发必须遵循通过非均衡发展实现均衡发展的客观规律，同时还要清醒地认识到西部大开发本身也是一个非均衡推进的过程。

三、发展经济学关于欠发达地区发展的理论

发展经济学研究侧重于探讨经济的产业结构和部门结构的变化，从而来探索欠发达地区经济发展的新思路和新途径。发展经济学派著名的经济学家刘易斯提出了二元结构理论。他认为，不发达经济分为两个部门，即城市中以制造业为中心的现代化部门和农村中以农业、手工业为主的传统部门。现代化部门生产规模大，所使用的生产和管理技术较先进，生产动机是谋利，产品多在市场上销售。传统部门生产规模小，技术落后，生产的动机主要是为了自己消费，产品很少在市场上出售，而且存在着大量失业人口。西方经济学中的二元经济结构理论含义较为宽泛，发展经济学认为，发展中国家的经济发展过程，必然包含着一个传统部门比重缩小、现代部门比重扩大，以及购买力低下的农村居民随城市化进程逐步向收入较高的城市居民群体转移的过程。这样的二元结构也是中国经济发展过程中面对的问题，经济学家称之为"旧二元现象"。对于转轨过程中制度性变迁所引发的"转移性收益偏多"与"转移性损失偏多"现象，并最终形成的过高收入阶层与过低收入阶层的分化，经济学家称之为"新二元现象"。还有学者认为，三元经济结构模式是中国经济结构之现实，由工业部门、农业部门，加上乡镇企业和个体私营小企业组成。农村剩余劳动力转移与城市化进程也是欠发达地区开发需要面临的问题。一般地，城市的工业部门资本积累增加就能吸收农业部门的剩余劳动力。经济发展过程中人口、社会生产力不断地由农村向城市集中的社会进步过程就是城市化过程。

第二节 生态系统理论

生态系统理论是英国著名植物生态学家坦斯利（A.G. Tansley）于 1935 年首先提出的，此后经过美国林德曼（R.L. Lindeman）和奥德姆（E.P. Odum）继承和发展形成。生态系统的概念是：在一定的空间内生物和非生物成分通过物质的循环、能量的流动和信息的交换而相互作用、相互依存所构成的一个生态功能单元。地球上大至生物圈，小到一片森林、草地、农田都可以看作是一个生态系统。一个生态系统由生产者、消费者、还原者和非生物环境组成，它们有特定的空间结构、物种结构和营养结构。其中营养结构以物质循环和能量流动为特征，形成相互连接的食物链和食物网结构。生态系统的功能包括生物生产、能量流动、物质循环和信息传递。20 世纪 30 年代后，在对生态是一个能量系统认识的基础上，衍生出了研究生物圈理论、研究生态系统平衡理论、研究生态系统破坏、恢复、重建理论等。

一、现代生物圈理论

生物圈包括平流层的下层、整个对流层、沉积岩圈和水圈。这是一个生命强烈作用和比较集中的范围，特别是，植物在这一范围内起到了能量积聚的主要作用。生物圈的基本结构系统是生态系统，生态系统就是生命系统和环境系统的特定组合。地球表面本身是一个最大的生态系统，由许多大小不同的生态系统组合而成，可分为陆地、海洋两大自然生态系统，陆地生态又可分为森林、草原、荒漠、湿地、农田等生态系统，它们都有各自的空间联系顺序，相互之间构成了完整而复杂的生态综合体。

从生物圈的食物链来说，绿色植物作为初级生产者把无机物和太阳能转化为了有机物和生物化学能，通过食草动物、食肉动物，逐级提高物质组织形式和能量性能，最后到人，即构成了食物链。食物链的各个环节"营养级"在数量上，第一营养级必然大大超过了第二营养级，而且是逐级大幅度递减，形成了"生态金字塔"。人是生物中最高级的物种，处于生物链金字塔最顶层，人类的大脑、智慧和劳动决定了人类对生物圈的影响，人类必须把自己作为生物圈的一员，和其他生物一起分享大自然，自觉保护生命保障系统，促使生物圈向前演化，而不是退化，只有这样人类才能生存得更美好。实际中，人类的活动及其影响已扩展到了很大区域甚至整个生物圈，人类的经济活动和社会活动构成的经济社会系统叠加在自然生态系统之上，构成了更加复杂的自然—经济—社会复合生态系统。绿色植物是整个生物圈发展的基础和动力，人类要在推动自身发展的同时关注、重视和保护生物圈的每个环节，尤其是森林资源。

现代生物圈理论强调人—地（环境）关系，以实现社会、经济、自然复合生态系统的协调共进，反对只追求经济，不顾环境，也不赞成只讲环境而忽视了社会经济的发展。在特定区域的经济发展过程中，要关注人类经济活动对整个生物圈循环的影响作用。

二、生态系统平衡论

生态平衡（ecological balance）是生态系统在一定时间内结构与功能的相对稳定状态，其物质和能量的输入输出接近相等，在外部干扰下，能通过自我调节（或认为控制）恢复到原初稳定状态。当外来干扰超越了生态系统自我调节能力，而不能恢复到原初状态时，称作生态失调或生态平衡破坏。生态平衡是动态的，维护生态平衡不只是保持其原初状态，生态系统在人为的有益影响下，可以建立新平衡，达到更合理的结构、更高效的功能和更好的生态效益。生态系统平衡是相对的，不平衡是绝对的。生态系统的调节是通过系统的反馈能力、抵抗能力和恢复能力实现的。

平衡的生态系统是健康的，所以功能正常的生态系统可称为健康生态系统，它是稳定的和可持续的，在时间上能够维持它的组织结构和自治以及保有对胁迫的恢复力。评价生态系统的健康程度时可以用活力（vigor）、组织结构（organizational structure）和恢复力（resilience）等指标。生态系统平衡的相对性和生态系统平衡所隐含的功能的提升，要求我们以正确的态度和方式追求并维护生态系统平衡。

三、生态系统恢复与重建理论

20世纪50年代以来，随着人口增加、资源开发、环境变迁等问题，人类各种活动和存在本身使自然物质循环和能量交换受到了不同程度的干扰和破坏，在人类的影响下，生态系统恢复和重建问题受到了重视。生态系统具有一定的脆弱性和易变性，为保证生态系统的健康和良性循环，需要在科学的理论指导下进行生态系统的恢复和重建。

生态系统可能受到的干扰分为自然干扰和人为干扰，人为干扰附加在自然干扰之上。生态演替在人为的干扰下可能加速、延缓、改变方向甚至向相反方向进行。恢复重建生态系统时必须符合生态学观点。

"恢复"一词有多种解释。一般地，它意味着将一个目标或对象带回到相似于先前的状态，但并不是原始状态。修复、康复、重建、复原、再生、更新、再造、改进、改良、调整等均可以来解释恢复。美国生态恢复协会（SER）将恢复定义为：有意识地对一个地区进行转换和改变，建立一个确定的、原始的、有序的生态系统，这一过程的目标是仿效特定生态系统的结构、功能、生物多样性和动态来制定的。

生态系统恢复重建过程中必须遵循以下原则：

1. 物种竞争原则

生态竞争的理论建立在生态位（niche）概念的基础上。生态位主要用于描述和分析不同物种相互作用（包括竞争、资源分割、排斥、共存）的方式及多物种群落的结构和稳定性。学者们认为居群的存在对于居群 N2 的增长率有负面影响，因为两个居群的资源稀缺，而当资源越稀缺时，竞争就越激烈。其造成的潜在结果有三种：多少对等地共享资源；一个或两个居群改变生态位以减少重叠（生态位分割，niche partition）；一个居群完全被排斥（竞争性排斥）。在缺乏竞争者条件下，一个物种可利用更宽的生态位，相当于基本生态位，这种现象称为"竞争性释放"（competitive release）。在生态系统恢复重建中要考虑到生态竞争的现象，确保重建或恢复的生态系统能处于良性循环中。

2. 物种共生互利原则

森林、草地、湿地、沙漠等陆地生态系统是由不同物种组成的。从生态学和进化生物学的角度看，在一个现实生态系统中，生物物种之间的关系有共存关系、共生关系，这些相互作用可以发生在大气、土壤或水体中，物种之间相互作用或强或弱，或紧密或松散。1987 年伯马斯（Bermudes）和玛格莉斯（Margulis）报道了真核生物 75 个门中有 25 个门存在着互助共生现象。1996 年考因（Corning）提出了合作基因的概念，并论述了协同作用在进化中所扮演的角色。这些事实说明，在一个特定生态系统内，物种不仅存在着相互竞争，还存在着广泛的互利共生。在生态系统的恢复重建中，促进生物之间的互利共生关系具有重要的意义。

3. 重视交错重叠原则

生态系统相互独立同时又有一定的联系。两种或两种以上的生态系统之间存在着一种"界面"，围绕这个界面向外延伸的"过渡带"的空间域，称为生态系统交错带。由于界面是两个或两个以上相对均衡的系统之间的"突发转换"或"异常空间邻接"，因而表现出了一定的脆弱性，因此也称为生态环境脆弱带，如农牧交错带、水陆交错带、林农或林牧交错带、沙漠边缘带等。交错带的脆弱性表现在：①可替代的概率大，竞争程度高；②可以复原的概率小；③抗干扰能力弱；④界面变化速度快，空间移动能力强；⑤界面是非线性的集中表达区，非连续性的集中显示区，突变产生区。生态系统交错带的脆弱性并不表示该区域生态环境质量最差和自然生产力最低，只是说它对环境变化的敏感性、抵抗外部干扰的能力、生态系统的稳定性较低，如沙漠和湖泊的交错带是绿洲，绿洲的环境质量并不差，生产力也很高，但环境的变化往往极易导致绿洲的消失。

我国植被恢复既是一个生态系统重建的过程，又是一个脆弱生态系统修复的过程。改善林业生态状况，构建现代林业生态发展战略时，必须遵循生物学的一些基本规律，维护生物的生态与进化过程。恢复生态学、生态位理论、物种互利共生原理、生物多样性原理等生物学理论，这对于西部林业生态建设具有积极的指导意义。宏观上，林业生态建设的规划、布局，林种结构与树种结构，生态系统的类型需要运用这些理论；微观上，一个群落或一片林地需要从以上不同侧面去进行理论探讨和实践。

第三节 生态经济学理论

生态经济学是研究社会再生产过程中生态系统和经济系统之间物质循环、能量转化和价值增值规律及其应用的科学。其诞生,以20世纪60年代末美国经济学家鲍尔(K.E. Boulding)的论文《一门科学——生态经济学》的发布为标志。生态经济学理论认为,生态经济系统是由生态系统和经济系统通过技术中介及人类劳动过程所构成的物质循环、能量转化、价值增值和信息传递的结构单元。生态系统和经济系统不能自动耦合,必须在人的劳动过程中通过技术联结。生态经济学的最终目标是把物质、能量、价值和信息相互协调成为一个投入产出的有机整体。

第二次世界大战后,随着人口的剧增以及人类消费的极大增长,人类对大自然的需求日益扩大,这迫使人们不得不向大自然索取更多的资源,这一举动大大加快了人类干扰自然的频率,超越了自然生态系统所允许的限度,出现了人类与自然、生态与经济关系异常紧张的局面,如"人口爆炸"与全球范围内粮食的可持续供应的矛盾,森林过伐、土地滥垦造成的水土流失、草原退化、河流淤塞和土地沙漠化等生态问题。如何正确认识和协调人类与自然的关系,如何开发利用自然资源而又不损害其再生能力,如何促进经济繁荣和生产力的发展而又不破坏自然生态环境促使了生态经济理论的产生。它要求人们在制定和设计未来经济社会的发展模式时,不能只着眼于纯经济动机,而必须要把经济、社会、生态作为一个整体加以通盘考虑,从经济与生态结合的角度研究和探索其协调发展的规律性,为建设一个持续稳定发展的社会提供指导。

在生态经济理论的发展过程中,也就是在研究人口、需求、生产、资源、技术、生态环境这六大要素之间的相互关系及其规律性的过程中,生态经济理论界出现了众多的学派,归纳起来,基本上可分为下述三派:

①悲观派。这一学派的主要代表人物是美国麻省理工学院教授D.米都斯,其主要代表作是《增长的极限》等。悲观派学者认为经济和人口增长是生态危机的主要原因,如果按现在的增长趋势发展下去,总有一天会达到极限,从而导致地球的毁灭,唯有限制人口和经济的增长,停止工业和技术的发展才是最可取的方式。人类的确面临着十分严重的生态失衡、环境污染、资源破坏等生态经济问题,看到这些问题的严重性和危害性后面向全社会发出预警是必要的,但也要充分认识到人的能动创造力,即科技进步在人类与自然和谐共处中的重要作用。自然界的资源是相对有限的,但随着技术的提高,人类调控和合理利用自然资源的能力也是会不断增强的。

②乐观派。这一学派的最重要的代表人物是美国的赫尔曼·卡恩(Herman Kahn)和朱利安·西蒙。乐观派反对悲观派采用数学推导的方法看待未来世界,主张用历史分析的方法来解释和预测未来。他们认为人类正处在1800—2200年这个"伟大转折"的中期,

这个时期是产业革命到后工业化社会的过渡时期，是人类由贫困到富裕的过渡时期。这个转变只有在经济不断增长的情况下才能实现。一个国家的经济增长是多方面因素综合的结果，涉及这个国家的社会制度、经济基础、技术进步、人口、资源、管理、立法等因素，又涉及上述因素之间的相互关系和相互制约。美国人均产值从250美元增加到7000美元用了200年的时间；日本人均产值从100美元增加到4000美元用了100多年的时间；而现在，发展中国家由于持有促进经济增长的十大要素，完成这个过程所需的时间将会大大缩短。他们认为用纯技术分析的方法预测未来往往与历史的实际进程相差甚远。在科学技术不断进步的条件下，人类资源是没有尽头的，生态环境将会日益好转，恶化只不过是工业化过程中的暂时现象，粮食在未来将不成为问题，而人口将自然而然地达到平衡。

③现实派。不论是悲观派还是乐观派，大体上都承认工业化后的世界经济发展面临着的一系列的严重问题，只要人类意识到这一点并采取正确的对策，就可以摆脱困境，争取更好的前景。以这一共同点为基础，又派生出了另一派，那就是现实派。现实派主张经济与生态的和谐发展，追求社会经济的持续稳定增长，他们提出要促进人的价值观的转变，重视协调与大自然之间已经广泛建立起来的重要关系。现实派的代表著作有美国人莱斯特·R.布朗的《建设一个持续发展的社会》和罗马俱乐部总裁奥雷利奥·佩西晚年所著的《未来的一百页》。

悲观派对科学技术进步的作用估计不足，只看到了人类经济活动破坏自然资源和生态环境的一面，而看不到在正确的生态经济观的指导下，经济增长和技术进步可以成为改善生态、协调自然的有利条件。乐观派则以为只凭借技术进步和市场调节就能自然地解决严重的生态经济问题，而忽视了掌握和运用技术的人的作用，忽视了人运用技术干预、影响生态系统的方式这一至关重要的因素。现实派走的是中间路线，强调经济与生态的协调发展。

在生态经济学的观点中，生态经济系统是生态系统和经济系统的统一体。他们运动的物质动力都是太阳能或太阳能的转化形式，二者内部都有一个交换机制，即在生态系统内部随着食物链转移的物质能量和在经济系统内交换的社会必要劳动量。从结构上看，都有随时间演替和系统成分空间分布的立体特点。而最重要的是，他们都是开放性的系统，生物圈内的各个系统通过物质的气态、水态、沉积循环方式，与别的生态系统交换着物质和能量，整个经济系统从生态系统输入能量和矿物，又把产品和废物输出到生态环境中。由于生态系统与经济系统的这种同一性，两个系统实际上是一个相互连接的耦合系统，无论是生态系统的变化还是经济系统的变化，其都会对人类的发展产生重大影响。生态生产力稳定持续增加，在再生产过程中不断得到更新，经济效果也持续稳定增加，同时创造一个无污染的生态环境。如果单纯追求暂时的经济利益，选择掠夺式的经济和技术手段，这样的耦合虽然符合了经济机制，但却不符合生态机制。而当无法促进生态生产力持续稳定的增长和生态资源的更新时，必然就会出现环境污染、资源枯竭等生态危机。还有一种情况，经济系统使用的技术、经济手段根本与生态系统反馈机制无关，其不仅不会使生态生产力持续稳定增长，就连暂时性的增长也不可能。

根据生态经济理论，当经济系统迅猛扩张造成环境被破坏（包括污染）时，环境质量便成了稀缺物品。不花钱就得不到阳光，就呼吸不到洁净的空气，就看不到优美的景色。因此，这些自然要素也就有了价格，但却不是一般意义上的价格。稀缺并不一定会使资源数量枯竭，而是会使这些资源的成本价格比大于或等于1。因此在经济发展过程中，充分关注环境的制约效益，通过各种手段途径实现经济与环境的协调是最终的目标。

第四节 可持续发展理论

传统发展观从社会经济系统内部物质资料再生产的经济现象和过程来研究社会经济运行，将社会再生产过程看成是纯粹的经济资本的运动过程。其理论中最基本的思想是，物质资本积累是促进经济增长的决定因素，经济增长表现为社会物质财富的增长。尽管一些西方经济学家在后来的研究中引入了不同于物质资本的技术因素及人力资本，但经济发展的目标却始终没有摆脱对物质财富增长的追求。传统发展观中，自然界被视为一种不变因素而不是可变因素，忽视了经济活动和自然界之间相互影响的事实，将生态发展过程排除在了社会经济再生产过程之外。在这种发展观的指导下，各国在经济发展过程中开始追求资本推动的 GNP 增长，使得自然资源消耗过度，与生态环境的摩擦日益加深。在这一背景下，人们不得不开始重新审视传统的发展模式，思考资本、物质财富增长与自然生态环境的关系。

一、可持续发展的概念和内涵

1. 可持续发展的概念

持续性这一概念是由生态学家首先提出来的。即所谓生态持续性，它旨在说明自然资源及其开发利用程度间的平衡。1991年11月，国际生态学联合会和国际生物科学联合会就可持续发展问题专题进行了研究，将可持续发展定义为"保护和加强环境系统的生产和更新能力"，表明可持续发展是不超越环境系统更新能力的发展，是寻求一种最佳的生态系统以支持生态的完整性，并可实现人类愿望。另一种可持续发展观是社会可持续发展观。1991年，世界野生动物基金会（WWF）、联合国环境计划署（UNEP）和国际自然保护同盟（IUCN）在《保护地球—可持续发展战略》报告中将可持续发展定义为：在不超出支持它的生态系统的承载能力的情况下改善人类生活质量。着重于可持续发展的最终落脚点是人类社会，即改善人类生活品质，创造美好的生活环境。

经济学家在看待可持续发展观时更多地使用的是经济的可持续发展，其在多种表达中都认为可持续发展的核心是经济发展。定义中的经济发展不是传统的以牺牲资源和环境为代价的经济发展，而是"在保持自然资源的质量和其所提供服务的前提下，使经济发展的净利益增加到最大限度"，可持续发展是"今天的资源使用不应减少未来的实际收入"的一种经济发展。前挪威首相布伦特兰夫人及其主持的由21个国家的环境与发展问题著名专家组成的联合国世界环境与发展委员会于1987年发布了调查报告——《我们共同的未来》，提出了可持续发展的概念。布氏提出的可持续发展定义是"满足当代人的需求，又不损害子孙后代人满足其需求的能力的发展"。这一概念以其高度的概括性得到了广泛的认同。同一时期，其他国际组织也对可持续发展的概念进行了定义。联合国粮农组织（FAO）给农林牧渔领域可持续发展的定义为："管理和保护自然资源基础以及调整技术的机构的变化方向，以确保获得和持续满足目前及今后世代的需要。"

2. 可持续发展的内涵

可持续发展关注生态可持续与经济可持续的协调发展。生态可持续性是生态系统内部生命系统与其环境系统之间的持续转化再生能力，即保持自然生态过程永续的生产力和持久的变换能力，其本质是生态环境对经济社会可持续发展所具有的生态承受力。经济可持续性是在生态环境承受力范围内，人们生产经营活动的经济增长和可获利性。它要求国民经济系统的产出水平等于或大于它的历史平均值，保持一个产出没有负增长趋势的系统状态。生态与经济的可持续性是交织在一起的。经济发展对生态环境造成了破坏，使系统的某些自然物质和能量出现了短缺，这种负效应积累必然会在经济上表现出来，使经济系统得不到足够的物质能量，加剧经济运行的失衡。反之生态环境的保护和改善需要经济力量的支持，只有经济运行系统的承载力与生态系统的承受力相适应，才能实现人口、社会、经济、资源与环境的全面协调发展。

可持续发展并不排斥社会经济物质财富的增长，而是更关注在经济增长的同时实现与自然资源运动的协调。因此，在控制人口增长的同时，自然资源的可持续利用就成了可持续经济运行的核心问题。这一观念的形成基于的是自然资源的有限性的事实。生态系统中自然资源的形成与积累要遵循其特定的条件与速度，如果将自然资源转化为物质财富的过程超过了其自身的增长速度，就会破坏生态系统的自组织功能，导致系统的熵增与无序，最终使生态系统崩溃。自然资源是生存价值、环境价值与经济价值的统一体。从完整意义上讲，自然资源可持续利用应当既包括其作为生产资料的经济价值的可持续利用，又包括其生存价值（生命支持能力）、环境（包括净化、保护与功能性生态价值）价值的可持续利用。总之，自然资源的可持续发展需要在人口、经济、生态三个方面得到体现。既不能放弃自然资源与其他要素结合创造财富增值的功能，又要保证自然资源生态环境功能的存续。

我国对可持续发展十分重视。1994年国务院正式批准了《中国21世纪议程》，我国成了1992年环发大会后最早实施21世纪议程的国家之一。第八届人大四次会议上通过的

《"九五"计划和 2010 年远景目标规划纲要》明确提出了中国的可持续发展战略。可持续发展战略从此正式成了我国的一项长远发展战略。

二、林业可持续发展

1992 年联合国在巴西召开了环境与发展大会，之后各领域各行业相继提出了本行业可持续发展的概念，如农业可持续发展、林业可持续发展等，基本是结合本行业特点和世界环境与发展委员会（WCED）的定义得出的。为阐释林业可持续发展，有必要提及两个与之相关的概念：森林永续利用和森林可持续经营。

森林永续利用（forest sustained yield）也叫森林永续收获或森林永续作业。其思想雏形出现得很早，我国永续利用的思想出现在 2000 多年前，在《孟子》一书中就有了关于在适当季节和适当林木年龄采伐以保证其收获连续的思想。18 世纪前，由于自然资源对当时社会发展承载能力较强，所以森林永续利用的思想是较模糊的。18 世纪工业革命及以后的时期，森林资源以前所未有的速度和数量被消耗，大肆砍伐造成了森林危机，出于对木材永续利用的需要，林学家提出了森林永续经营思想，其重点强调的是从树种、种植技术角度出发，保证木材持续产出的能力。人们对森林永续利用的理解主要是，在保证具有经济价值的林木处于自身生物增长速度的前提下，实现木材的持续供给，没有将森林对生态环境提供的非物质效益考虑在内。19 世纪后，森林永续利用思想又有了进一步的发展，从单纯的木材永续利用发展到了追求森林多种效益的永续，如"近自然林业"观念的提出，但仍然更多地考虑的是林木的年龄结构、蓄积结构、生长量条件、林地数量和质量等技术性因素。因此，森林永续利用不是一个完整意义上的林业可持续发展概念。

森林可持续经营（sustainable forest management）概念形成于 20 世纪 80—90 年代，它总结了历史上人与森林的关系和森林经营的经验，根据人与森林关系的现实状况，在继承过去森林经营思想合理部分的基础上提出了新的森林经营准则。森林可持续经营涉及的是如何经营有形的森林资源，特别是林木和林地资源的经营管理。20 世纪 80 年代以来全球不同的国家都在致力于森林持续经营指标体系的建立，以为本国森林的可持续经营确定指标体系。1992 年的热带木材组织进程、1993 年的《蒙特利尔进程》、1994 年的《赫尔辛基进程》及 1997 年《中美洲进程》分别提出了不同的区域性指标，但到目前为止尚未形成一个统一的标准。应当看到，森林可持续经营是可持续经营思想在森林经营管理中运用的结果，是林业可持续发展的一个重要组成部分。

随着对森林资源生态环境效益的日益关注，世界环境与发展委员会、世界银行、国际热带木材组织、联合国可持续发展委员会、世界森林与持续发展委员会先后从行业角度提出了林业可持续发展的概念。美国的杰夫（Jeff Komm）教授指出林业可持续发展应包括以下几点：①创造好的外部环境不断提高森林质量；②森林经济效益和生态效益协调统一；③在林业不同层次及规模的管理部门进行相互补充；④为将来森林进行投资；⑤创新意识。

我国学者认为林业可持续发展有着广泛的内涵，比较有代表性的概括是，林业可持续发展既要保持林业物质生产的持续增长，又要维持并不断改善社会对森林生态环境不断增加的福利性的要求；既要满足当代人和经济增长对林业的需求，又要考虑到子孙后代对森林环境和林业物质生产需要的延续。

不论是哪一种定义，从根本上看，林业可持续发展至少包括以下两个目标：一是林业非物质效益产出能力的持续，包含森林生态环境效益调节能力的稳定性和在此基础上的递进与提高以及生物多样性保护等；二是林业物质产出能力的持续，即森林作为物质资料木材的来源在物质供给能力与经济效益循环过程中的平衡和增长。

第三章
林业在国家和区域发展中的重要性

林业作为一项公益事业和一个基础产业,是国家可持续发展的基础,受到了世界各国的广泛重视。林业的公益性质和社会属性,林业的基本功能及其在生态、经济、社会可持续发展中的纽带作用是国际社会所关注的重点。进入新世纪后,人类社会正在继农业文明和工业文明之后开始向生态文明迈进。我国也已进入了全面建设小康社会,加快推进社会主义现代化的新的发展阶段。作为世界上最大的发展中国家,中国的发展不能再走许多国家以牺牲生态环境为代价的老路。早在2002年3月,江泽民同志就指出,"为了实现我国经济和社会的持续发展,为了中华民族的子孙后代始终拥有生存和发展的条件,我们一定要按照可持续发展的要求,正确处理经济发展与人口资源环境的关系,促进人和自然的协调与和谐,努力开创生产发展、生活富裕、生态良好的文明发展道路。"改革开放的中国正在迈入可持续发展的道路,在这个进程中,如何协调好人口、资源、环境和社会经济发展的关系是关系到我国第三步发展目标能否顺利实现的核心问题。因此,在国家发展计划纲要中,具体制定了我国人口自然增长率、森林覆盖率、城市建成区绿化覆盖率、主要污染物排放总量等可持续发展的主要预期指标,提出了加强生态建设,遏制生态恶化,加大环境保护和治理力度,提高城乡环境质量的政策措施和质量标准。林业作为具有双重属性的行业,既可以提供生态社会效益,又可以提供经济效益,已成为经济和社会可持续发展的重要基础,是生态建设最根本、最长期的措施。实践证明,在可持续发展中,要赋予林业以重要地位;在生态建设中,要赋予林业以首要地位;在西部大开发中,要赋予林业以基础地位。

第一节　林业是生态建设的主体

森林是陆地生态系统的主体，是人类发展不可缺少的自然资源。以森林为经营对象的林业，既是重要的社会公益事业，又是重要的基础产业，肩负着改善生态环境和促进经济发展的双重使命，在国民经济和社会可持续发展的全局中居于特殊地位。不论从环境角度讲，还是从经济角度讲，不论从我国现代化建设所面临的客观条件讲，还是从我国现代化建设所追求的最终目标讲，保护森林、发展林业都应当受到格外的重视，都应当被置于我国总体发展格局中的突出地位。林业是以土安全、水安全、环境安全、生物安全等为主体的国家生态安全体系的基础和纽带，承担着维护国家生态安全的重大使命。

一、森林是生态系统的主体和支柱

森林是陆地生态系统的主体，这是因为森林是自然界最丰富、最稳定和最完善的碳储库、基因库、资源库、蓄水库和能源库，具有调节气候、涵养水源、保持水土、防风固沙、改良土壤、减少污染等多种功能，对于改善生态环境，维持生态平衡，保护人类生存发展的"基本环境"起着决定性的和不可替代的作用。在各种生态系统中，森林生态系统对人类的影响最直接、最重大，也最关键。离开了森林的庇护，人类的生存与发展就会失去依托。

1. 森林是陆地生态系统最大的碳储库

森林是二氧化碳的主要消耗者，它主要以二氧化碳做原料进行光合作用，固定和储藏碳，同时释放出氧气。研究表明，森林每生产10吨干物质，就可吸收16吨二氧化碳，释放12吨氧气，森林每长出1立方米的蓄积量，大约可吸收固定350千克的二氧化碳。每公顷森林每年净化和吸收碳的含量为：热带林4.5—16吨，温带林2.7—11.25吨，寒带林1.8—9吨，耕地0.45—2.0吨，草地约1.3吨。据测算，树木的碳含量可高达43%—58%。陆地生态系统碳储量为600亿—8300亿吨，其中90%的碳自然存储于森林之中，森林是一座最巨大的碳储库。

2. 森林是地球生命系统的基因库

基因是生命系统最基本的遗传单元。森林保存着地球生命系统最丰富的遗传基因，是地球生命的支撑系统。目前普遍认为，世界上约有530万种物种，包括25万种植物，4.5万种脊椎动物和500万种非脊椎动物，其中大部分是在森林中栖息繁衍。

我国是世界上生物多样性最丰富的国家之一，我国植物种类占世界总数的10%，高等植物约有3万种，居世界第三位，其中被子植物占世界总科数的53%以上，被誉为被子植物的故乡；我国现有动物种类占世界总量的10%，其中兽类约450种，鸟类1244种，两栖类284种，爬行类376种。这些物种50%以上在各类森林中栖息繁衍。

3. 森林是地球生命系统的能量库

地球上的一切生命都离不开对能量的利用。生物要活下去或者生长和繁殖，均需要能量的补充，没有能量的不断供应，生物的生命就会停止。太阳能是电磁波形式的辐射能，它所提供的能量是地球上一切生命形式所应用的最基本的能量。就整个地球来说，除去原子能以外，各种能量都直接或间接来自太阳辐射。煤炭和石油等矿物燃料不过是地质时代生物固定下来的太阳能的储存。使用矿物燃料就是把地质时代的太阳能加入现代生物圈的能量流动中来。

各种生物，如森林中的植物、动物和微生物，均是由能量和无机化学元素构成的有机体。当森林遭受一场大火时，森林里各种生物所储存的能量一瞬间就会转变为光能和热能，所结合的化学元素也会化为灰烬。能量是生命系统的驱动力，能量输入生态系统就得以储存，通过消费者的消耗和腐生物的分解等一系列能量转换的代谢活动，能量不断消耗并转换为热能输出系统之外。所以，生态系统必须不断有新的能量来补充，否则就会瓦解。

生物所利用的能源基本上都来自太阳辐射。其途径是：绿色植物通过光合作用将太阳能转换为化学能，动物将这些化学能转换为机械能和热能，来完成生命的整个过程。森林作为陆地生态系统的主体，承担着太阳能转换的主体任务，是地球生命系统的能量库。

二、森林是调节生态平衡的中枢

工业革命以来，人类社会随着发展产生了一系列问题，如人口增长过速、淡水资源匮乏、森林减少、地力下降、生物多样性减少、灾害损失日益加重、化石燃料将枯竭、不可再生原材料日趋紧缺、大量有毒物质污染、潜在食物危机等，其中许多都是生态环境问题。现代科学和生态学的发展表明森林是全球生态环境的核心。人类面临的生态环境问题，如温室效应、生物多样性锐减、水土流失、荒漠化扩大、土壤退化、水资源危机、大气污染等都直接或间接地与森林被破坏相关，即森林减少导致或加剧了上述大部分生态环境问题。鉴于森林的这种特殊性和重要性，它在经济社会可持续发展中始终处于重要地位，在生态建设中处于主体地位，发挥着无可替代的保障和支撑作用。

森林作为巨大的陆地生态系统的主体，在调节生物圈、大气圈、水圈、地圈动态平衡中具有重要作用。森林可以使无机物变成有机物、太阳能转化为化学能，在生物界和非生物界之间的物质交换和能量流动中扮演着主要角色，对保持生态系统的整体功能起着中枢和杠杆作用。全球的水循环是最基本的生物地球化学循环，以森林为主体的陆地生态系统在全球水储库分配中是一个极小的库，但它却通过其蒸发与蒸腾作用影响着陆地与大气间的水通量，陆地降水与水汽返回大气的量分别为 107×10^{15} 千克/年和 71×10^{15} 千克/年。对磷、钾、钙等生物地球化学循环的研究证明，世界森林生态系统参与磷的生物地球化学循环为地球整个磷循环的 35%；森林参与钙的生物地球化学循环约为 69%。

（一）防治水土流失，改善土壤

森林具有复杂的垂直结构、浓密的林冠层、林下枯枝落叶层，能够有效地截留降水，缓解雨水对地表的直接冲刷。同时，森林具有庞大的根系，能起到改善土壤结构和固土的作用。林地土壤的渗透力更强，一般为每小时 250 毫米，超过了一般降水的强度。据测定，当地表有 1 厘米厚的枯枝落叶层时就可以把地表径流减少到裸地的 1/4 以下，将泥沙减少到裸地的 7% 以下。森林枯枝落叶层的分解和森林土壤微生物的活动等能有效补充土壤养分，改良土壤质地。

森林地上和地下部分防止土壤侵蚀的功能主要有以下几个方面：林冠可以拦截相当数量的降水量，减弱暴雨强度和延长其降落时间；可以保护土壤免受破坏性雨滴的机械破坏作用；可以提高土壤的入渗力，抑制地表径流的形成；可以调节融雪水，使吹雪的程度降到最低；可以减弱土壤冻结深度，延缓融雪，增加地下水储量；根系和树干可以对土壤起到机械固持作用；林分的生物小循环对土壤的理化性质和抗水蚀、风蚀能力起到了改良作用。

1. 森林防治土壤溅蚀的作用

一次降雨过程中，如果降雨强度足够大，引起的土壤侵蚀形式首先就会是溅蚀。森林植物以其茂盛的枝叶和地被物的综合作用可防止土壤溅蚀的发生。林木枝叶呈多个层次遮蔽着地表，以较高速度匀速运动下降的雨滴首先会受到树冠枝叶的拦挡和截持。具有不同弹性和开张角度的枝叶对雨滴下降时产生的动能具有分散和消能作用。由空中和树冠落下的水滴落在枯落物层上，然后再缓慢地和地表土壤接触。枯落物层的存在减少或避免了雨滴击溅侵蚀的发生。在一次降雨过程中，部分雨量还会被林冠层（包括乔木、亚乔木、灌木和其他活地被物）和树干截流，这也在一定程度上减少了雨滴产生的土壤溅蚀。刘向东在黄土地区的柏松人工林研究表明，树冠可减弱降雨动能的 17%—40%，灌木草本层可削弱降雨总动能的 44.4%，枯枝落叶层不仅可以因截流作用减弱降雨总动能的 9% 左右，还可将林冠层和灌木草本层的降雨动能全部削减掉。

2. 森林防治土壤面蚀的功能

森林防治坡面面蚀的功能主要表现在林木枝叶拦截降雨、削减雨滴动能、林地枯落物涵蓄、调节和过滤地表径流、改善土壤理化性状和增加土壤水分入渗能力等方面。实践证明，一个流域或一个地区总的土壤侵蚀量与其植被覆盖度有密切关系。贝内特（Benett）认为，在生长良好的草地和林地上，径流和土壤侵蚀都比较小，一般径流和侵蚀量分别不到裸地的 5% 和 1%。科普兰（Copeland）认为，植被覆盖率小于 70% 以后径流和侵蚀量会迅速增加。也有人认为，径流量和侵蚀量与裸地的土地总面积有关，与裸地面积成比例增加。总之，只要有一定的植被覆盖度，特别是森林植被覆盖，如果合理分布的话就可以把土壤侵蚀强度降到容许侵蚀强度以下。

3. 森林防治沟蚀的功能

森林防治沟蚀的功能主要表现在两个方面：一是通过其茂密的枝叶、粗大的树干和林下死活地被物的涵养水源和径流调节功能减小地表径流的冲刷侵蚀能力；二是通过林木发达的根系网络固持土体，使土体自身的抗冲能力提高，防止沟蚀的形成和发展。在有林木（或其他植物）生长的沟坡或沟岸中，由于树木根系纵横交错穿插于土体中，犹如混凝土中的钢筋，紧紧地把土体网络固持在了一起，在重力作用下土体向下位移时，除要克服土体粒子间的黏结力和摩擦力外，还必须克服由于根系作用产生的固持力，即根系与土体间的摩擦阻力和根系的抗拉力。根系产生的作用使土体难以滑动，减缓或防止了沟蚀的发展。

4. 森林防治滑坡的功能

任何一种树木的根系对于防止边坡滑动，提高边坡稳定性都有促进作用。但这种作用的大小受到了许多因素的影响。由于树木不同，其根型、根的物理性质（如抗拉强度）、根表面积等都不相同。深根型树种，根系分布深度大，主直根常常可以穿透黏质土层，使得疏松层中的下渗水方向更深层入渗，避免了由于不透水层表面多余水分的集聚而导致的疏松层下滑现象的发生。水平根型的树种因其根系分布层次浅，树木根系往往处于滑动面以上，虽然对浅层滑坡具有一定的抑制作用，但对于稍深一些的土体滑动就显得无能为力。总的来说，水平根型的树种在固持土体方面不如主直根型和散生根型树种效能高，而散生根型树种又不如主直根型树种效能高。

森林对泥石流的缓和作用主要表现在泥石流的发生区和流通区。在泥石流发生区及其周围地区，森林主要通过强烈的蒸腾作用降低土壤及其他疏松物质的水分含量以及根系的网络固持土体，从而增加土体稳定性，减少泥石流形成的物质来源，削弱泥石流形成的动力条件。在泥石流的流通区，除了特殊的地形条件外，沿途来自沟道两岸的补给物质——水和土沙往往是壮大泥石流规模，导致其危害性急剧增加的主要原因。而流通区两侧分布的森林正好具有削减沿途物质、缓和其规模的巨大作用。从原理上看，流通区森林对泥石流的缓和作用与发生区没有什么差别，同样是通过林木的蒸腾、根系的网络、延长汇流时间、削减汇流峰量等作用达到的。此外，在流通区的森林还从另一方面发挥着限制泥石流规模和危害的功能。泥石流流通区的沟道往往比较狭窄、通直，两侧的山坡也比较陡峭。然而，在这些陡峭山坡的坡麓地带常常会形成一相对较为平缓的地形，这里土层深厚、肥沃，林木生长良好。地形急速减缓以及林木树干的阻拦，常会使来自上方坡面的崩落物或浅层滑坡体在这里堆积下来而不能进入沟床，这可能是在泥石流流通区森林对缓和泥石流规模和危害的主要功能。

（二）涵养水源，净化水质

森林凭借它庞大的林冠、深厚的枯枝落叶层和发达的根系能够起到良好的蓄水和净化水质的作用。一般意义上的一场暴雨，一般可被森林完全吸收。在没有森林的情况下，降水会通过江河很快流走。而在有森林的情况下，森林就会对降水起到充分的蓄积和重新分配作用，将其大部分变为有效水，在原有地区循环。森林改变了降水的分配形式，其林冠层、林下灌草层、枯枝落叶层、林地土壤层等通过拦截、吸收、蓄积降水，涵养了大量水源。根据我国现有森林生态定位监测结果，我国热带、亚热带、温带和寒温带 4 种气候带 54 种森林综合涵蓄降水能力的值在 40.93—165.84 毫米，中间值为 103.40 毫米，即森林涵蓄降水能力在 100 毫米左右，相当于 1000 吨 / 公顷，华南、东南、西南等地区一般在 100 毫米以上，华北、西北、华中等地区一般在 100 毫米以下。

1. 森林冠层对降水的再分配

在没有森林植被的地区，降水会直接落至地面，但在有大面积森林存在时，情形就大不一样了，并非所有到达植物体表面的降水都能达到地表，其会被林冠重新分配成三个不同的部分，即穿透水、径流水和截留水。穿透水是指从植被冠层上滴落下来的或从林冠空隙处直接降落下来的那部分降水；径流水是指沿着树干流至土壤的那部分水分；截留水是指雨水以水珠或薄膜形式被保持在植物体表面、树皮裂隙中以及叶片与树枝的角隅等处，截留水很少能够到达地面，而是会因物理蒸发返回到大气中。

一般而言，森林生态系统林冠截留水占 10%—40%，冠层穿透水占 15%—60%，穿过林冠后的径流水占 5%—20%。不同地区、不同类型、不同生长发育阶段的森林生态系统的冠层对不同类型和不同强度的降水的再分配差异较大。

通常被森林植被所截留后又返回大气中的降水称为截留损失，截留损失占降水量的百分率称为截留率或截留损失率。统计分析表明，我国主要森林生态系统林冠的截留率的平均值在 11.40%—34.34%，变动系数在 6.86%—55.05%。截留损失率最大和最小的森林类型都发生在了亚热带山地，其中最大的是亚热带、热带西南部高山常绿针叶林，为 34.34%，最小的是亚热带山地常绿落叶阔叶混交林，为 11.4%。

经过林冠的降水在到达林地之前，由于林下活地被物的存在，会发生与林冠相类似的降水截留过程。根据收获法与浸水法的测定结果，亚热带地区主要森林活地被物地上部分生物量（鲜重）在 1.21—19.60 吨 / 公顷，活地被物层的最大吸附水量在 0.29—5.04 吨 / 公顷，相当于 0.03—0.50 毫米的降水深度，平均为 0.2 毫米。日本学者村井用实验室方法测得，赤松天然壮龄林、落叶松人工壮龄林的下层草被表面的最大吸附水量推算值在 0.04—0.05 毫米，杂草冠部覆盖面积的吸附水量在 0.15—0.56 毫米。看来郁闭林分下的活地被物层对降水的截留数量并不多。

2. 森林枯落物及其水源涵养作用

森林枯落物有很强的持水能力，一般吸持的水量可达其自身干重的 2—4 倍，各种森林枯落物的最大持水率平均为 309.54%，变动系数 23.80%；不同森林枯落物层的最大持水量相差较大，平均为 4.18 毫米，变动系数为 47.21%。据广西龙胜里骆生态站和田林老山生态站的观测统计，每年的降水过程约在 50—60 次（一次降水过程是指降水间隔不超过 12 小时以上的连续性降水），按照杉木林一次降水过程枯落物层的最大持水量为 3.73 毫米、山地常绿落叶阔叶混交林为 6.29 毫米计算，森林枯落物层每年所能涵养的最大水量在 186.5—223.8 毫米（杉木林）和 314.5—377.4 毫米（混交林），分别占当地年降水量的 12.13%—14.55%（杉木林）和 17.68%—21.22%（混交林）。可见森林枯落物层的蓄水作用是明显的。

枯枝落叶层是森林生态系统特有的一个层次，具有许多重要的水文生态意义。仅从吸持降水的角度来说，枯枝落叶层就像一张"地被"覆盖在林地表面，能有效地防止雨滴对土壤的冲刷。在秦岭地区的华山松林、亚热带杉木林及北热带桉树林中，当林冠高度超过了 7 米、降水量超过了 5 毫米时，林冠层就不能有效地降低降水动能，当降水量再增大时，林内就会开始出现因枝叶汇集作用而产生的大雨滴，林内降水动能亦随之增大，并会超过同期林外雨的降水动能。因此，在这些缺乏林下活地被物层，特别是枯枝落叶层的林分内常会看到强烈的地表侵蚀。枯枝落叶层又像一层"海绵"，降水时吸水，无雨时又逐渐失水，可以调节地表土壤水分，避免土壤水分发生过干或过湿的剧烈变化。森林枯枝落叶层本身的渗透系数可达每分钟数百毫米，而且它还能使下面的矿质土层保持较好的透水性，例如，苏联越橘云杉林下的强灰化土在被除去凋落物层后渗透能力会降低 67%—77%，因此林地凋落物层的存在有利于水分的下渗，可以提高森林的水源涵养作用。

3. 森林土壤的水源涵养作用

森林土壤可称得上是一种多孔性的保水透水基质。在无森林的荒山草坡，植被低矮，土壤中的根系较少，加之易受雨水的冲刷，土壤变得瘠薄且坚实。各种森林土壤的孔隙结构往往优于草地。例如，热带亚热带常绿落叶阔叶混交林的非毛管孔隙度、毛管孔隙度和总孔隙度分别比草坡地高出了 3.7 倍、1.7 倍和 2.0 倍。在寒温带和温带地区，森林土壤与草地土壤的孔隙结构差异较小，但其差异仍然是清澈可见的。

森林土壤层是巨大的"天然水库"，森林土壤层的蓄水量是巨大的。据我国森林土壤 0—60 厘米土层的蓄水量测算结果，非毛管孔隙蓄水量变动在 36.42—142.17 毫米，平均为 89.57 毫米，变动系数为 31.06%；最大蓄水量相应的为 286.32—486.6 毫米、383.22 毫米和 17.19%。不同区域森林土壤的蓄水量以热带亚热带地区的阔叶林较高，其非毛管孔隙蓄水量均在 100 毫米以上，而寒温带、温带以及亚热带山地针叶林下的土壤非毛管孔隙蓄水量较小，在 100 毫米以下。说明热带亚热带的阔叶林生态系统中土壤孔隙比较大，林地土壤蓄水能力较强。

土壤的渗透性是指在一定坡面条件下，单位面积、单位时间内进入到土层中的下渗雨量。一般认为，下渗雨量（下渗率）在初期较大，然后随着降水量和降水强度的增加，在较短的时间内急剧下降后便缓慢地下降，最后保持在一定数值，称为终期下渗率或稳渗率。由于土壤水分的下渗作用，土壤的蓄水量随降水量的改变而改变。土壤的渗透性主要受非毛管孔隙发育状况的影响，因此孔隙多、团粒结构好的土壤，渗透性较强。由于森林可以改善土壤结构，促使团粒结构的形成，因而可提高土壤水分的渗透性。热带山地雨林土壤具有很强的土壤水分渗透性,当降水量在10—30毫米时,进入林地70厘米厚土层的降水量几乎全部为土壤吸持;当每次降水量在50—100毫米,70厘米土层深有36.5%—56.3%的降水渗透;当每次降水量在102—132毫米,70厘米土深的渗透水量的降水加权平均为54.6毫米。也就是说,在大雨、暴雨时,土壤的水文性能是以滞留储存水分体现,这种特性延长了水分渗透到下层的时间,起到了调蓄径流的作用。

4. 森林净化水质的作用

森林对污染的降解作用也是十分明显的。森林对污染降解作用可以直接改善地球表面的水质,保障地球水的安全。森林对水质的影响主要体现在:一是森林能吸收净化大气降水中的污染物质。森林的林冠层和土壤层能吸收、吸附大气降水中携带的各种物质,包括被有关标准规程确定的85种有机污染物和铅、镉等无机污染物质,从而减少了穿透雨中的污染物浓度。湖南杉木林吸收降水中污染物的研究表明,大气降水携带的18种有机污染物质的累计含量为1.86千克/(公顷·升),而相应的林冠穿透水、树干径流、地表径流和地下径流中这些物质的累计含量分别下降到了0.363千克/(公顷·升)、0.193千克/(公顷·升)、0.021千克/(公顷·升)和0.004千克/(公顷·升),下降的幅度分别高达80.48%、89.62%、98.87%和99.78%。二是森林对降水中的化学元素具有再分配和调节作用,可以确保径流中的化学元素不出现过高、过低的水平。降水通过森林植被群落时,其中的化学元素会经吸收和淋溶作用发生变化,进而使得径流中的化学元素含量得到调节。一般来说,当降水中化学元素含量较高时,森林的吸收过程是主导,径流中化学元素含量低于降水;当降水中化学元素含量较低时,降水对林冠和林地的淋溶过程是主导的,径流中化学元素含量高于降水。湖南会同杉木林地径流成分的研究表明,降水携带的铅、镉、磷、钾、钙、镁、铁、锰、铜、锌等10种化学元素累计含量是40.49千克/(公顷·升),经过地表径流汇入江河后累计含量为9.27千克/(公顷·升),下降幅度高达77.10%,地表径流中的累计含量为90.24千克/(公顷·升),却高于降水中累计含量,增加幅度为122.87%,说明降雨对林冠层化学元素的淋溶量大于林冠层的吸收量。三是森林可以改善部分水质指标。四是森林能减少江河湖库中的含沙量。

(三)防风固沙

森林的固沙作用主要体现在组成森林的乔木和灌木上,包括林下草本植物,可以通过枯枝落叶和根系固着土壤颗粒,或者把被固定的沙土经过生物改良,使其成为具有一定肥力的土壤,改善沙地土壤状况,减少风蚀,阻止流沙扩散。同时,也可通过冠层的作用减少流沙的迁移。大片固沙林试验表明,在林分有叶期,由于对气流的阻挡和摩擦作用,绿洲上空常呈现逆温稳定层结,对风速起抑制作用,风速可降低55%。在落叶期,林冠疏透度大,绿洲上空呈不稳定层结,风速可降低30%左右。在强风季节,绿洲边缘降低风速28%,在绿洲中心降低风速37%。一条疏透结构的防护林带,迎风面防风范围可达林带高度的3—5倍,背风面可达林带高度的25倍。研究表明,大范围绿化工程可以改变原始风沙流结构，迫使沙尘在垂直高度（0—60厘米）上的分布趋于均匀，林网内的沙尘减少80%，绿化区的降尘量比未绿化的荒漠区降低40%，大气浑浊度降低35%。

1. 固沙作用

森林植被以其茂密的枝叶和聚积枯落物庇护表层沙粒，避免风的直接作用；同时植物作为沙地上一种具有可塑性结构的障碍物，使地面粗糙度增大，大大降低了近地层风速，因此植物可加速土壤形成过程，提高黏结力，根系也可起到固结沙粒的作用；植物还能促进地表形成"结皮"，从而提高临界风速值，增强抗风蚀能力，起到固沙作用。其中植物降低风速作用最为明显也最为重要。植物降低近地层风速作用大小与覆盖度有关。覆盖度越大，风速降低值越大。内蒙古林学院通过对各种灌木测定发现，当植被覆盖度大于30%时，一般可降低风速40%以上。不同植物物种对地表庇护能力也不同。据新疆生物土壤研究所测定，老鼠瓜的覆盖度为30%时，风蚀面积约占56.6%；覆盖度45%时，风蚀面积约占9.4%，覆盖度达72%时完全无风蚀。而沙拐枣覆盖度在20%—25%时，地表风蚀强烈，林地常出现槽、丘相间地形；覆盖度大于40%时，沙地平整，地表吹蚀痕迹不明显，林地已开始固定。当沙面逐渐稳定以后，便开始了成土过程。据陈文瑞研究，宁夏沙坡头地区在植被覆盖下的成土作用下，每年约以1.73毫米的厚度发展。地表形成的"结皮"可抵抗25米/秒的强风，因此，能起到很好的固沙作用。

2. 阻沙作用

根据风沙运动规律，输沙量与风速的3次方成正相关，因而风速被削弱后，搬运能力下降，输沙量减少。植物在降低近地层风速，减轻地表风蚀的同时，因风速的降低，可使风沙流中的沙粒下沉堆积，起到阻沙作用。据新疆生物土壤研究所测定，艾比湖沙拐枣和老鼠瓜一般在种植第二年开始积沙，4年平均积沙量可达3立方米以上。同时，灌木较草本植物和半灌木单株阻积沙量多，也比较稳定；半灌木和草本植物积沙量有限且不稳定，全年中蚀积交替出现。另据陈世雄测定，植物阻沙作用大小与覆盖度有关，当植被覆盖度在40%—50%时，风沙流中90%以上的沙砾会被阻隔沉积。由于风沙流是一种贴近地表的运动现象，因此，不同植物阻沙能力的大小主要取决于近地层枝叶的分布状况。近地层枝叶浓密，控制范围较大的植物其阻沙能力也就较强。在乔、灌、草三类植物中，灌木多在近地表处丛状分枝，阻沙能力较强。乔木只有单一主干，阻沙能力较小，有些乔木甚至树冠已郁闭，表层沙仍然继续流动。多年生草本植物基部丛生亦具阻沙能力，但比之灌木植株低矮，固沙范围和积沙数量均较低，加之入冬后地上部分干枯，所积沙堆因重新裸露而遭吹蚀，因此不稳定。这也是在治沙工作中选择植物种时首选灌木的原因之一。而不同灌木其近地层枝叶分布情况和数量亦不同，其阻沙能力也有差异，因而选择时应进一步分析。

3. 改善小气候作用

小气候是生态环境的重要组成部分，流沙上植被形成以后，小气候将得到很大的改善。

在植被覆盖下,反射率、风速、水面蒸发量显著降低,相对湿度提高,而且随植被盖度的增大,其对小气候的影响也愈显著。小气候改变后,反过来会影响流沙环境,使流沙趋于固定,加速成土过程。

4. 对风沙土的改良作用

植物固定流沙以后,大大加速了风沙土的成土过程。一是机械组成发生了变化,粉粒、黏粒含量增加。二是物理性质发生了变化,容重减少,孔隙度增加。三是水分性质发生了变化,田间持水量增加,透水性减慢。四是有机质含量增加。五是氮、磷、钾三要素含量增加。六是碳酸钙含量增加,pH 值提高。七是土壤微生物数量增加。据中国科学院沙漠研究所陈祝春等人测定,沙坡头植物固沙区(25 年),表面 1 厘米厚土层微生物总数 243.8 万个/克干土,流沙仅为 7.4 万个/克干土,约比流沙增加了 30 多倍。八是沙层含水率减少。据陈世雄在沙坡头观测,幼年植株耗水量少,对沙层水分影响不大,随着林龄的增加,其对沙层水分会产生显著影响。在降水较多的年份,如 1979 年,4—6 月所消耗的水分能在雨季得到一定的补偿,沙层内水分可恢复到 2% 左右;而在降水较少的年份,如 1974 年,仅降雨 154 毫米,补给量少,0—150 厘米深的沙层内含水率下降至 1.0% 以下,严重影响了植物的生长发育。陈文瑞在沙坡头多年的研究结果表明,沙坡头人工林下形成的土壤已经发育到了明显的结皮层(A_0)和腐殖质层(A_1),剖面分化比较明显,与流沙相比,在物理性质方面具有质地细、容重低、孔隙度高、持水性强、渗透性慢等特征;在化学性质方面,养分含量高,碳酸钙积累显著,易溶性盐含量增加等;在抗蚀强度方面,结皮层可抗 11 级大风。但所形成的土壤土层仍较薄,25 年人工林的平均土层厚度为 4.33 厘米,每年平均形成土速度 1.73 毫米,土层中粗粉沙含量高,黏粒少,较松脆,故应防止人畜践踏。

(四)净化空气,减少噪音

森林还具有净化空气,治理工业污染,减少噪音,促进人体保健,满足人类精神享受的作用。据研究,1 公顷森林每年能吸收二氧化硫 700 多千克,可明显减轻工业酸雨的危害;城市行道林带的滞尘率,更是高达 70%—90%;噪声经过 30 米宽的林带,可减低 6—8 分贝。清洁优美宁静的环境不仅有益于人们的身心健康,还可以明显提高学习和工作效率。

1. 防治大气污染

工业生产向空气中排放的二氧化硫、二氧化氮、氟化氢以及某些重金属气体如汞蒸气、铅蒸气等造成了比较严重的大气污染。人们每天都在不知不觉地不断呼吸烟雾弥漫的有害空气,严重损害了身心健康,有些人因此患上了皮炎、哮喘、花粉症等特应性疾病和慢性疲劳,以及情绪不稳、抑郁症、健忘症等。树木等绿色植物能稀释、分解、吸收和固定大气中的有毒有害物质,再通过光合作用形成有机物质,化害为利或者把有害物质固定在植物体内,净化空气。比如,每公顷柳杉林每年可以吸收 700 千克的二氧化硫,松林每天可以从 1 立方米的空气中吸收 20 毫克的二氧化硫。臭椿、夹竹桃吸收的二氧化硫的量可达其正常含量的29.8倍和8倍。据国家环境保护总局（现为中华人民共和生态环境部，下同）南京科学研究所编写的《中国生物多样性经济价值评估》，森林对二氧化硫的吸收能力为：针叶林、柏类、杉类为215.6千克/公顷，阔叶树为88.65千克/公顷。另外，月季、杜鹃、木槿、紫薇、山茶花、米兰等都是吸收二氧化硫很好的绿化植物。女贞、泡桐、刺槐、大叶黄杨等都有极强的吸氟能力，构树、合欢、紫荆等具有较强的抗氯吸氯能力。

2. 滞尘效应

大气除有毒气体污染外，灰尘、粉尘等也是主要的污染物质。据统计，全国城市中有一半以上大气中的总悬浮颗粒物（TSP）年平均质量浓度超过了310微克/立方米，百万人口以上的大城市的TSP浓度更大，一半以上超过了410微克/立方米，超标的大城市占93%。人们在积极采取措施减少污染源的同时，更应重视增加城镇植被覆盖，发挥森林在滞尘方面的重要作用。那些叶子表面带有刺毛、绒毛和叶面粗糙的植物以及叶面分泌油脂和黏液的绿地植物滞留和吸附大气中灰尘和粉尘的作用更大。据测定，草地减尘土的作用比裸地大70倍，草坪绿地中的含尘量比街道少1/3—2/3。据天津市园林局绿化管理处统计，天津市区有以树木为主的绿地3500公顷，它们1年可以吸附或阻挡沙尘4.2万多吨。从不同类型城市绿地的滞尘效果来看，乔灌草型减尘率最高，灌草型次之，草坪较差。主要原因在于：一是森林可以降低风速，使风的承载力下降，随后使空气中的粉尘迅速降落；而草坪基本上对风速影响很小，对降尘过程影响不大。二是乔灌草的复层结构可以使粉尘在乔木层、灌木层和草本层的不同层次被吸附在植物体表面，也可以被林下的枯枝落叶所吸附，而草地吸附层只有一层。三是防止二次扬尘的能力不同。降落在绿地内以及被植物体吸附的灰尘，如果遇到一定强度的风还会再次飞起来，落在森林的灰尘所需要的起尘风要远远大于草地和道路、楼房等建筑物，森林可以最大限度地避免反复扬尘。

3. 减少重金属污染

植物除了具有抵抗和净化大气污染的能力以外，其对土壤污染、水体污染的净化能力也是不可忽视的。据研究证明，1千克水葫芦24小时内可以从污水中吸附34克钠、22克钙、17克磷、4克锰、2.1克酚、89克汞、104克铝，另外，其还有较强的吸收和积累锌、银、金等重金属的能力。它还能将酚、铬、镉等有毒物质分解成无毒物质。除此之外，水葱、浮萍、菹草、金鱼藻、芦苇、空心苋等植物也有较好的净化污水的能力。更令人感兴趣的是一种被称为植物萃取的过程。某些植物能通过根部吸收铅元素，人们把这些植物收割以后，可以在原地种上第二批植物，直到土壤中的铅含量降低到允许的水平。羊齿植物可以直接将吸收了的砒储藏在它的叶和茎，某些植物吸收的砷、铅可以最终从根部输送到地上的枝叶中，这样只需修剪枝叶就可以清除砷、铅了，而不必拔除整棵植物。因此，多年生植物特别是木本植物是清除土壤中的铅、砷等污染物最理想的媒介。有些木本植物如某些旱柳品系可以蓄积47.19毫克/千克的镉，当年生加拿大杨对汞的蓄积量高达6.8毫克/株。据统计，目前有大约400种植物可以吸收毒素，而利用植物进行修复所产生的市场销售额正在迅速增长，1998年只有3000万美元，到了2005年，市场的销售额高达37000万美元。

4. 减少噪声、电磁波污染

城市现代化工业生产、交通运输、城市建设对环境噪声的污染日趋严重，已成为城市环境的一大公害。当噪音超过70分贝时，对人体就会产生不良影响。如果长期处于噪音为90分贝以上的环境中，就有可能发生噪音性耳聋，甚至造成神经衰弱、高血压和心血管疾病。对于神经脆弱或神经极度过敏的人，其还易因高分贝噪音的长期干扰发生厌恶心理状态甚至精神分裂。我国城市区域环境噪声污染严重，据1992年对40个城市进行的统计，平均等效声级均在55分贝以上。其中34个城市高于60分贝，严重影响了城市居民的工作、学习、生活，损害了居民的身心健康。消灭城市噪音的最有效方法就是植树、栽花和种草。森林对声波有散射、吸收功能。据生态学专家测试，12米宽的乔灌木树冠覆盖的道路可降低噪音3—5分贝，30米宽的乔灌木树冠覆盖的道路可降低噪音6—8分贝，乔、灌、草结合的多层次的40米宽的绿地，能减低噪音10—15分贝。日本近年的调查表明，草坪植物的直立茎和叶能在一定程度上吸收和减弱125—8000赫兹的噪音。因此，在街道、庭院、机关、工厂、学校等处铺设草坪，在公园外侧、道路和工厂区建立缓冲绿带，都有明显减弱或消除噪音的作用。即使柔软、疏松的草地地面，也可使噪音衰减5—10分贝。城市中通信、通信线路、输电线路纵横交错，电台、电视台、雷达卫星以及其他方面产生的电磁波造成的环境污染也越来越引起了人们的重视。

（五）维持碳平衡，调节全球气候

近代人类大量使用化石燃料，如石油、煤炭、天然气等，使得大气中二氧化碳的浓度不断升高。当前，由于二氧化碳浓度升高而引起的"温室效应"已成为世界各国最关注的环境问题。而二氧化碳浓度增加主要是由于人类活动的影响，在工业革命以前，大气中二氧化碳浓度为275微升/升，到1900年增加到了353微升/升，增长了26%，如果不加以控制，任其发展下去，到21世纪中期将达到600毫升/立方米。从1886年至今，地面大气温度已升高了0.5—0.7℃，到21世纪中叶可能会增温1.5—4.5℃，由此产生的"温室效应"会使全球发生气候变暖。全球气候的变化将给世界经济和生态环境带来灾难性后果，同时将对农业、林业和水资源利用产生很大的影响。温室效应的产生与全球碳循环的关系非常密切。森林能够有效地缓解由于大气中二氧化碳、甲烷等温室气体浓度升高而引起的"温室效应"。森林是世界上最大的碳储存库，它储存了全球陆地生态系统90%以上的碳，与其他植被相比，林木中碳与其他元素的比率较高，单位面积的森林储存的碳是农田的20—100倍。森林既能固定二氧化碳，但森林破坏后又能向大气中释放二氧化碳。一些研究成果表明，1850—1980年化石燃料燃烧向大气中释放的碳为1500亿—1900亿吨，而森林采伐或破坏造成的碳释放量达900—1200亿吨。有人估计，森林面积的减少约占二氧化碳浓度增加的因素中的30%—50%。每公顷森林平均每年可吸收二氧化碳20—40

吨，放出氧气15—30吨。营造森林是目前世界上成本最低的控制二氧化碳、维持碳氧平衡的措施。因此，千方百计地保护森林资源，使经济建设与资源、环境协调发展，是关系到人类生存和发展的重大问题。

（六）保护化物多样性

森林通过其复杂的组织结构使其成为自然界物种的生存与发展的庇护所，同时，也调节着自然界的生物平衡，有效地保护了生物多样性。森林是一个庞大的生物世界，森林之中除了各种乔木、灌木、草本植物外，还有苔藓、地衣、蕨类、鸟类、兽类、昆虫和微生物等，目前地球上大约500万种以上的生物中有一半以上在森林中栖息繁衍。所以，保护物种的最有效办法就是保护和发展森林。

中国的多样性生物具有物种高度丰富、生物特有性高、生物区系起源古老、经济物种的种质资源异常丰富、生态系统复杂多样、空间格局多种多样等特点。中国生物多样性丰富度占世界的第八位，被称为"巨大多样性国家"。中国有高等植物约30000种，仅次于巴西和哥伦比亚，居世界第三位。其中苔藓植物2200种，占世界总种数的9.1%；蕨类植物52科，2200—2600种，分别占世界科数的80%和种数的22%。中国是世界上裸子植物最多的国家，有10科34属250种。中国的被子植物约有328科3123属30000多种，分别占世界科、属、种数的75%、30%和10%。中国的脊椎动物共有6347种，占世界总种数的13.87%。中国共有鸟类1244种，占世界总种数的13.1%，是世界上鸟类种类最多的国家之一。中国有鱼类3862种，占世界总种数的20.3%。昆虫等无脊椎动物、低等植物和真菌、细菌、放线菌等种类更为繁多，目前尚难做出确切的估计，大部分种类迄今尚未被人类所认识。

中国特有属、种繁多。如有活化石之称的大熊猫、白鳍豚、水杉、银杏、银杉和攀枝花苏铁等均为中国特有物种。高等植物特有种最多，约17300种，占中国高等植物总种数的57%以上。中国生物区系起源古老，如松杉类植物出现于晚古生代，在中生代非常繁盛，第三纪开始衰退，第四纪冰期分布区大为缩小，全世界现存7个科中，中国有6个科。被子植物中有许多古老或原始的科属，如木兰科的鹅掌楸、木兰、木莲、含笑、金缕梅科的蕈树、假蚊母树、马蹄荷、红花荷，山茶科、樟科、八角茴香科、五味子科、蜡梅科、昆栏树科及中国特有的科水青树科、伯乐树（钟萼木）科等，都是第三纪的残遗植物。

中国栽培植物、家养动物及其野生亲缘的种质资源异常丰富，其丰富程度在全世界上是独一无二的。人类生活和生存所依赖的动植物，不但许多是起源于中国，而且中国至今还保存有它们大量的野生原型及近缘种，如干果枣树、板栗、饮料茶、木本油料油茶、油桐、涂料漆树等都是中国特产。中国更是野生和栽培果树的主要起源和分布中心，果树种类居世界第一位。苹果、梨、李属种类繁多，原产中国的果树还有柿、猕猴桃，以及包括甜橘在内的多种柑橘类果树和荔枝、龙眼、枇杷、杨梅等，所有这些果树都包含了多个种和大量品种。我国是水稻的原产地之一，是大豆的故乡，水稻有地方品种50000个，大豆有地方品种20000个。我国还有药用植物11000多种，牧草4215种，原产中国的重要观赏花卉超过了30属2238种，各经济植物的野生近缘种数量繁多，大多数无精确统计，世界著名的栽培牧草在中国几乎都有其野生种或野生近缘种。

中国生态系统丰富多彩，具有地球陆生生态系统的各种类型（森林、灌丛、草原、稀树草原、草甸、荒漠、高山、冻原等）。世界上最丰富的森林生态系统类型和最完整的温带山地垂直带谱在中国，亚热带山地垂直带谱、北半球纬度最高的热带山地雨林、季雨林类型、种类最丰富的落叶松属、松属、云杉属、冷杉属、栎类森林都在中国。中国还有世界上罕见的高生物量的雅鲁藏布江峡谷云杉林。

中国有乔灌木树种8000余种，其中乔木2000多种，灌木6000多种，中国的树种大多数在地理成分上为热带、亚热带性质，同时也几乎包括了世界温带分布的所有木本属，如槭、桦、胡桃、鹅耳枥、栎、云杉、冷杉、胡颓子等，此外，我国还保存了许多中国特有的孑遗种，如石炭纪、二叠纪之前的银杏、中生代至第三纪的罗汉松、陆均松、三尖杉（粗榧）、红豆杉（紫杉）、穗花杉、白豆杉等。

据统计，在中国6347种脊椎动物中，有哺乳类581种，鸟类1244种，两栖类284种，爬行类376种，这些动物绝大多数生活在森林中或林缘。其中许多是中国特有的或主要分布在中国的物种。如全世界雉类有276种，中国就有56种，占20%，其中19种为中国所特有。多种类型的森林中栖息着多种多样的野生动物，中国森林的野生动物估计有1800余种。植被结构多样性是衡量环境空间异质性的指标，而且植物多样性决定了动物多样性，也是鸟类等动物生态分布的重要限制因素，这一点在许多城镇绿地系统功能的研究中都被忽视了。森林作为生产力水平最高、物种组成最为丰富的陆地生态系统，比草地提供的生境类型要多得多，有更大的容纳量，是鸟类、兽类和各种昆虫的栖息地。

三、森林是农业的生态屏障

从国内外发展趋势来看，发展农业、增产粮食在可持续发展中占有突出的地位。粮食对于中国这样一个人口大国来说具有特殊重要的意义，粮食稳定增长是经济发展和国家安定的基本前提，是实现可持续发展的根本保证。

（一）改善气候，促进农业稳产高产

森林能够有效地改善农业生态环境，增强农牧业抵御干旱、风沙、干热风、冰雹、霜冻等自然灾害的能力，促进高产稳产。建设农田防护林网和实行"四旁"绿化是保护农业生产的有效措施。由于森林根系分布在土壤深层中，基本不与地表的农作物争肥，还在农田防风保湿，调节局部气候方面发挥了极大的作用。同时，由于林中的枯枝落叶及林下微生物的物化作用使其共生培肥，改善了土壤结构，促进了土壤熟化过程，从而增强了土壤自身的增肥功能和农田持续生产的潜力。据实地观测，农田防护林能使粮食平均增产15%—20%。

1. 防风效应

防护林最显著的小气候效应是风速减弱效应或称防风效应，其防风原理在于：气流通过林带时，削弱了气流动能而减弱了风速。动能削弱的原因来自三个方面：其一，气流穿过林带内部时，由于与树干及枝叶的摩擦，部分动能转化为了热能，与此同时，由于气流受林木类似筛网或栅栏的作用，将气流中的大漩涡分割成了若干小漩涡，加强了内摩擦力而削弱了大量动能；其二，气流翻越林带时，在林带的抬升和摩擦下，与上空气流汇合，损失了部分动能；其三，穿过林带的气流和翻越林带的气流，在背风面一定距离内汇合时，又造成了动能的损失，致使防护林背风区风速减弱最为明显。防护林的防风效应与其空间结构密切相关，空间结构的主要技术指标有林带方位、林带结构、林带间距、林带宽度、网格规格及面积等。据测定，在平原地区，单条防护林带结构为最优结构时，背风面减弱风速30%的有效防护距离可达15—20倍树高。迎风可达5—7倍树高，在30倍树高范围内，平均风速可降低40%—50%；在20倍树高范围内，平均风速可降低50%—60%。大面积林网化地区，地面边界面层的平均风速比无林网地区低20%—30%，从而有效地防止或减轻了风沙对农业的危害。据淮北平原蒙城农业综合试验区多年观测：以黑杨为主体的东西向主林带和南北向副林带，配合侧柏、紫穗槐及牧草地面覆盖，可使林网内的风速降低30%—40%，风速高时林网的风速可降低50%—60%，综合防风效能达35%—40%。

2. 温度调节效应

林带改变气流结构和降低风速作用的结果是必然会改变林带附近的热量收支，从而引起温度的变化，但这种过程十分复杂，影响防护农田内气温的因素不仅包括林带结构、下垫面性状，还涉及风速、湍流交换强弱、昼夜时相、季节、天气类型、地域气候背景等。在白天，防护林对气温的影响随着地区气候的不同而不同。一般情况下，在实际蒸散和潜在蒸散接近的湿润地区，防护农田内影响温度的主要因素为风速，在风速降低区内，气温会有所增加。在实际蒸散小于潜在蒸散的半湿润地区，由于叶面气孔的调节作用开始产生影响，一部分能量没有被用于土壤蒸发和植物蒸腾而使气温降低，因此，这一地区的防护林对农田气温的影响具有正负两种可能性。在半湿润易干旱或比较干旱的地区，由于植物蒸腾作用而引起的降温作用比因风速降低而引起的增温作用程度相对显著。因此，这一地区的防护林具有降低农田气温的作用。我国华北平原属于干旱半干旱季风气候区，这一地区的农田防护林对温度影响的总体趋势是夏秋季节和白天具有降温作用，在春冬季节和夜间气温具有升温及气温变幅减小的作用。据河南省林业科学研究所测定：豫北平原地区农田林网内夏季日平均气温比空旷地低0.5—2.6℃，在冬季比空旷地高0.5—0.7℃。

3. 水分效应

防护林对林网内水分的作用之一是提高空气的湿度。在林带作用范围内，风速和乱流交换的减弱使得植物蒸腾和土壤蒸发的水分在近地层大气中逗留的时间相对延长，因此，近地面的绝对湿度和相对湿度常常高于旷野。徐祝龄等研究证实：林网内活动面上的相对湿度大于旷野，其变化值在 1%—7%。王学雷研究表明：江汉平原湖区农田林网内相对湿度比空旷地提高了 3%—5%。据甘肃河西走廊的研究，林木初叶期，林网内空气相对湿度可提高 3%—14%，全叶期可提高 9%—24%，生长季节一般可使网内空气湿度提高 7% 左右，田间蒸发量减少 5%—28%。

防护林对林网内水分的另一作用是影响土壤湿度，其影响程度主要取决于降水、农田蒸散、土壤物理性质、林带吸水及其所导致的土壤水分向树行方向的侧向移动等。通常，因树木根系的吸水作用，林带附近的土壤湿度有时会低于防护农田中心及单作农田，这正是所谓的林木土壤水分胁迫效应。但在高纬度地区，由于林带的积雪作用，其土壤湿度反而要高于农田中心及开阔农田。与此同时，在林带的防风效应影响下，防护农田蒸散量要低于开阔农田，从而直接地起到增加土壤水分的作用。在林缘附近，由于林木枯枝落叶层的腐烂分解作用改善了土壤的物理性质，如降低了土壤容重和提高了水分入渗率等，所以提高了土壤储水能力，间接地增加了土壤湿度。因此总体而言，防护农田内的土壤湿度要高于开阔农田或单作农田，而且越是气候干燥的地区或干热风时期，这种效应就越显著。一般在风速降低幅度最大的林缘附近，蒸发减少最甚，最大可达 30%，其中通风结构林带对蒸发的减少作用最佳。据王广钦等的观测，整个生长季节中，林网内表层土壤含水量、储水量、有效水含量均高于林网外，平均分别比林网外高 5.9%、8.7%、13.3%。灌溉 14 日后，由于林网内无效蒸发减少，每公顷节水 14.9 吨，故林带保护范围内减少的水分损失足以弥补林带本身所需要的水分消耗。据朱廷曜等的资料统计，在干旱、半干旱、半湿润地区，农田防护林可减少蒸发 10%—20%，若生长季降水量为 300 毫米，则相当于增加了一场中雨，可使土壤湿度和空气湿度均有不同程度的增加，对于抵御春旱和干热风将起到明显的效果。据铁岭县气象局提供的资料，林网内每日减少地表蒸发量 10%，提高土壤湿度 7.1%。可见，农田防护林具有明显的改善农田水分状况的作用，这对于以旱作农业为主的干旱半干旱地区具有特别重要的意义。

（二）防洪减灾，维护水利设施

1. 森林调节径流，削洪补枯

森林依靠其径流调节和水源涵养能力可以削减洪峰流量，推迟洪峰的到来时间，增加枯水期流量，推迟枯水期的到来时间，减小洪枯比，增加水资源的有效利用率。森林在小尺度流域上可以削减降雨过程的洪峰流量，并推迟洪峰，而在大流域或对持续时间较长、重现期较长的暴雨的削减率逐渐减弱。研究表明，小流域森林覆盖率每增加 2% 时，约可以削减洪峰 1%，当流域森林覆盖率达到最大值 100% 时，森林削减洪峰的极限值在 40%—50%。北京林业大学在山西省的研究表明，黄土区水土保持林对洪峰流量有显著的削减作用。清水河流域 435 平方千米，其从 20 世纪 60 年代到 80 年代末，森林覆盖率从 25.13% 增加到了 57.88%，增加了 30%，削减最大洪峰流量达 44%。森林土壤中的涵蓄水、地下水在无洪期会不断地渗入江河，推迟枯水期的到来，增加河流平枯期的流量。根据祁连山水源涵养研究所的研究，祁连山天涝池河、寺大隆河和黑河上游面积基本相同的3条河流的森林覆盖率分别为65.9%、32.0%和5.9%，冬季枯水期径流量分别为78.13毫米、36.46毫米和23.54毫米，春季枯水期径流量分别为62.50毫米、61.97毫米和12.20毫米。可见，冬、春2个枯水期内的径流量随着森林覆盖率的减小而不断减小。

森林对河流总径流量的影响。自1900年瑞士对两个小集水区进行森林作用的研究以来，美国、苏联、德国、日本等国相继对此开展了研究，或用采伐先后的对比法，或用成对集水区法，或用几十条流域甚至百余条流域的综合分析法，但得出的结论不一致。森林对河流总径流量的影响是一个极为复杂的世纪科学问题，尽管历经了百年的探索与争论，至今仍然是个不解之"谜"。关于此存在着三种不同的观点，即森林的存在可以增加河川径流量、森林的存在可以减少河川径流量和森林与河川径流量无明显关系。森林对河川径流总量的影响在不同地区的研究结果存在着一定的差异。但较为一般的结论是：随着小流域森林覆盖率的增加，径流总量相应减少，特别是在干旱少雨地区，森林减少径流比较明显，但在多雨地区，因为植被蒸腾与物理蒸发之间数量关系的变化，森林对径流总量的影响不明显。针叶林、硬木落叶林、灌木林、草本植物对流域径流总量的影响呈递减趋势，针叶林覆盖率增加10%时，可减少径流总量约40毫米。同样，硬木落叶林的覆盖率增加10%时，将引起流域径流总量减少约25毫米。山西省清水河流域面积为435平方千米，森林覆盖率在60年代、70年代和80年代末分别为25.13%、55.29%和57.88%，年均降水量分别为589毫米、551毫米和516毫米，年均径流量分别为55毫米、46毫米和23毫米，年均径流系数分别为9.3%、8.3%、4.5%。可见，随着森林覆盖率的增加，年径流量、径流系数都明显减小。但是，由于缓洪增枯、减少洪水总量的作用，森林提高了对水资源的有效利用率。

2. 森林减少土壤侵蚀和泥沙输移量

森林保持土壤的综合能力是通过林冠、下层植被、枯枝落叶层、根系层等耗散降水径流的侵蚀力来改良土壤结构和理化性质，进而增加水分入渗能力和增强机械固结土体来实现的。森林群落通过减少雨滴对土壤的冲击、减少地表径流对土壤的冲刷，有效地保护了土壤。据对陕西秦岭山脉八条河流的研究，湄水河、黑河、酉水河、洵河、南路河、现河、嘉陵江和丹江的森林覆盖率分别为75%、73%、67%、50%、44%、37%、35%和34%，年均土壤侵蚀模数分别为120吨/平方千米、165吨/平方千米、153吨/平方千米、250吨/平方千米、545吨/平方千米、1420吨/平方千米、1680吨/平方千米和951吨/平方千米。可见，森林覆盖率高的湄水河、黑河、酉水河和洵河年均土壤侵蚀模数只有120—250吨/平方千米，而森林覆盖率低的丹江、嘉陵江、现河、南洛河年均土壤侵蚀模数却高达545—1680吨/平方千米，这充分说明了森林植被水土流失作用之显著。

森林通过减少土壤侵蚀也减少了进入江河的泥沙量。国家"七五"科技攻关专题"黄土高原水土保持林体系综合效益的研究"结果表明：晋西黄土区水土保持林具有强烈的减少流域侵蚀和产沙量作用，无林流域（1.5平方千米）的产沙量比森林流域（1.3平方千米）高33.4倍，少林流域比多林流域的产沙量高4.3倍，森林相对拦沙效益达到了75.53%。据对三峡库区不同土地利用方式与入江泥沙的对比分析，林地只占三峡库区入江泥沙总量的5.59%，灌丛、草地和农地分别占12.42%、35.45%和46.16%，而这4种土地类型占总土地面积的百分比则很接近。可见，森林植被减少泥沙进入下游河道的作用是较大的。

四、林业是西部大开发的根本和切入点

实施西部大开发战略是我国在世纪之交的重大战略决策。西部大开发将着重调整生产力布局和区域发展政策，形成东西部协调发展的格局。西部大开发的主要内容包括：加快基础设施建设，切实加强生态环境保护和建设，积极调整产业结构，发展科技、文化、卫生和教育事业，加大改革开放力度。重点是基础设施和生态环境建设，包括加强生态建设和环境保护，保护天然林资源，因地制宜地实施坡耕地退耕还林还草，推进防沙治沙和草原保护，注意发挥生态的自我修复能力。两年多的试点证明，在中西部一些地方实行退耕还林，既是改善生态环境、促进农业结构调整的重大举措，又是直接增加农民收入的有效途径。目前粮食等农产品供给充足，正是加快退耕还林的良好时机。今后几年，国家将进一步扩大退耕还林规模，推进休牧还草，加快宜林荒山荒地造林步伐。同时，三北防护林体系建设工程，野生动植物保护和自然保护区建设工程，京津风沙源治理工程在西部地区都占有相当大的份额。新时期林业不仅承担着西部地区生态建设的历史重任，还在促进农村经济结构调整，帮助农民增收等方面发挥着重要作用。

中国的广大西部地区都基本属于生态环境脆弱、土地退化严重和贫困的地区。新疆、宁夏和内蒙古共有县级行政单位186个，在新的扶贫规划中就有66个县被列入了国家重点扶持县之中，超过了总数的1/3。少数民族的贫困人口居住较为分散，生存条件恶劣，教育水平很低，卫生条件落后，要解决他们的脱贫问题难度更大。因此，林业在恢复区域生态，改善生存环境的同时，还要继续肩负着发展地方经济，尤其是山区和荒漠化地区经济的历史重任。西部地区的森林覆盖率只有8.68%，大部分地区的森林覆盖率较低。其中，青海森林覆盖率只有0.43%，新疆为1.08%，宁夏为2.20%，甘肃为4.83%，西藏为5.93%。尤其是西北4省（自治区）的森林面积，仅为440多万公顷，只占全国森林总面积的2.8%，森林覆盖率为1.53%。新疆的天山山麓地区森林资源并不丰富，而近年来被破坏的却十分严重；青海省森林覆盖率全国最低，而且天然林的一半是次生林，林相残败。塔里木河下游胡杨林面积由50年代的5.4万公顷减少到了1.6万公顷，由北疆进入南疆的180千米"绿色走廊"正在消失。即便如此，这些森林植被的保持水土、防风固沙作用仍是不容忽视的。

在西部大开发战略中，必须充分考虑西部地区生态系统的脆弱性，以及不适宜的政策和目标可能导致的日益增长的环境退化风险。林业在肩负西部生态恢复重任的同时，还必须为广大人民群众的生活、生存与发展服务。因此，西部地区林业重点工程的建设是对西

部地区的林业生产力布局的一次战略性调整，将整体改善和提高西部地区森林布局和森林覆盖率，全面提高以森林为主体的区域植被系统的环境服务功能，全面促进西部地区的社会、经济和环境的协调发展。因此，森林的保护和发展在中国的环境与发展问题中具有特殊的任务、责任和地位。西部地区植被的恢复和发展首先关系着西部大开发过程中的生态环境保护与改善问题，也关系着西部地区乃至国家的生态安全问题。西部地区的植被建设需要从根本上使社会生存和可持续发展所处的生态环境不受或少受破坏和威胁，也就是说，需要保持土地、森林、水、动植物、大气等自然资源的可持续利用，使之适应社会和经济系统的可持续发展。其中森林是关键，是核心，是纽带。这种关键、核心或纽带作用的根本是森林资源的可再生性和森林植被的生态服务功能。

西部地区因特殊的地理和气候条件，加之人类活动的不断增加，致使生态环境极度脆弱，人类生存条件十分恶劣。植被稀少，景观单一，缺少生态屏障；水土流失、荒漠化、土壤盐渍化等土质退化现象以及草原退化、生物多样性减少等现象严重；水资源贫乏、河流断流、湖泊干涸普遍加重；生态环境整体呈不断恶化趋势。如果生态环境继续恶化，大型基础设施和生产基地没有生态屏障，人才、信息、技术难以进去，资源难以合理利用，西部大开发战略目标也就无法实现。因此，西部大开发必须要生态先行，以林业作为生态建设的主体、根本和切入点。西部地区林业发展的战略布局成功与否以及西部地区林业发展的速度，直接关系到了西部大开发的成败。对广大的中国西部地区而言，无论是生态环境恢复，还是地方经济建设，发展林业都是根本性措施和基本切入点。

总之，林业是生态建设的主体，承担着维护国家生态安全的重大使命。建立国家生态安全体系，林业建设和森林的发展是根本，这既是林业的战略地位和重要作用所决定的，又是人类对发展历程的反思与总结。生态安全是现代国家安全的重要组成部分。作为陆地生态系统主体的森林，是自然界功能最完善的资源库、基因库、蓄水库、碳储库和能源库，其对维护土安全、水安全、环境安全、生物安全，改善生态环境，维护生态平衡起着决定性的作用。生态环境的改善在很大程度上取决于林业的发展，森林是实现环境与发展相统一的关键和纽带，这已成为当今国际社会的普遍共识。

第二节　林业是无可替代的基础产业

林业产业对我国经济社会发展发挥了积极作用。木材作为当今四大原材料（木材、钢材、水泥、塑料）中唯一的可再生的生物资源，具有质量轻、强度高、吸音、绝缘、美观、易于加工、优质纤维含量高等优良特性，是国民经济建设的主要生产资料和人民群众不可缺少的生活资料，被广泛用于了建筑、装饰、造纸、家具、交通、能源和其他行业。

改革开放40多年来，我国林业产业总产值由1978年的179.6亿元增加到了2017年的7.13万亿元，规模扩大了近400倍，年平均增速达到了16.14%，高于同期国内生产总值

14.5%的平均增速。40年以来，我国林业一、二、三产业比例由2002年的63：32：5逐步调整为了2017年的32：48：20，产业结构不断优化，呈现出了由"一二三"向"二三一"演变的趋势。40多年来，我国竹材、人造板、地板、木门、家具、松香以及经济林产品产量居世界第一，已成为最具影响力的世界林产品生产、贸易和消费大国。40年以来，我国林业产业呈现出了持续高速增长的态势，产业规模不断壮大，工业化进程明显加快，特色产业迅速崛起，新兴产业方兴未艾。40多年来，我国林业产业从弱小走向了强大，从落后走向了先进，从固封国内走向了世界舞台，实现了从"赶上时代"到"引领时代"的伟大跨越。

一、林业为可持续发展提供了物质基础

新中国成立后的70年内，全国累计生产木材50多亿立方米、竹材106亿根、人造板23308万立方米。在50年代，林业成了国民经济重要的支柱产业，曾位列国民经济各部门的前5位，为我国国民经济的快速协调发展做出了重要贡献。

我国林业产业不仅是国民经济的重要组成部分和经济的巨大增长点，同时还为其他行业的发展提供了原料和初级产品。据统计，1997年森林资源的利用对国内生产总值的贡献为2124.02亿元，是1997年国内生产总值的2.84%，是第一产业所创国内生产总值的5.21%，是全国工业所创国内生产总值的6.69%，相当于铁路年运输总收入的2.52倍，比铁路、公路、水路及港口运营总收入多创1084.7亿元。由此可见，林业产业对各行各业的贡献是巨大的。

1. 木材是支持我国经济高速发展的重要基础

木材是世界公认的四大原材料之一，用途极为广泛，是一个国家经济社会发展中不可缺少的重要资源。

最初，木材主要被用作燃料，后来木材在建筑、家具、交通、采矿（坑木）及电力建设（电杆）等方面上升为了主导地位。进入20世纪后，特别在下半个世纪，木材以其多层次加工产品的形式开拓出了越来越多的新用途，如以各种纤维板、刨花板和胶合板为主体的人造板及其与其他材料（塑料、石膏、水泥）的复合制品，在建筑、室内装修、家具、车船甚至飞机制造上找到了越来越多的新用途和新用法，而以纤维素、半纤维素和木素为主要成分的木材又找到了越来越多的化学利用途径，其中以利用木材纤维素为主的木材制浆造纸业更是成了提供高质量纸张和纸产品的主要来源，从而构成了支持现代文明的主要支柱之一。在许多发达国家中，用于纸浆造纸的木材消费量已占木材总消费量的一半以上。近年来，在自然环境不断恶化的冲击下，木材作为天然物的一系列性能重新受到了人们的青睐，不少人又恢复了对实木制品的喜爱。而石化燃料（煤、石油、天然气等）大量消耗可能引起短缺的前景迫使人们又不得不重新考虑可再生的生物能源（其中木材占主要份额）的重大利用价值。用速生高产方式培育出大量木材并使之转化为液体或气体燃料是人类利

用无穷尽的太阳能来作为能源的又一选择途径，而用人工培育速生用材林作为发电燃料的产业在一些国家已经开始进行了建立。

与其他材料的利用相比，木材的利用具有其独特的优点，具体表现在：第一，木材是森林资源的主要成分，森林是地球上最重要的可再生资源，在科学的开发利用前提下，最容易达到可持续利用的目标；第二，木材是纯自然的产物，作为材料是与环境友好的，在其加工过程中能耗低，在使用过程中无污染，在处理过程中易于降解或再利用；第三，木材还具有质轻、隔热、绝缘、有弹性、易加工、纯自然等特性，是任何人工合成材料所无法模拟的。正因如此，尽管在科技较为发达的现在、在新材料辈出的当前，木材还是其他材料所无法替代的。

在世界人口不断增加、物质和文化需求不断增长的背景下，全世界木材消费总量不但没有下降，还呈现出了逐年增长的趋势。但是，伴随着全球森林的不断减少，以及世界各国对本国森林的保护，及其对森林在国家安全中的作用的进一步认识，木材尤其是珍贵木材及其产品的贸易已经成了全球环境政治、环境外交的核心内容之一，同时也成了越来越宝贵的战略物资。

2. 林业对满足人民绿色消费需求起到了重大作用

森林可提供的绿色产品、天然产品十分丰富。随着认识自然水平的提高，人们逐渐懂得了森林中有许多可利用的非木质林产品，如药材、松香、饮料、香料、染料等。林产品种类、品种及用途层出不穷，它们的培育和加工工艺技术也已发展到了一个很高的水平，与过去的利用规模和深度相比，已不可同日而语了。许多新的药品，如止痛药、抗生素、强心剂、抗白血病药、激素、抗凝血素等，不断自森林植物中被发现，如古老的银杏在人们认识到它的果和叶内含有大量对心血管病有重要保养和治疗价值的黄酮甙类药物后，立即身价倍增，各种培育、保护、提炼、加工技术迅速跟进，在不长的时间内就形成了新的银杏产业。又如稀有的红豆杉，在人们确认它所含的紫杉醇有医治癌症的疗效后，也成了一个重要的栽培树种。森林植物提供的生物化学制剂将是人类理想的杀虫剂，可以代替剧毒农药，减少环境污染。森林中不但拥有人类已有的农作物、家禽的野生近缘种，可以作为培育作物、家禽新品种的基因资源，而且森林中大量的物种具有的各种性状基因都是宝贵的遗传工程材料，不知将由此创造出多少巧夺天工的生物品种来。

森林还可以提供大量的木本饲料。木本饲料就是利用森林资源中的树叶、树皮、树根、花、种子以及木材剩余物等进行直接利用或加工处理后获得的饲料。木本饲料的营养价值很高，如刺槐叶氨基酸中的赖氨酸含量达2.892%，比玉米、高粱高出了12倍。松针粉作为饲料添加剂的研究与开发已取得了很大的进展，目前在全国24个省、自治区已建厂203家，年产量8—9吨。据研究，用赤松、黑松混合粉制成配合饲料，以添加剂量的5%喂鸡，可以使产蛋量提高13.8%。在山东，人们已将杨树皮进行加工来提取饲料，其不仅可作为牲畜饲料，还可在大灾之年利用林网保护畜群，减少死亡率。一些森林果实加工后的饼粕，也可作为饲料。三北地区广泛分布的沙棘林，不仅能保持水土，每年还能提供枝叶等饲料 3.5 亿多千克。

3. 林业对提高生活质量具有重要作用

地球具有多样性资源，但其中只有一小部分被开发用于了粮食生产，实际栽培的植物仅有 150 种，12 种植物和 15 种动物为人类提供着 75% 的食物，至少有 8 万种热带森林物种是可食用的。我国经济林资源十分丰富，目前，我国已发现有开发利用价值的野生淀粉植物资源约 300 种，35 亿千克，其中橡子粉 9.5 亿千克。经济林特别是木本粮油是重要的粮油源，能直接增产粮油。我国现有木本粮食林面积约为 266.7 万公顷，产量为 17 亿千克。其中主要的板栗、柿子、枣等在全国现有的栽培面积约为 73.33 万公顷，常年产量约为 12 亿千克。如果利用木本粮食代替工业用粮和酒精原料，节粮效果将十分可观。如工业用粮中 20% 用橡子粉替代，就可节约粮食 8 亿—9 亿千克。板栗是优良的淀粉类经济树种，其果实营养丰富，板栗种仁含食用淀粉 70.1%、蛋白质 10.7%（蛋白质含量比大米高 30%）、脂肪 74.5%，以及多种矿物质元素和丰富的维生素。据统计，全国野生油脂植物约有 400 种，初步查明含油 40% 以上的有 300 种，能够食用的有 50 种，如光皮树、油茶等；叶蛋白植物资源十分丰富，豆科植物有 1252 种，禾本科植物 1200 种，主要有刺槐、栎类等；木本油料植物 400 种，其中产食用油的树种主要有：南方的油茶、薄壳核桃、香榧、山核桃、薄壳山核桃、椰子等及北方的核桃、山杏、榛子、文冠果、扁桃、花椒等。油茶是我国最重要的木本油料树种，油茶种子含油率在 25.22%—33.50%，种仁含油率在 37.96%—52.52%。茶油不饱和脂肪酸占 94%，且耐储藏，色清味香，历来是我国南方山区的主要食用油。核桃是我国第二大木本油料树种，种仁含油率达 60%，其油为优质食用油，营养价值极高，0.5 千克核桃仁的营养价值相当于 2.5 千克鸡蛋或 4.75 千克牛奶的营养价值。枣树是我国特有的最古老的果树之一，枣富含营养，含糖量很高，还富含维生素。我国油茶林面积为 400 万公顷，年总产 1.5 亿千克油，文冠果、榛子、油橄榄产油约 20 万千克。因此，通过发展经济林来替代粮油以及腾出耕地扩大种粮面积的发展潜力很大。

在森林中采集干果、鲜果和蘑菇、野菜等森林蔬菜是人类利用森林的重要方式，这些产品过去统称为林副产品，现在已形成了一个重要的产业，成了人们提高生活质量的重要组成部分。

4. 森林对于解决农村生活用能有重要作用

木质能源在中国农村能源中一直起着重要的作用，据统计，农村能源消耗的 64% 被用于了生活用能，其中 25% 来自木质能源，37% 来自农作物秸秆。随着农村经济的迅速发展，农村能源消耗将随之增加，农村能源消耗结构也会发生变化。因此，人们对木质能源的需求，特别是在其他能源资源如水电缺乏的地方，还将继续增加。农村能源发展是西部农村社会经济发展的一个重要议题。合理的农村木质能源发展战略以及先进的木质能源利用技术开发对农民脱贫致富，提高生活水平无疑会起到重要的作用。

据报道，世界使用薪材和木炭的总人数约占世界总人口的85%，年烧薪材约占世界总采伐量的59%，主要用于农村能源。我国每年约有1亿立方米的森林资源被用作薪材，主要用于农村能源。我国是一个发展中国家，可以预见，薪材等多种生物质能仍是农村生活用能的主要来源，加上森林的再生性，森林作为农村能源是国情和林情所决定的。为了适应这一形势，我国已在高效能源林的营建、碎料成型技术、薪材气化等转化技术、推广节能灶、充分利用林区"三剩"、林产工业废料以及利用剩余物制木煤气等方面取得了成效，为今后发展和利用能源林提供了技术基础。林业部"九五"期间选择了100个薪材严重短缺的县作为能源林基地示范县，建设了33.3万公顷高标准的能源林基地，以发挥其龙头、示范和辐射作用，带动能源林建设的全面发展。因此，能源林在解决农村能源中仍将起到重要作用，在实现农村的可持续发展中居于重要地位。

二、林业是区域经济的重要组成部分

（一）林业在优化农村产业结构中的重要地位与作用

1. 林业对种植业结构调整的贡献

当前，我国农业和农村经济结构的战略性调整标志着我国农业发展进入了新的阶段，农产品的供求形势发生了很大的变化，主要农产品供给由过去的短缺情况变为了结构性和地区性相对过剩而积压滞销，从而造成了价格的下跌，农民增产不增收。1978—1999年我国种植业结构虽几经调整，但粮食作物种植面积所占比例仍居高不下，从而造成了粮食的供过于求，其他农副产品却供不应求。由于种植业结构比例失调，农产品的种类和品质远未跟上广大消费者从"温饱型"向"小康型"转变及其生活水平日益提高的需求，甚至形成了有些农产品国内市场短缺而大量从国外进口的局面。特别是我国加入WTO后，国外优质廉价的农产品大量进入我国，对国内农产品市场产生了较大冲击。为此，必须尽快对农业生产结构的调整做出战略性的抉择，尤其是对于种植业结构的调整迫在眉睫。首先要增加名优产品的种类，不断提高农产品的质量和市场竞争力，并提高木本粮油和饲料作物在种植业生产结构中的比例，全面提高农业综合生产率和经济效益。林业不仅在改善农业和农村生态环境中为培育绿色食品和农民增收创造了良好的条件，还能持续不断地为国内外市场提供各种木本粮油和大量优质的干鲜果品、森林蔬菜、食用菌类、中药材、花卉及大量工业原料。特别是当前开展的退耕还林为林副特产的生产和发展绿色食品产业开辟了广阔的天地。所以，林业产业的发展在农村种植业结构调整中占有极为重要的地位。

目前，我国农村种植业战略调整正在由过去的粮食作物—经济作物二元结构向粮食作物—经济作物—饲料作物三元结构转变。在构建种植业三元结构体系中，在确保优质粮食供给的前提下，要适当提高经济作物和饲料作物的比例，发展优质高产饲料粮草（含秸秆），大量发展畜牧业和养殖业，改善人们的食物结构，提高人们的生活水平。同时，饲料及秸秆通过畜牧业过腹还田，增加了农田肥力，提高了农业生产力。在三元结构工程建设中，林业可以为经济作物生产提供木材造纸、化工工业原料，可为粮食生产提供木本粮油和干鲜果品、食用菌、山野菜等大量绿色食品，特别是可以大量生产优质的林草饲料。因此，林业在建设农业三元结构工程，促进大农业的可持续发展中产生了不可低估的贡献。

农林复合经营是调整农村种植业结构的最佳经营模式。我国早在清代就有过农林牧渔复合经营的立体结构格局。新中国成立以来，在山区综合开发和发展生态农业过程中农林复合经营模式得到了大力的推广和应用。在各类农林复合经营模式中，林业对种植业结构优化调整及提高生态效益和社会经济效益起到了重要的主导作用。按照林业在农林复合经营系统的作用可将农林复合经营模式分为山区（含退耕地）生态型、农田生态经济型、农户庭院经营型。

2. 林业对畜牧业结构调整的贡献

新中国成立以来，我国畜牧业发展迅速，畜牧业产值在农林牧渔总产值中的比例逐年上升，已由1949年的12.4%提高到了2000年的30%左右。目前，我国肉类和蛋总产量居世界之首，肉类人均占有量已超过了世界平均水平，蛋类人均占有量达到了发达国家水平。随着我国粮食及林草饲料生产的发展，畜牧业已经成了区域及农村经济发展的支柱产业。随着畜牧业内部结构的调整，肉类产品结构进一步优化。猪肉历来是我国肉类生产和消费的主要产品，但由于猪肉是高耗粮、高脂肪型肉类，所以随着人民生活水平的不断提高，在主要肉食的消费中，猪肉比重逐年下降，牛羊肉比重上升较快。1978年我国猪肉占肉类总量的比重为94.3%，牛羊肉占肉类总量为5.7%；1999年猪肉在肉类中的比重为67.3%，禽肉和牛羊肉占肉类的比重分别为18.8%和12.7%。同期牛奶和蛋类产量也分别提高了6.8倍和3倍。由此可见，在我国畜牧业结构比例中，猪肉所占比重仍偏高，牛羊肉和禽肉比重偏低，而且养猪耗粮高、成本高、脂肪高，使得农民增收缓慢。特别是加入WTO后，由于质量问题，我国有些肉类商品很难通过绿色贸易壁垒进入国际市场。因此，我国畜牧业结构优化和战略性调整的目标是：首先必须大力发展食草畜牧业，大量增加牛、羊在畜牧业结构中的比例，并增加各种禽类和特种养殖业的比例。同时，积极从国外引进优质、高产、适应性和抗逆性畜禽良种，进一步完善良种繁育体系，以尽快改善畜牧业生产结构和品种结构，不断提高畜禽产品的产量和质量，增强我国畜禽产品在国际市场的竞争力。

林业为食草畜类提供了大量优质饲料。森林中的嫩枝、树叶资源极为丰富，可作为食草畜类的优质饲料。当今在退耕还林和荒山绿化中，为防治水土流失，大量发展了灌木林和多年生草类种植业，如紫穗槐、刺槐、沙棘、苜蓿等，其含有畜类所需的各种营养成分，适口性好，产量高，可为发展饲料工业和调整我国畜牧业结构做出重大贡献。

目前，我国野生动物养殖业发展迅速，特别是国家非重点保护动物作为农村特种养殖业异军突起，已经成为森林资源综合开发中的新兴产业，具有极好的发展前景。据对黑龙江、辽宁、山东、河北等20个省的不完全统计，目前经国家批准许可经营的野生动物养殖场有23173家，其中国家非重点保护野生动物养殖场有18976家，经营加工利用的企业有4100多个。主要形成产业化经营的品种有狐狸、果子狸、貂、野鸡、野鸭、鸵鸟、海狸鼠和林蛙、菜蛇等，其中仅林蛙一项在黑龙江每年的产值就达到了10多万元，辽宁林蛙养殖场共有5000多个（户），年产林蛙1.2亿只，吉林人工放养的林蛙年产4亿多只。河北省养狐60多万只、貉27万只、貂26万多只、野鸭200多万只。此外，全国各地的鸵鸟、食用菜蛇人工养殖业近年来发展很快，其肉类产品及皮毛、羽毛在国内市场供不应求，而且可出口创汇。野生动物的养殖、加工为发展农村经济和解决农民就业增收开辟了新的渠道。

建设林牧复合经营模式是发展"绿色产品工程"、优化畜牧业生产结构的最佳选择。林牧复合经营是指林业、牧业（含渔业）为主的复合生态系统，其特征是以林业为框架，以牧业（渔业）为核心，发展林、草、农业，为牧业（渔业）服务。林牧复合经营模式多年来在我国生态农业建设和畜牧业发展中得到了普遍的推广应用。特别是新时期，在建设"绿色产品工程"中，发展林牧复合经营模式，大搞绿色畜牧和禽鱼养殖业，对于培育和引进畜禽新品种和调整优化畜牧业产业结构具有极为重要的意义。同时，林业在改善畜牧业和渔业的生态环境，提供优质饲料，不断提高畜禽鱼产品的环卫标准及打通国际贸易中的绿色壁垒具有不可替代的作用。

3. 林业对农业加工服务业结构调整的贡献

林业对调整农村经济结构，促进农业第一、二、三产业协调发展具有重要影响。改革开放以来，我国农村乡镇企业的发展使农村的经济结构发生了重大变化，尤其是林产品与山区经济的综合开发、各类农林产品的深度加工利用及相关辅助业的发展有力地带动了加工设备、包装、运输、销售行业的快速发展，同时近年来山区森林生态旅游业的发展促进了山区旅馆、餐饮等服务业及各种纺织工艺品加工业的腾飞。因此，林业产业的发展对农业经济结构的战略调整和促进农村第一、二、三产业的协调发展及农村劳动结构的调整都产生了很大的影响。到"九五"末期，我国农村第一产业比重已经从1978年的68.6%下降到了22.3%，第二产业从28.1%上升到了63.6%，第三产业从5.3%上升到了14.1%。我国农村经济结构历经20年的调整，于1998年，第二、三产业产值增长到了19.69亿元，占当年农业总产值的77.7%，第二、三产业的劳动力高达1.3亿人，是农村劳动力总数的28%。我国农村经济结构的调整使农业初级产品（原料产品）转化为了中、高级产品（加工或深加工产品），在满足国内外市场需求的同时，大幅度提高了经济效益。多年来，我国农林牧渔产品加工业的快速发展已经形成了食品加工业、纤维与纺织工业、中药加工制造工业、饲料工业和竹木加工业五大系列，其中食品工业是农产品加工业的主要部分，重点是绿色食品的生产。因此，在农村经济结构战略调整过程中，大力发展农林牧渔绿色加工产业是实现我国农业和农村经济可持续发展的必由之路。

林业产业的快速发展对农业加工业、服务业经济结构调整具有重大贡献。改革开放以来，我国林业产业发展迅速，"九五"期间实现了总产值13097亿元，其中第一、二、三产业总产值分别为8990亿元、3553亿元和554亿元。在林业第二产业发展中，"九五"期间，木材、竹材采伐运输产值达798.9亿元，木材及竹藤加工业产值高达2541.9亿元，林化加工产品产值达206.5亿元。在林业第三产业发展中，5年中仅商贸餐饮业就实现了553.6亿元的产值；交通运输、仓储、电讯业实现了57.5亿元的产值，而社会服务业创收79.8亿元，其中森林旅游业产值达32.6亿元。因此，林产加工制造业和社会服务业的发展不仅推动了农业产业结构的调整和优化，还促进了农村经济的快速发展，同时解决了农民就业和增加收入的问题。

（二）林业是实现农业增产和农民增收的重要途径

发展林业对实现农业和农村经济发展的基本目标——农业增产和农民增收具有十分重要的意义。在"农业增产"方面，林业能够做两件事：一是可以通过改善农业的生态环境来保障农业的稳产高产和持续增长，间接地增产粮食；二是可以通过实施以山补田战略，利用我国极为丰富的山地、林地资源，发展各种替代食物，如木本粮油、果品、食用菌类、山野菜、允许人工养殖食用的野生动物等，开辟食物生产的新途径，丰富人们的米袋子、菜篮子、果盘子，减轻基本农产品的生产压力，改善国民的食物结构，提高人民的生活质量。特别是木本粮油，其发展的潜力巨大，前景广阔。我国山多田少，人口众多，吃饭问题始终是我们的头等大事，林业在这方面可挖的潜力巨大。在"农民增收"方面，林业的优势也不小。发展果品、木本粮油、木本花卉、木本药材、桑蚕业、竹产业、用材林基地建设等都可以取得可观的经济效益。山区的扶贫开发在很大程度上就是以林为主的综合开发。现在有不少地方都把林果业作为振兴当地经济的支柱产业来抓。

我国是一个多山的国家，山区占国土面积约69%，山区人口占我国人口的1/3。山区又是交通不发达、人口密度小、文化和科学技术落后的区域，至今仍是全国奔小康的难点和重点，但山区拥有多样化的自然资源，正是发展林业的广阔天地。发展林业既有生态效益，又有经济效益，是改变山区生态恶化状况和发展山区经济的最好途径。美国哥伦比亚大学史密斯教授针对山区发展林业，总结了世界性经验，著有《木本作物——永久的农业》一书。他指出，草本作物在世界历史上是平原区发展形成的，并不适合山区，山区应发展木本农业，这是减少山区土壤侵蚀，保持水土，发展生产的唯一农业之路。树木形成1吨干物质所需的水分和养分物质是最低的。林木品种众多，在不同气候、立地条件下都能生长。

林业在促进山区经济振兴，加快中西部地区发展，实现我国经济发展的战略重心转移中具有举足轻重的作用。第一，我们要看到，我国既是一个多山的国家，又是一个农业大国，土地作为农民的基本生产资料，在一定时期内不可能像人少地多的西方国家那样，拿出相当部分的土地完全封禁起来，专做生态建设之用，而必须在山地资源的利用上，既注重解决群众的生计问题，又要兼顾生态环境的改善。这是我国的特殊国情对林业建设提出的特殊要求。比较而言，林业是实现这一结合的最佳方式，有利于做到经济和生态的协调发展。第二，我们要看到，水土流失、生态恶化是制约许多山区发展的主要因素。这些山区要发展，要实现现代化，首先要改造自然，改良生态。而林业正是实现这一要求的最好途径，既有生态效益，又有经济效益。所以说，从开发顺序上讲，林果业是山区的先导产业；从重要性上讲，林果业是山区的支柱产业。山区的经济发展，潜力在山，希望在林。第三，我们要看到，经济发展离不开资源开发，而许多资源的储量都是有限的，必须节制开发、节约利用。森林作为一种可再生的经济资源，只要经营得当，完全可以取之不尽、用之不竭，在可持续发展中具有十分特殊的意义。第四，我们还要看到，林业是山区经济发展的龙头。在山区发展林业，除了可提供大量的木材、竹材、林产化学产品、果品、油料、药材、山货、畜、禽、蛋、饲料、薪炭、紫胶和各种化工、医药原料等外，还可以带动木竹器加工、竹木雕工艺、条筐编制、干鲜果品加工、油脂类加工等中小型工业、手工业以及风景旅游业的发展。狠抓了林业，整个山区生产经营活动的一盘棋就活了。发展林业，是振兴山区经济的根本出路。

走以发展经济林带动山区经济发展的路子，通过林木与农作物、畜牧业的复合经营，来发展土特产品，如纤维、淀粉、蘑菇、木耳、山货、畜、禽、蛋、饲料、紫胶、五倍子等多种产品，进而带动各类加工业的发展。花卉是山区的一大优势，可选择市场前景好、经济效益高的花卉品种，形成产业，成为出口创汇的基地，这也是山区致富的重要途径。此外，还可发挥森林在保健、疗养、娱乐、旅游以及美学价值等方面的效益，发展森林旅游业。因此，山区致富要靠林业，林业在山区持续发展中具有举足轻重的地位。实践证明，我国广大农村，特别是广大山区农村经济和社会可持续发展潜力在山，希望在林。

三、生态产业是现代产业的重要内容

综观林业发达国家的林业发展和生态建设过程，其无一例外地经历了对自然资源过度开发和对自然环境保护等阶段。当人类发展对其本身所处的环境造成了极大的危害，并威胁到其自身的生存与发展的时候，人类往往才会回过头来进行自我反省，才会开始重视生态环境建设，才会开始在保障生态环境的前提下发展经济。德国人工林的兴起有效地保护了天然植被，在不断为社会提供木材及林产品的同时，逐步改善了生态环境，并给其他国家的林业发展提供良好的参考素材。新中国成立70年来，国家及有识之士已经从自然环境的变化和自然对人类的报复中清醒地认识到了林业产业生态属性的重要意义，六大林业工程的实施已经使林业由以生产木材为主向生态建设为主转变。生态环境建设在东部地区，以及西部地区乃至全国范围内全面展开。以经济效益为主要目标的产业活动已经把生态保护摆在了首要位置。生态产业已经成了现代产业的必然模式。

森林是陆地生态系统的主体，以建设、保护、经营和利用森林为主要使命的林业，其发展的首要模式或道路即为生态林业。生态林业是遵循生态学原理，发挥森林的多种效益及多种资源的价值,按照生态系统的整体性规律达到多种层次、有机结合、系统经营、综合管理的目标,建成一个整体协调、高效和可持续发展的林业。生态林业所体现的生态属性就是人们所强调的生态环境建设。生态林业所体现的社会属性就是人们所强调的社会文明发展。生态林业所体现的经济属性就是人们所强调的现代产业体系的建设。生态林业是现代林业产业的根本方向和重要内容。

生态产业是为促进全球性或区域性生态平衡,充分利用生物资源,以生物学为基础,以生态学为指导形成的产业经济类型,针对林业的特点可侧重搞生态工程,如农林牧复合生态产业、城乡互补生态产业、生态恢复产业、滩涂湿地生态产业以及生活—生态需求产业等。

中国林业生态产业的发展已有了长足的进步。在促进生态建设和地方经济发展等方面,生态林业和以林为主的生态产业,已显示出了巨大的作用。例如,在国有林区进行的天然林的保护与森林资源的立体开发,非木质林产品的开发;在集体林区,多种多样的森林经营与管理模式,尤其是林业产业经营模式;在平原农区,平原绿化工程建设及其多种多样的立体林业种植模式;在干旱、半干旱地区,荒漠化防治与沙区生态产业的开发;在沿海地区,盐碱地恢复、抗盐植物开发与利用及沿海防护林的种植模式;在城市地区,尤其是城郊接合部及郊区城市森林的建设与多种经营模式。其中,典型的林业生态产业模式有林粮、林药、林牧,以及林渔、林油和小流域综合治理等。主要表现形式是混农林业、农用林业或农林复合经营等模式。

非木质林产品的生产是典型的林业生态产业之一。它已经在地方经济发展,尤其是山区经济发展中承担了重要的作用。人们越来越关注非木材林产品的实际价值和潜在价值,非木材林产品作为森林资源保护与增加农民收入的补充手段,在国际社会中引起了人们的高度重视。目前,至少已有150种非木材林产品在国际贸易中处于重要地位,其价值为110亿美元。同时,非木材林产品参与国际贸易有助于发展中国家林产品生产与贸易的发展,原因在于非木材林产品主要来自发展中国家。并且,它有助于天然林的保护和改善生态环境,原因在于非木材林产品采取的是收集的形式,而不是采伐的形式。

同时,非木质林产品的生产可以为周围社区和国家提供收入与就业机会。印度非木材林产品为林业部门提供了40%的收入和55%的就业机会,非木材林产品的出口量占林产品总出口量的60%—70%,超过了木材产品的出口量,可见,非木材林产品在印度林业发展中占有重要地位。1976年印度根据国家农业委员会的建议,建立了国家森林发展公司,建立公司的目的之一就是帮助非木材林产品采集者获得收益,增强与工业界讨价还价的能力,在每一个州均有国家森林发展公司的分公司。另外,其他一些政府资助的非木材林产品公司也相继建立,发挥了一些积极的作用,但是,这也导致了国家对非木材林产品的垄断,非木材林产品的收购价格低,农民从中受益不大。考虑到非木材林产品生产的季节性,国家对非木材林产品加工企业的规模大小也进行了适当的干预,在国家对非木材林产品市场进行干预时，需要正确对待国家干预与市场机制的关系，非木材林产品加工企业的发展要考虑到对生态环境的保护。

林业生态产业的概念已经广泛渗透到了传统的林产加工业中，如森林采伐、木材加工、林产化工等领域，在获得最大经济效益的同时，也获得了最大的生态效益。

四、林产品贸易是国际贸易的重要组成部分

林产品贸易是林业作为一个基础产业而发展的重要方面。产品的自然属性使得林产品贸易和环境问题成了国际社会的一个争议比较大的问题。这其中既有发达国家和发展中国家的矛盾，又有发达国家内部和发展中国家内部的矛盾。发达国家往往以保护环境为由，通过在国际贸易中引入环境条款来限制发展中国家的产品进入他们的市场。同时，就贸易本身而言，又体现在了进口国和出口国之间的矛盾。就我国而言，由于森林覆盖率较低，可利用资源趋于枯竭，特别是自1998年开始实施天然林资源保护工程以后，可采资源大幅度减少。因此，我国在林产品贸易问题上基本处于发达国家木材集团的进口国行列（目前仅次于日本，是世界第二大木材进口国），且木材进口量呈逐年增加的趋势。

尽管如此，林业要增强竞争力，林产品的贸易仍是一个重要方面，更何况出口贸易更是一个国家竞争力的体现。我国加入WTO后，林产品贸易在这方面的作用将进一步显示出来。事实上，2000年我国林产品进出口贸易总额达182.5亿美元，其中出口贸易额为76.06亿美元，占全国的3.1%；进口贸易额为106.48亿美元，占全国的4.7%，还有发展潜力。因此，林业产业及林产品在我国经济发展中的地位和作用将不断得到增强。

经过40多年的对外开放，目前我国林业已逐步形成了多渠道、宽领域、全方位对外开放的格局。林产品年进出口贸易额已超过了180亿美元。截至2000年底，我国已加入了11个国际公约或国际组织，并与世界上近1/3的国家和地区建立了工作联系和合作关系，同6个国家签订了8个政府间协定，同22个国家签订了部门间林业合作协定，先后派出各类出国人员2.2万多人次，接待来访外宾4600多人次。通过这些合作，引进了林业建设资金，有力地配合了林业重点工程的建设。截至2000年底，共争取到国际组织和有关国家的无偿援助和低息贷款约25.6亿美元，辐射至全国各省、自治区、直辖市及林业系统所属的主要科研、教学机构。引进的外资58%用于第一产业的营造林及花卉等，35%用于第二产业的人造板、家具、木制品等，7%用于第三产业。

据初步统计，我国林业的对外贸易额连年稳步上升。2000年，我国林产品进出口贸易总额比上年增长了19.89%。其中，出口同比增长19.25%；进口同比增长20.35%。主要出口创汇产品是木材及其制品、松香、竹藤制品、林副特产品、干鲜果品等经济林产品。20世纪90年代以来，随着我国生态建设的加强，木材及其制品进口呈快速增长趋势，年进口量（折合成原木）从1990年的1331万立方米上升为了2000年的8470万立方米。

与此同时，我国引进了先进的管理经验，培养、引进了人才，并输出了林业科技成果。

20 世纪 90 年代以来，通过与加拿大国际发展研究中心的合作，我国为世界上 30 多个国家提供了泡桐和散生竹种资源；ABT 植物生长调节剂系列产品已经在世界上 30 多个国家进行了实验和推广，并建立了以亚太地区为中心的国际合作网络。

海外森林资源开发有了实质性进展。截至 2002 年，我国林业系统已有海外项目约 30 个，已投入和批准的海外投资金额达 3 亿美元。对外开展承包劳务项目 30 余个，年输出劳务 2000 多人，主要是到俄罗斯、韩国、坦桑尼亚等国从事森林采伐以及种植、养殖业等工作。

总之，林业是人民实现小康生活的必要条件。森林在实现资源、生态、环境协调发展，开创人民殷实小康道路中具有不可替代的作用。随着我国经济发展和社会进步进程的加快，特别是可持续发展战略的实施，林业在国民经济发展中的物质基础地位也正不断加强。建立一个生态良好、经济繁荣的社会已取得了人们的共识，这些都给林业建设带来了前所未有的深刻变化：一是由于社会对林业主导需求的变化，因此正在逐步确立林业的生态建设思想；二是由于对林业思维方式的变化，林业在可持续发展中的基础地位越来越突出；三是由于林业在农村经济尤其是山区经济发展中的重要作用，在调整结构特别是农村经济结构中的地位更加重要；四是由于城市化战略的实施，确立了林业在城市绿化、香化、美化，提高人民生活质量中的不可替代性；五是由于林产品结构上的多样性，林业在促进国家经济发展中的物质基础地位正得到进一步加强。

第四章　现代林业总体发展战略

进入21世纪，高科技、信息化日新月异，发展迅猛。人类超越国界，对接市场平台，经济全球化趋势不可逆转，综合国力的较量日趋激烈。然而，随着人类事业的扩展，由地球生态系统所提供的产品和服务越来越稀缺，生态环境日益恶化，大自然对人类的报复不仅发生在昨天，也发生在今天，更威胁着明天！人们已越来越深刻地意识到自然资本和生态环境才是维持经济社会可持续发展的重要制约因素。以人为本，协调人与自然的关系；平衡人与人之间，即人类资源消耗在行业之间、区域之间、国度之间、代与代之间的利益；降低经济发展的生态成本，以不破坏生态环境的生产方式减少贫困，走上经济可持续稳步增长、生态环境可持续改善的"双赢"之路，已成为世界经济社会发展的主流和中国可持续发展的必然选择。

第一节　现代林业发展的总体战略思想

林业是经济和社会可持续发展的重要基础，是生态建设最根本、最长期的措施。森林作为自然界陆地上面积最大、分布最广、组成结构最复杂、物种资源最丰富的生态系统，对改善生态环境、维护生态平衡具有不可替代的作用；森林作为一个巨大的可再生的自然资源库，与其他生态系统有着必然的多渠道的关联，是维系人与自然和谐统一的纽带，更是国土生态安全的保障。必须高度重视森林资源总存量的可持续增长及其生态、社会、经济三大效益。

林业独具的自然性、可再生性、低能耗性和环境友好性决定了林业作为经济社会可持续发展与生态环境资源可持续利用的桥梁所具有的特殊作用和任何部门与行业都不具备的优势。林业战略建立在可持续发展理论基础上，从国情、林情出发，总结研究了古今中外林业发展的历程，揭示了全球生态环境发展的现状与趋势，分析了林业在经济社会发展中所面临的机遇与挑战，明确了新时期林业在全面建设小康社会，实现可持续发展能力不断增强，生态环境得到改善，资源利用效率显著提高，促进人与自然的和谐，推进整个社会走上生产发展、生活富裕、生态良好的文明发展道路这一目标中所承担的重大任务；确立了林业在中国可持续发展中的重要地位、在生态建设中的首要地位，提出了林业发展总体战略思想。

一、总体战略思想

新世纪上半叶中国林业发展总体战略思想：

第一，确立以生态建设为主的林业可持续发展道路；

第二，建立以森林植被为主体的国土生态安全体系；

第三，建设山川秀美的生态文明社会。

林业发展总体战略思想的核心是"生态建设、生态安全、生态文明"。这三者之间相互关联、相辅相成。生态建设是生态安全的前提，生态安全是生态文明的基础和保障，生态文明是生态建设和生态安全所追求的最终目标。按照"三个代表"重要思想，"生态建设、生态安全、生态文明"既代表了先进生产力发展的必然要求和最广大人民群众的根本利益，又顺应了世界发展的大趋势，展示了中华民族对自身发展的审慎选择、对生态建设的高度责任感和对全球森林问题的整体关怀，体现了可持续发展的理念。

这个理念表明：只有当人类向自然的索取能够同向自然的回馈相对平衡时，只有当人类为当代的努力能够同为后代的努力相对平衡时，只有当人类为本地区发展的努力能够同为其他地区共建、共享的努力相对平衡时，可持续发展才可能真正实现。这充分体现了公平性（本代人间的公平、代际间的公平、公平分配有限资源）、持续性（人类的经济和社会发展不能超越资源与环境的承载力）和共同性（作为全球发展的总目标，以共同的责任感联合行动）的原则，体现了生态持续、经济持续和人类社会持续相互关联、有机复合的特征。

可持续发展战略的思想核心在于正确规范人与自然之间、人与人之间的两大基本关系。具体内涵有四个方面：一是不断地满足当代和后代的生产和生活对于物质能量和信息的需求，强调优化发展；二是资源和环境属于全人类，代际间的使用应体现公正原则，同时每代人都要以公正的原则担负起各自的责任，当代人的发展不能以牺牲后代人的发展为代价，强调公正；三是区际之间应体现共同富裕，以合作、互补、平等的原则，促成空间范围内同代人之间差距缩短，共同去实现"资源、生产、市场"之间的内部协调和统一，强调合理；四是创造自然—社会—经济支持系统的外部适宜条件，将系统的组织结构和运行机制不断优化，使人类生活在一种更严格、更有序、更健康、更愉悦的环境之中，强调协调。

1996年，中国在《国民经济发展"九五"计划和2010年远景目标纲要》中明确提出要实施可持续发展战略；《中国21世纪议程——中国21世纪人口、环境与发展白皮书》成为中国公告世界实行可持续发展战略的行动纲领。江泽民同志在庆祝中国共产党成立80周年大会上的重要讲话高度概括了中国可持续发展战略的深刻内涵。2002年3月10日在中央人口、资源、环境座谈会上，他再次强调，为了实现我国经济和社会的可持续发展，为了中华民族的子孙后代始终拥有生存和发展的良好条件，我们一定要按照可持续发展的要求，正确处理经济发展同可持续发展的关系，促进人和自然的协调与和谐，努力开创生产发展、生活富裕、生态良好的文明发展。作为中国可持续发展战略重要组成部分的林业发展战略，必须深刻理解和准确把握经济发展与资源保护的辩证关系，处理好森林资源保护发展与合理利用的关系，将可持续发展与可持续利用有机结合起来，强调发展质量的提高，重视可持续发展能力的建设；不仅谋取人类的当前利益，更要考虑到人类的未来发展，谋求长远的根本利益，到21世纪中叶要基本实现"山川秀美"的宏伟目标。新时期的林业发展必须实现由以木材生产为主向以生态建设为主的历史性转变，这是我国林业发展进程中的一项带有根本性的重大转变，也是林业发展战略思想产生的根基。

（一）与时俱进，实现传统林业发展观和森林价值观的深刻变革

"时移则势异，势异则情变，情变则法不用"，构筑新世纪中国林业发展战略必须要坚持解放思想、实事求是，与时俱进、开拓创新的基本原则，对林业发展的内在规律和问题进行反思和探讨。

不同的历史时期，社会对林业的主导需求不同；不同的经济发展阶段，森林资源在人们头脑中的价值取向不同。回首新中国成立以来的林业的发展道路，从资源危机和生态忧患意识中引发了人们对可持续发展的战略思考：我们"战天斗地"，与大自然抗争，在很多时候是把人与自然放在了一个对立面上。社会生产方式、经济增长方式和管理体制有悖于发展规律，从体制和制度上导致了利益格局与资源配置的失衡，造成了对自然资源的损害。

新中国成立之初，百废待兴。帝国主义封锁，国家外汇支付能力低，为了尽快恢复和发展经济，木材生产成了国民经济原始积累与工业建设对林业的主导需求。由此，在整个计划经济时期，林业以"先生产，后生活"的奋斗精神，在极其艰苦的环境下，为支援国家建设提供了大量廉价木材，做出了巨大的历史性贡献。另外，由于社会对资源与环境认识的历史局限性，人们曾一度忽视了森林资源在维护生态平衡、国土保安和提高人类生存环境质量中的作用。在国土整治中，重工程措施，轻生物措施；在林业建设中，重采伐利用，轻资源培育、保护，经营粗放；在经济政策上，重取轻予，投入长期不足，在工业建设和农垦开发中对天然林资源"长期透支"，客观上走了一条以木材生产为中心，以牺牲森林生态、社会效益为代价的支持国民经济建设的道路。在计划经济体制下构建的国有森工体制，"政（政府行政管理职能）企不分，企社（社会福利保障等社会公共职能）不分""企事不分"。企业一方面负有对国有森林资源的行政管理职能，另一方面又是木材生产的经营实体。有些地方从下属林场木材生产利润中提取本应由政府财政承担的管理部门的行政事业费用，这种不规范、不合理的做法，导致了以政府行为砍伐天然林的行为的产生。在产业产品结构和所有制结构单一的前提下，企业办政府，企业办社会，企业办事业，一切都要依靠采伐，利用森林资源求生存，最终导致了资源危困、经济危机的局面。

在农村，尤其是贫困落后地区，传统意识局限于"粮猪型"经济。产业结构单一，生产经营方式落后，加之缺乏以物质利益为原则的政策引导和科技扶持，毁林毁草种粮、采

挖、陡坡开垦、超载放牧成了用以解决人口增长、粮食不足、经济贫困等问题的唯一或主要出路。结果是"越垦越荒，越荒越穷，越穷越垦"。为了扩大耕地，毁林开荒、围垦沼泽、移山填海、围湖造田；为了"大炼钢铁"，伐薪烧炭；为了开矿、建房、修路，甚至近十几年来，有些地方仍以各种名义毁林开发，乱占滥用，造成了林地逆转，变森林为疏林、灌木林；变林地为非林地。这段时期，中国森林经历了3次较为严重的大规模砍伐，据资源清查，仅1978—1988年，我国天然林成过熟林中用材林面积和蓄积量就锐减了1/3。

长时期大量索取木材，过度消耗天然林资源，日积月累，使得林草植被遭受了严重的破坏，雪线上升，林缘回退；湿地萎缩，水资源短缺加剧；草场退化，荒漠化急剧发展；生物多样性受到了严重破坏，造成了一系列难以挽救的生态恶果。50—70年代末，仅西北地区3次大规模毁牧、毁林开垦，破坏草地就达到了667万公顷，毁林18.7万公顷，结果使得所开垦土地沙化。因围垦和水土流失、泥沙淤积，白洋淀水面缩小了42%，洞庭湖水面由4300平方千米减少到了2600平方千米，鄱阳湖水面由5100平方千米减少到了2900平方千米。江汉平原湖泊群由8000平方千米减少到了2000平方千米；由于上游截流，塔里木河流程缩短了300多千米，居延海等百处数千平方千米的沼泽和湖泊干涸，大片树木枯死，绿洲变荒漠，形成了大批生态难民。全国第二次沙化土地监测结果表明，截至1999年底，我国沙化土地面积已达174.3万平方千米，占国土面积的18.2%，且正在以每年3436平方千米的速度蔓延，年扩大面积比1994年提升了近1000平方千米，有近4亿人口生活在受荒漠化影响的地区。截止到2002年，我国水土流失面积达360万平方千米，占国土面积的37.5%，每年流失表土在50亿吨以上；在干旱半干旱地区，40%的耕地存在着不同程度的退化，原生和现形成的（近37万平方千米）盐渍化土地面积已达80多万平方千米；全国2/3的城市水资源短缺，2/3的耕地地处干旱少雨地区，湖泊普遍萎缩退化并有75%受到了污染；全国有15%—20%的动植物物种濒临灭绝。可见，当森林植被的破坏已影响到了人类生存时，其损失往往是一代人甚至是几代人都弥补不了的！人为违背自然规律获取经济利益使人类付出了高昂的生态成本，恶劣的生态环境已成为制约经济发展、加剧贫困的重要根源。

（二）走生态优先，社会经济效益兼顾的林业可持续发展道路势在必行

"生态建设"为主是根据新时期经济社会发展对林业主导需求的变化为体现生态优先理念，实现可持续发展而提出的全新林业发展思路。"生态优先"作为新世纪林业发展的主导思想，是对林业认识上的一次重大飞跃，体现了国家对新世纪林业发展的准确定位。确立了以生态建设为主的林业可持续发展道路，即要在生态优先的前提下，实现由以木材生产为主向以生态建设为主的历史性转变，协调发挥林业的生态效益、社会效益和经济效益，正确认识和处理好林业与农业、牧业、水利等国民经济相关部门协调发展的关系，处理好资源保护与发展、培育与利用的关系，实现可再生资源的多目标经营与可持续利用。新世纪的中国林业正在发生着历史性、根本性的重大转变。

正如恩格斯在《自然辩证法》中所指出的，我们统治自然界，绝不能像征服者统治异族一样，绝不能像站在自然界以外的人一样。相反地，我们连同我们的血、肉和头脑都是属于自然界的，存在于自然界的；我们对于自然界的统治，是在于我们比其他一切动物强，能够认识和正确运用自然规律……而且，事实上，我们一天一天地学会了更加正确地去理解自然界的规律，学会了去认识自然界的惯常行程中我们的干涉的较近或较远的后果。特别是从21世纪自然科学大踏步前进以来，我们就愈来愈有能力去认识我们最普遍的生产行为的较远的自然后果。但是这种事情遇见愈多，人们就愈多地不但可以感觉到，而且认识到，自身是和自然界一致的。人们从资源匮乏、黄河断流、长江洪灾、水土流失、荒漠化扩大和肆虐半个中国的沙尘暴等生态灾难中尝到了苦果，从资源危机和生态忧患意识中领悟到了人与自然较力的辩证法，引发了对自然观、价值观和体制观的深刻转变，对林业可持续发展战略的思考，结论是，人类要改造自然，改善生存环境，必须首先要尊重自然、遵循规律。森林植被是人类生存不可缺少的基础条件，无论是以经济需求为主，还是以生态需求为主，其前提和基础都必须是森林资源的可持续发展，都需要以人与自然彼此的亲和力去修正和规范人类行为。同样，我们还须记得恩格斯的另一段话："人不仅生活在自然系统中，也生活在社会系统中。"人和自然的关系实际上亦是人和人之间的关系在对待自然上的反映及其对自然产生的影响。而林业的问题不是个树木的问题，而是人的森林价值观及林业发展理念所导致的行为问题。以森林生态为代价换取暂时经济利益的路不能再走了。中国现代林业实现由以木材生产为主向以生态建设为主的历史性转变，选择走生态优先、资源可持续经营利用的发展道路是规律所至，势在必行。党中央、国务院将改善生态环境作为必须长期坚持的基本国策，提出了再造秀美山川，实施西部大开发战略，这一切表明了社会发展的主导需求和人们对森林的价值观念的转换，同时也将林业推上了生态建设的主体地位。

（三）确保国土"生态安全"是维护国家经济社会可持续发展的重要基础

"生态安全"是国家安全的重要组成部分，是维系一个国家经济社会可持续发展的基础。我国是一个多山的国家，森林资源匮乏，生态环境脆弱，水患、沙患已构成了中华民族的两大心腹之患，严重影响和制约了经济社会的可持续发展。建设以森林植被为主体、乔灌草结合的国土生态安全体系，减缓温室效应，治理水土流失，遏制荒漠化，保护生物多样性是国家可持续发展赋予新世纪林业的重大历史使命。

1. 林业生态体系是国土生态安全体系的主体

林业生态体系的物质基础是森林生态系统，林业生态体系构成的物质主体为各种类型的森林生态系统。要在保护现有的森林生态系统的基础上，运用生态经济原理，从国土整治和国土安全的全局和可持续发展的需要出发，以维护和再造良性生态环境以及维护生物多样性和具代表性的自然景观为目的，在全国范围内，建设起不同层次、不同水平、不同规模的森林生态系统，组成一个完整的林业生态体系。林业生态体系是物质主体与相应的管理、运行机制及保障体系的统一体,是自然、经济及社会的统一体。因此,林业生态体系必然是一个历史的、运动的概念,其构成和运动发展规律必然要与其存在的历史发展阶段相适应,反映出时代的要求。林业生态体系建设,必须与国家的可持续发展战略目标相一致,充分满足国民经济和社会发展对林业生态体系建设的要求,特别是要满足维护国土生态安全的要求。

一个时期的林业生态体系完备与否取决于以下因素:以满足社会综合需求为前提的、分配给林业的土地面积是否尽可能地被森林占据;在当前经济条件允许的前提下,森林的营造和管理是否达到了最大的效益;在既定的社会制度条件下,林业的运行机制是否使林业生产力得到了最大限度地发挥,各种投入、管理、保障机制是否有效推动了林业生态体系的正常运行;林业生态体系的存在和运转是否能有效地保障和促进经济社会的可持续发展,满足国土生态安全的需求。

2. 完备的林业生态体系的基本特征

一是功能齐全。比较完备的森林生态体系应能持续发挥涵养水源、保持水土、防风固沙、净化空气、调节气候、改善生态环境、维护生物多样性等生态防护功能;要不断地为社会提供一定的木材及其他林产品,为农村、特别是贫困地区提供薪材,满足人民群众的物质生活需要,发挥其经济效益;以森林生态系统为依托的自然保护区、森林公园等要为社会提供森林旅游等景观效益,满足人民群众的文化需要;要以其丰富的物种群为人类提供宝贵的基因库,持续地发挥巨大的社会效益。

我国地域辽阔,各地自然环境与社会经济发展水平差异很大,由此决定了功能齐全也是一个相对概念,即总体上齐全而局部有所差异。这里所谓的差异是相对于当地森林资源基础和环境条件以及社会经济发展水平而言的,要在突出发挥森林生态体系主导功能的前提下,逐步实现功能齐全。

二是均衡适度。比较完备的林业生态体系应是一个相对的概念,完备与否取决于它与社会经济发展的适应程度。它应充分体现区域自然和经济的特点及优势,组成生态体系的各系统之间的结构,既要满足整体功能和效益比较完备的要求,又要适合各地自然环境条件和经济发展水平。

尽管我国国民经济发展速度很快,综合国力不断增强,但是,我国国民经济建设的任务依然十分艰巨,无论是财力、物力还是人力,要长期支持大规模的林业生态体系建设确实存在不少困难。各地森林资源基础、环境状况和社会经济发展水平差距很大。在这样一个基础上建立起来的林业生态体系只能是一个动态完备的概念,即相对于社会经济发展水平和森林资源与生态环境的基础是均衡适度的,其建设目标应是分区域、分阶段的。

三是结构稳定。系统的结构决定了其功能的发挥,稳定的系统结构以生物多样性为基础能保证最大限度地发挥系统的功能。组成比较完备的林业生态体系的各种类型的森林生态系统必须具有较高的生物多样性、林地生产力、系统恢复能力、较强的抗病虫害、预防火灾的能力、良好的森林景观和防护功能，以保证其持续发挥最优的生态、经济和社会效益。

四是布局合理。比较完备的林业生态体系是以全部国土作为一个整体，从国家可持续发展的需要出发，分阶段、分目标设计建设的不同层次、不同水平和不同规模的最优的生态经济系统，其主导作用是发挥生态功能。比较完备的林业生态体系由合理布局的各种森林生态系统组成，除了合理保护的天然林、人工林、自然保护区和野生动植物保护区的森林生态系统外，还包括沿江河、区域的集水区、源头、风沙带沿线、海岸线建立的森林生态体系，沿各支流、农田周围、道路、村旁、库渠等地建设的防护林体系及城市森林生态系统，以及呈现网络分布，带、片、网、点相结合，重点突出、主次分明的森林生态体系，以保证从整体上发挥最佳的森林功能，满足社会经济发展与人民生活对森林功能多样化的需求。

五是机制完善。比较完备的林业生态体系必须具备一套科学有效的宏观与微观管理运行机制，使林业生态体系的保护和发展具有稳定的投入、有效的运营及合理的补偿机制；具备完善的政策、法律和服务体系；具有一套科学的、可操作的评价指标体系和预警系统，能及时准确地反映林业生态体系的状况，为决策提供参考依据。

六是持续发展。比较完备的林业生态体系必须是可持续发展的，既满足当代人的需求又不对后代人的需求构成危害。林业生态体系的建设必须服从国家可持续发展的要求，不断地满足国民经济发展和人民生活水平提高对森林物质产品和生态服务日益增长的需要，并真正实现林业生态效益、经济效益和社会效益的统一。

3. 林业产业体系与生态体系构成了林业发展的"两翼"

林业产业是整个林业的重要组成部分。比较发达的林业产业体系应该具有基本维持供需平衡，并在国民经济产业关联体系中发挥稳定作用的木材及林产品供给能力；有基本合理的产业结构、组织结构（规模经济）、区域结构、技术结构及贸易结构；做到结构间的协调运行和共同发展；有良好的产业素质，特别是在国际竞争体系中具有较强的竞争力；可以有效保障产业发展的政策支撑体系。核心问题是两个方面：一是建立一个有较高效率的产业结构体系；二是建立符合社会主义市场经济要求的政策保障体系。

林业产业体系结构优化的基本目标是：建立一个稳定有序、衔接紧密、基础产业与初级加工和深度加工业合理配置的产业结构，实现以市场为导向、以资源为基础、以工业来带动贸工林一体化的产业结构体系，核心是建立一个有良好产业素质和经济效益做支撑的、高效运转的产业体系。其根本点是在充分考虑市场导向、资源约束条件的基础上，寻求林业与国民经济相关产业之间、林业多项经营目标之间、林业主产业之间、林产品之间、不同类型的企业之间、区域之间的全面协调发展，不断满足经济发展和人民生活对林产品日益增长的需求。

(四)建设山川秀美、人与自然和谐相处的生态文明社会

文明不仅是人类特有的存在方式,还是人类唯一的存在方式,也就是人类实践的存在方式。从原始文明形态到农业文明形态再到工业文明形态,人类经历了三大文明形态。在人类祖先依仗和利用大自然给予的环境条件与物质条件,钻木取火、枯木为舟、筑木为巢开始,繁衍生命、启迪智慧、发明创造走向进化、走向文明的过程中,森林成了人类文明的摇篮。历史上由于森林消失而导致国家衰亡、文明转移的例证屡见不鲜。古巴比伦、古埃及、古印度文明的衰落,以及我国古黄河文明的转移都与森林密切相关,可以说,人类失去森林就会失去未来。人类的发展史就是人与自然的关系史。中国数千年来在认识和改造自然的过程中创造了辉煌的文明成果,也付出了环境恶化、资源紧缺、自毁家园(物质的、精神的家园)的沉重代价。社会生态环境系统的发展有着高的连续性的潜力,可持续发展战略要求经济发展以不破坏生命保障系统的多样性、复杂性及其功能为准则。

"生态文明"是在生态良好,社会经济发达,物质生产丰厚的基础上所实现的人类文明的高级形态,是与社会法律规范和道德规范相协调,与传统美德相承接的良好的社会人文环境、思想理念与行为方式;是经济社会可持续发展的重要标志和先进文化的重要象征,代表了最广大人民群众的根本利益。生态文明的进程是对传统文明的一场变革,要求人类思维方式、发展方式、消费方式生态化。它既是历史发展的必然,又是人类选择的必然;既是我们的理想境地,又是正在发生着实践着的现实。生态文明最重要的标志就是:"人和自然的协调与和谐,使人们在优美的生态环境中工作和生活。"

建立生态文明、经济繁荣的社会就是要按照以人为本的发展观、不侵害后代人的生存发展权的道德观、人与自然和谐相处的价值观指导林业建设,弘扬森林文化,改善生态环境,实现山川秀美,推进我国物质文明和精神文明建设,促使人们在思想观念、思维方式、科学教育、审美意识、人文关怀诸方面产生新的变化,逐步从生产方式、消费方式、生活方式等各方面构建生态文明的社会形态。

中国作为最大的发展中国家,正在致力于建设山川秀美、生态平衡、环境整洁的现代文明国家。在生态建设进程中,我们必须把增强国民生态文明意识列入国民素质教育的重要内容之中。通过多种形式,向国民特别是青少年展示丰富的森林文化,扩大生态文明宣传的深度和广度。增强国民生态忧患意识、参与意识和责任意识。

我们追求的是建立人与自然和社会之间的高质量、高水平协调发展的良性生态系统,包括保护自然环境、建立生态平衡和资源合理配置以及国民素质的全方位的提高。建立健全生态文明建设的法律保障体系,采取有效措施加大执法监督和普法力度,使有限的资源得到合理配置和高效利用,不偏离可持续发展的轨道。到21世纪中叶,中国将基本实现现代化,建成富强、民主、文明的社会主义国家。在这一历史时期,林业战略实施要与国家宏观战略进程同步。要以长远的战略思维,坚持人类利益与自然利益价值取向的有机统一,把握经济发展与资源保护、合理利用的辩证统一,不仅要谋取人类的当前

利益，还要考虑到人类的未来与发展，谋求长远的根本利益，要以生态文明观创建全新的社会公德和行为规范。

二、战略指导方针

林业战略指导方针是"严格保护，积极发展，科学经营，持续利用"。

我国林业的物质生产和生态服务功能还远远不能满足经济社会发展的客观需要，滞后的林业发展已经成为制约我国经济社会可持续发展的重要因素。在新的历史时期，围绕国家可持续发展的整体目标，林业发展要按照"生态建设、生态安全、生态文明"的战略思想，严格保护天然林、野生动植物以及湿地等典型生态系统；积极发展人工林、林产品精深加工、森林旅游等绿色产业；将高新技术与传统技术相结合，加强森林科学经营；实现森林木质和非木质资源以及生态资源的持续利用。

按照林业战略指导方针，林业建设在外延上有所扩展，内涵上更加突出了生态优先、保护为主的特点，体现了新时期林业发展态势及其以生态建设为主、经济社会效益兼顾的时代特征。在以往建设成效的基础上，进行了林业生产力结构、布局的重新配置，形成了以重点工程为中心，生态建设主线突出的林业生产力布局。林业重点工程覆盖了全国97%以上的县，规划造林面积在7300多万公顷以上。

（一）严格保护天然林、野生动植物以及湿地等典型生态系统

通过严格保护、积极培育、保育结合、休养生息，加快天然林以木材利用为主向生态利用为主转移的步伐，实现天然林资源有效保护与合理利用的良性循环。近期以保护为主，让天然林休养生息，尽快扭转天然林生态系统处于逆向演替的局面，森工企业完成战略性转移；中期以培育为主，利用封山育林、人工造林等措施促进天然林生态系统的恢复，加速其顺向演替的进程。与此同时，要以提升林区经济结构和产业结构为主线，积极培育林区后续产业，适度利用林内资源；长期以合理利用为主，完善保育体系，以实现森林生物多样性愈益丰富、森林生态系统良性循环和生态产业健康发展、生产资源的可持续经营。

加大野生动植物保护、湿地保护、自然保护区的建设力度，使自然资源、野生动植物资源、湿地资源进一步得到有效保护及发展。大力开展珍稀濒危野生动植物种专项保护工程。以就地保护为主，迁地保护为辅，保护、恢复和扩大野生动植物栖息地，实现濒危重要种质资源保存与典型生态系统的保护，维护和丰富森林生物多样性，显著提高我国生物多样性保护的规模、水平和成效。

实施退耕还林是改变不合理的土地利用和耕作方式、减少水土流失、根治水患的根本措施，是农村经济结构战略性调整的重要途径，是生态建设外延上的扩展。按照"退耕还林，封山绿化，以粮代赈，个体承包"的总体思路，对中西部地区粮食产量低而不稳、水土流失和风沙危害严重的坡耕地和沙化耕地实施退耕还林。

开展荒漠化防治是21世纪上半叶我国生态环境建设的重要任务之一，也是我国实施

西部大开发战略的重要保障。根据"以防为主、保护优先，积极治理，合理利用，恢复植被，协调发展"的原则和防治用相结合的防治方法，按照风沙化土地治理区、水土流失治理区、退化草原治理区、其他退化土地治理区的布局，重点实施京津风沙源治理工程和三北防护林体系建设工程。近期治理一批负面影响较大、危害较为严重的土地，初步遏制荒漠化扩展的趋势，使荒漠化地区的生态环境得到初步改善；中长期，建设比较完备的生态防护体系和比较发达的产业体系，使荒漠化地区生态环境得到极为明显的改善。

（二）积极发展商品林等绿色产业

以商品林的大发展带动林业产业的大发展，以林产加工业的大发展带动森林资源培育业的大发展，以森林旅游业的大发展带动森林服务业的大发展，满足经济社会发展和人民生活对森林产品及服务日益增长的需求。在立地条件好，不会造成水土流失的地区，结合区域特色，建立产业带，加快丰产林的建设步伐，逐步实现以采伐天然林为主向采伐人工林为主的转变，积极培育工业原料林、经济果木林、竹藤花卉等商品林，大力发展林产品的精深加工、林浆纸的一体化以及可再生、可降解的木质及非木质新型复合材料，加速推进森林旅游等服务业的发展，提高森林资源综合利用率，实现国内林产品供需平衡。

积极面对经济全球化、贸易自由化以及我国加入WTO的机遇与挑战，要充分利用"绿箱政策"，特别是有效利用结构调整支持、环境计划支持、地区援助支持等手段，加强林业可持续发展的能力建设，提高产业的国际竞争力；实施木材资源进口替代和木材加工产品出口导向相结合的开放战略，充分利用国际国内两个市场、两种资源，在国际贸易中加大林产品进口力度，在实施"走出去"战略中加大对国外林业资源的开发，以满足国内需求的力度，充分利用国际资源，弥补国内需求缺口，发挥比较优势以形成多层次的对外开放格局；认真履行与林业有关的国际公约，积极参与国际森林政策对话和区域进程，制定相关的森林认证和林产品认证标准；积极利用国际多双边援助，加强林业领域的国际合作，加快国际接轨步伐，大力发展外向型经济，扩大林业发展空间。

（三）科学经营，实现森林木质和非木质资源以及生态资源的可持续利用

以科技为先导，以创新为动力，大幅度提高林业生态建设和产业建设的质量和效益，建设高效、集约、持续的现代林业，必须把林业新科技革命作为推动生产力发展的强大动力和根本途径。按照分类经营和比较优势原则，采取定向培育，高新技术与传统技术相结合的方式加强森林科学经营，实现木质和非木质森林资源以及生态资源的持续利用。面向林业建设主战场，围绕西部生态环境建设和六大林业重点工程建设急需，强化科技先导，加速林业科技成果转化推广和科技产业化，突破"技术瓶颈"，为其提供科技支撑。以实施林业专利、标准、人才战略为重点，全面贯彻"依靠""面向""攀高峰"的科技工作基本方针，促进全行业的科技进步，努力实现林业生态建设和产业建设的高质量、高效益

发展，为满足国民经济和社会对森林产品及服务的多样化需求提供强大的科技支撑和不竭的发展动力。

　　林业可持续发展的基础是森林资源的可持续经营。保护森林资源是为了更好地对其进行利用，而科学合理地利用又能够有效地促进保护。只有科学经营才能使森林资源的三大效益可持续协调发挥。要结合中国国情，借鉴世界林业发达国家"多效益综合经营模式"，发挥森林资源的多功能优势，在生态优先的前提下，改变林地利用结构、林种结构和产业结构不合理的状况，实现林业结构优化。在增长方式上要实现粗放经营向集约经营转变；在科技上要实现由低度化向高度化的转变，建立科技创新体制，积极发展数字林业，实现林业管理革命和林业信息化；在经营机制上要勇于创新，改善政策，建立有利于调动全社会力量，多主体参与、多渠道投入、多形式经营的利益激励机制，不断提高林业对全社会的服务质量，开创21世纪林业发展更广阔的领域和更高的效益空间。

第二节　现代林业发展战略布局与目标

　　按照林业总体战略思想和指导方针规划中国林业发展战略布局与目标。林业生态建设在外延上有扩展，在内涵上突出了生态优先、保护为主的特点，体现了新时期林业发展态势及其以生态建设为主，经济社会效益兼顾的时代特征。在以往林业建设成效的基础上进行林业生产力结构、布局的重新配置，形成以重点工程为中心，生态建设主线突出的林业生产力布局。以满足未来国民经济和社会发展对林业的多种需求，因地制宜，突出主导功能和相互之间的有机联系。不同林业工程的建设目标、规划布局和具体任务有确定的指向性，体现了林业生态体系和林业产业体系是一个相辅相成、互相促进的有机整体。在市场经济条件下，有利于拓宽林业建设的发展环境，有利于在国家和全社会确立林业生态建设的主体地位，有利于各级政府对工程建设的支持，有利于聚集社会的力量，促进林业生产要素的优化配置，为加快实现生态良好、资源丰富、优质高效的可持续发展进程创造重要条件。

一、战略布局

（一）总体布局

　　新世纪林业发展要以天然林资源保护、退耕还林、三北及长江流域等重点防护林体系建设、京津风沙源治理、野生动植物保护及自然保护区建设、重点地区速生丰产用材林基地建设等六大林业工程为框架，构建"点、线、面"结合的全国森林生态网络体系，即以全国城镇绿化区、森林公园和周边自然保护区及典型生态区为"点"，以大江大河、主要山脉、海岸线、主干铁路公路为"线"，以东北内蒙古国有林区，西北、华北北部和东北西部干旱半干旱地区，华北及中原平原地区，南方集体林地区，东南沿海热带林地区，西南高山峡谷地区，青藏高原高寒地区等八大区为"面"，实现森林资源在空间布局上的均衡、合理配置。

东北内蒙古国有林区以天然林保护和培育为重点，华北中原地区以平原防护林建设和用材林基地建设为重点，西北、华北北部和东北西部地区以风沙治理和水土保持林建设为重点，长江上中游地区以生态和生物多样性保护为重点，南方集体林区以用材林和经济林生产为重点，东南沿海地区以热带林保护和沿海防护林建设为重点，青藏高原地区以野生动植物保护为重点。

（二）区域布局

1. 东北林区

东北林区以实施东北内蒙古重点国有林区天然林保护工程为契机，来促进林区由采伐森林为主向管护森林为主转变，通过休养生息恢复森林植被。

这一地区主要具有原料的指向性（可以来自俄罗斯东部森林），兼有部分市场指向性（可以出售至国外），应重点发展人工用材林，大力发展非国境线上的山区林业和平原林业；应提高林产工业科技水平，减少初级产品产量，提高精深加工产品产量，从而用较少的资源消耗获得较大的经济产出。

2. 西北、华北北部和东北西部干旱半干旱地区

实行以保护为前提、全面治理为主的发展策略。在战略措施上应以实施防沙治沙工程和退耕还林工程为核心，并对现有森林植被实行严格保护。一是在沙源和干旱区全面遏制沙化土地扩展的趋势，特别是要对直接影响京津生态安全的两大沙尘暴多发地区进行重点治理。在沙漠仍在推进的边缘地带，以种植耐旱灌木为主，建立起能遏制沙漠推进的生态屏障。对已经沙化的地区进行大规模的治理，扩大人类的生存空间。对沙漠中人们集居形成的绿洲，在巩固的基础上不断扩大绿洲范围。二是对水土流失严重的黄土高原和黄河中上游地区、林草交错带上的风沙地等实行大规模退耕还林还草，按照"退耕还林、封山绿化、以粮代赈、个体承包"的思路将退化耕地和风沙地的还林还草和防沙治沙、水土治理紧密结合起来，大力恢复林草植被，以灌草养地。为了考虑农民的长远生计和地区木材等林产品的供应，在林灌草的防护作用下，适当种植用材林和特有经济树种，发展经济果品及其深加工产品。三是对仅存的少量天然林资源实行停伐保护，使国有林场职工逐步分流。

3. 华北及中原平原地区

发展混农林业或种植林业。一方面建立完善的农田防护林网，保护基本耕地；另一方面，由于农田防护林生长迅速，应引导农民科学合理地利用沟渠路旁、农田网带、滩涂进行植树造林，通过集约经营培育平原速生丰产林，从而不断地产出用材，满足木材加工企业的部分需求，实现生态效益和经济效益的双增长。同时，在靠近城市的地区，发展高投入、高产出的种苗花卉业，满足城市发展和人们生活水平的需要。

4. 南方集体林地区

这一地区的主要任务是有效提高森林资源质量，建设优质高效的用材林基地；集约化生产经济林，大力发展水果产业，加大林业产业的经济回收力度。调整森林资源结构和林业产业结构，提高森林综合效益。在策略上首先应搞好分类经营，明确生态公益林和商品林的建设区域。结合退耕还林工程加快对尚未造林的荒山荒地、陡坡耕地和灌木林的改造，利用先进的营造林技术对难利用的土地进行改造，尽量扩大林业规模，强化森林经营管理，缩短森林资源的培育周期，提高集体林质量和单位面积的木材产量。另外，通过发展集团型林企合成体，对森林资源初级产品进行深加工，提高精深加工产品的产出。

5. 东南沿海热带林地区

主要任务是在保护好热带雨林和沿海红树林资源的前提下，发展具有热带特色的商品林业。在策略上主要实施天然林保护工程、沿海防护林工程和速生丰产用材林基地建设工程。在适宜的山区和丘陵地带大力发展集约化速生丰产用材林、热带地区珍稀树种大径材培育林、热带水果经济林、短伐期工业原料林。

6. 西南高山峡谷地区

主要任务是建设生态公益林，改善生态环境，确保大江大河的生态安全。在发展策略上应以保护天然林、建设江河沿线防护林为重点，以实施天然林保护工程和退耕还林工程为契机，将天然林停伐保护同退耕还林、治理荒山荒地结合进行。在地势平缓、不会形成水土流失的适宜区域发展一些经济林和速生丰产用材林、工业原料林基地；在缺薪少柴的地区发展一些薪炭林，以缓解农村烧柴对植被破坏的压力。同时，大力调整林业产业结构，提高精深加工产品的产出，重点发展人造板材。

7. 青藏高原高寒地区

主要任务是保护高寒高原典型生态系统。应采取全面的严格保护措施，适当辅以治理措施，防止林、灌、草植被退化，增强高寒湿地涵养水源的功能，确保大江大河中下游的生态安全。同时，要加强对野生动物的保护、管理和执法力度。

（三）依据不同地域林业的主导功能区划布局

1. 构建点、线、面相结合的森林生态网络

良好的生态环境应该建立在布局均衡、结构合理、运行通畅的植被系统的基础之上，森林生态网络是这一系统的主体。当前我国生态环境不良的根本原因是植被系统的不健全，而要改变这种状况的根本措施就是建立一个合理的森林生态网络。

建立合理的森林生态网络时应该充分考虑下述因素：一是森林资源总量要达到一定面积，即要有相应的森林覆盖率。按照科学测算，森林覆盖率至少要达到26%以上。二是要做到合理布局。从生态建设需要和我国国情、林情出发，今后恢复和建设植被的重点区域应该是生态问题突出、有林业用地但又植被稀少的地区，如西部的无林少林地区、大江

大河源头及流域、各种道路两侧及城市、平原等。三是提高森林植被的质量，做到林种、树种、林龄及森林与其他植被的结构的搭配合理。四是有效保护好现有的天然森林植被，充分发挥森林天然群落特有的生态效能。从这些要求出发，以林为主，因地制宜，实行乔灌草立体开发，从微观的角度解决环境发展的时间与空间、技术与经济、质量与效益结合的问题。同时点、线、面协调配套，从宏观发展战略的角度，以整个国土生态环境为全局，提出森林生态网络工程总体结构与布局的问题。

"点"指以人口相对密集的中心城市为主体，辐射周围若干城镇所形成的具有一定规模的森林生态网络点状分布区。它包括城市森林公园、城市园林、城市绿地、城郊接合部以及远郊大环境绿化区（森林风景区、自然保护区等）。随着经济的持续高速增长，我国城市化发展趋势加快，尤其是经济比较发达的珠江三角洲、长江三角洲、胶东半岛以及京、津、唐地区，其已经形成了城市走廊（或称城市群）的雏形。因此，以绿色植物为主体的城市生态环境建设已成为我国森林生态网络系统工程建设不可缺少的一个重要组成部分，引起了全社会和有关部门的高度重视。根据国际上对城市森林的研究和我国有关专家的认识，现代城市的总体规划必须以相应规模的绿地比例为基础（国际上通常以城市居民人均绿地面积不少于10平方米作为最低的环境需求标准），同时，按照城市的自然、地理、经济、社会状况、已用城市规划、城市性质等确定城市绿化指标体系，并制定城市"三废"（废气、废水、废渣）排放以及噪音、粉尘等综合治理措施和专项防护标准。近年来，在国家有关部门提出的建设森林城市、生态城市及园林城市、文明卫生城市的评定标准中，其均把绿化达标列为重要依据，表明我国城市建设正逐步进入法制化、标准化、规范化的轨道。

"线"指以我国主要公路、铁路交通干线两侧、主要大江与大河两岸、海岸线以及平原农田生态防护林带（林网）为主体，按不同地区的等级、层次标准以及防护目的和效益指标，在特定条件下，通过不同方式进行结合的乔灌草立体防护林带。这些林带应达到一定规模，并可发挥防风、防沙、防浪、护路、护岸、护堤、护田和抑螺防病等功能。

"面"指以我国林业区划的东北区、西北区、华北区、南方区、西南区、热带区、青藏高原区等为主体，以大江、大河、流域或山脉为核心，根据不同自然状况所形成的森林生态网络系统的块状分布区。它包括西北森林草原生态区、各种类型的野生动植物自然保护区以及正在建设中的全国重点防护林体系工程建设区等，以形成以涵养水源、水土保持、生物多样化、基因保护、防风固沙以及用材等为经营目的、集中连片的生态公益林网络体系。

我国森林生态网络体系工程点、线、面相结合，从总体布局上是一个相互依存、相互补充，共同发挥社会公益效益，维护国土生态安全的有机整体。

2. 重点突出环京津生态圈，长江、黄河两大流域，东北、西北和南方三大片

（1）环京津生态圈是首都乃至中国的"形象工程"。在这一生态圈建设中，防沙治沙和涵养水源是两大根本任务。它对降低这一区域的风沙危害、改善水源供给、优化首都生态环境、提升首都国际形象、举办绿色奥运等具有特殊的经济意义和政治意义。这一区域包括北京、天津、河北、内蒙古、山西5个省、自治区、直辖市的相关地区。生态治理的主要目标是为首都阻沙源、为京津保水源，并为当地经济发展和人民生活开拓财源。

生态圈建设的总体思路是加强现有植被保护，大力封沙育林育草、植树造林种草，加快退耕还林还草，恢复沙区植被，建设乔灌草相结合的防风固沙体系；综合治理退化草原，实行禁牧舍饲，恢复草原生态和产业功能；搞好水土流失综合治理，合理开发利用水资源，改善北京及周边地区的生态环境；缓解风沙危害，促进北京及周边地区经济和社会的可持续发展。主要任务是造林营林，包括退耕还林、人工造林、封沙育林、飞播造林、种苗基地建设等；治理草地，包括人工种草、飞播牧草、围栏封育、草种基地建设及相关的基础设施建设；建设水利设施，包括建立水源工程、节水灌溉、小流域综合治理等。基于这一区域多处在风沙区、经济欠发达区和靠近京津、有一定融资优势的特点，生态建设应尽可能选择生态与经济结合型的治理模式，视条件发展林果业，培植沙产业，同时，注重发展非公有制林业。

（2）长江和黄河两大流域。主要包括长江及淮河流域的青海、西藏、甘肃、四川、云南、贵州、重庆、陕西、湖北、湖南、江西、安徽、河南、江苏、浙江、山东、上海17个省、自治区、直辖市，建设思路是：以长江为主线，以流域水系为单元，以恢复和扩大森林植被为手段，以遏制水土流失、治理石漠化为重点，以改善流域生态环境为目标，建立起多林种、多树种相结合，生态结构稳定和功能完备的防护林体系。主要任务是：开展退耕还林、人工造林、封山（沙）育林、飞播造林及低效林改造等工作。同时，要注重发挥区域优势，发展适销对路和品种优良的经济林业，培植竹产业，大力发展森林旅游业等林业第三产业。

在黄河流域，重点生态治理区域是上中游地区，主要包括青海、甘肃、宁夏、内蒙古、陕西、山西、河南的大部分或部分地区。生态环境问题最严重的是黄土高原地区，其总面积约64万平方千米，是世界上面积最大的黄土覆盖地区，气候干旱，植被稀疏，水土流失十分严重，流失面积占黄土高原总面积的70%，是黄河泥沙的主要来源地。建设思路是：以小流域治理为单元，对坡耕地和风沙危害严重的沙化耕地实行退耕还林，实行乔灌草结合，恢复和增加植被；对黄河危害较大的地区要大力营造沙棘等水土保持林，减少粗沙流失危害；积极发展林果业、畜牧业和农副产品加工业，帮助农民脱贫致富。

（3）东北片、西北片和南方片。东北片和南方片是我国的传统林区，既是木材和林产品供给的主要基地，又是生态环境建设的重点地区；西北片是我国风沙危害、水土流失的主要区域，是我国生态环境治理的重点和"瓶颈"地区。

东北片肩负商品林生产和生态环境保护的双重重任，总体发展战略是：通过合理划分林业用地结构，加强现有林和天然次生林保护，建设完善的防护体系，防止内蒙古东

部沙地东移；通过加强三江平原、松辽平原农田林网建设完善农田防护林体系，综合治理水土流失，减少坡耕面和耕地冲刷；加强森林抚育管理，提高森林质量；合理区划和建设速生丰产林，实现由采伐天然林为主向采伐人工林为主的转变，提高木材及林产品供给能力；加强与俄罗斯东部区域的森林合作开发，强化林业产业，尤其是木材加工业的能力建设；合理利用区位优势和丘陵浅山区的森林景观，发展森林旅游业及林区其他第三产业。

西北片面积广大，地理条件复杂，有风沙区、草原区，还有丘陵、戈壁、高原冻融区等。这里主要的生态问题是水土流失、风沙危害及与此相关的旱涝、沙暴灾害等，治理重点是植树种草，改善生态环境。主要任务是：切实保护好现有的天然生态系统，特别是长江、黄河源头及流域的天然林资源和自然保护区；实施退耕还林，扩大林草植被；大力开展沙区、特别是沙漠边缘区，造林种草，控制荒漠化扩大趋势；有计划地建设农田和草原防护林网；有计划地发展薪炭林，逐步解决农村能源问题；因地制宜地发展经济林果业、沙产业、森林旅游业及林业多种经营业。

南方片自然条件相对优越，立地条件好，适宜森林生长。全区经济发展水平高，劳动力充足，交通等社会经济条件好；集体林多，森林资源总量多，分布较为均匀。林业产业特别是人工林培育业发达，森林单位面积的林业产值高，适生树种多，林地利用率高，林地生产率较高。总体上，这一地区具有很强的原料和市场指向，适宜大力发展森林资源培育业和培育、加工相结合的大型林业企业。主要任务是：有效提高森林资源质量，调整森林资源结构和林业产业结构，提高森林综合效益；建设高效、优质的定向原料林基地，将未来林业产业发展的基础建立在主要依靠人工工业原料林上，同时，大力发展竹产业和经济林产业；进行深加工和精加工，大力发展木材制浆造纸业，扶持发展以森林旅游业为重点的林业第三产业及建立在高新技术开发基础上的林业生物工程产业。

二、战略目标

（一）现代林业发展的总体目标

经过多年的不懈努力，到21世纪中叶，全国适宜治理的荒漠化土地基本得到了治理，适宜的土地基本完成了绿化，典型森林、湿地与荒漠生态系统和国家重点保护野生动植物种群得到了有效保护，森林覆盖率达到并稳定在了28%以上；全国生态环境明显改善，基本建成了资源丰富、功能完善、效益显著、生态良好的现代林业，满足了国民经济与社会发展对林业的生态、经济和社会的需求，实现了我国林业的可持续发展。

（二）阶段性目标

力争到2020年，林业现代化水平明显得到提升，生态环境总体得到改善，生态安全屏障基本形成。森林覆盖率达到23.04%，森林蓄积量达到165亿立方米，每公顷森林蓄积量达到95立方米，乡村绿化覆盖率达到30%，林业科技贡献率达到55%，主要造林树种良种使用率达到70%，湿地面积不低于8亿亩，新增沙化土地治理面积1000万公顷，国有林区、国有林场改革和国家公园体制试点基本完成。

力争到2035年，初步实现林业现代化，生态状况根本好转，美丽中国目标基本实现。森林覆盖率达到26%，森林蓄积量达到210亿立方米，每公顷森林蓄积量达到105立方米，乡村绿化覆盖率达到38%，林业科技贡献率达到65%，主要造林树种良种使用率达到85%，湿地面积达到8.3亿亩，75%以上的可治理沙化土地得到治理。

力争到21世纪中叶，全面实现林业现代化，迈入林业发达国家行列，生态文明全面提升，实现人与自然的和谐共生。森林覆盖率达到世界平均水平，森林蓄积量达到265亿立方米，每公顷森林蓄积量达到120立方米，乡村绿化覆盖率达到43%，林业科技贡献率达到72%，主要造林树种良种使用率达到100%，湿地生态系统质量全面提升，可治理沙化土地得到全面治理。

（三）现代林业发展主要指标体系

按照代表性强、灵敏度高、可测度好等原则，本次选用了森林覆盖率、林地生产率、林业增加值增长率和科技贡献率等度量指标来衡量林业的发展程度。

1. 森林覆盖率

森林覆盖率是反映一个国家或地区森林覆盖程度的重要指标。森林覆盖率的大小在很大程度上可以说明当地林业发展状况和森林效益的大小，是一个综合性指标。我国目前的森林覆盖率为21.63%（第八次全国森林资源清查），是依据国家森林资源连续清查结果计算的，计算时只包括了有林地（林分、经济林、竹林），是有林地面积与土地面积的百分比。由于"经济林"包括乔木经济林和灌木经济林，因此，实际上还包括了部分灌木林地，但没有包括起防护作用的灌木林地以及农田林网、四旁树的折合面积。如果考虑到国家特别规定的灌木林地面积，则森林覆盖率大约可达23%。关于森林覆盖率的增长潜力，根据当前土地利用现状和生态环境建设进行要求，在21世纪内森林覆盖率将会呈逐年增长方式，增长潜力主要来自提高林地利用率、退耕还林、工矿废弃地复垦绿化、未利用地的开发利用、城市绿化、林地流失减少等几方面。

2. 林地生产率

根据第八次全国森林资源清查结果，我国林分平均每公顷蓄积量为89.79立方米（不含台湾地区、西藏实际控制线以外地区、香港特别行政区、澳门特别行政区的森林资源数据），其中人工林单位面积蓄积量为35.99立方米/公顷、天然林单位面积蓄积量为100.92立方米/公顷。人均森林蓄积只有世界平均水平的1/7，我国林地生产率与世界相比还有较大的差距。

林地生长潜力分析：根据对影响林分单位面积蓄积量因素的分析，从宏观上确定林地生长潜力（林分单位面积蓄积量）时需要考虑以下因素：

（1）林分面积按年龄或龄级均匀分布。虽然林分年龄越大，林分单位面积蓄积量就越高，但在实际林分生产工作中，为了实现可持续发展，通常应维持林分面积按年龄或龄级进行均匀分布。为计算方便，可假定幼龄林、中龄林、近熟林、成熟林和过熟林的龄级分别为2、1、1、2、1个。

（2）林分平均郁闭度为0.7。根据森林经营理论，无论是商品林还是生态公益林，林分密度过稀或过密都不利于林地生产潜力和森林生态效益的充分发挥，0.7的郁闭度是一个比较适宜的林分密度。目前全国林分郁闭度为0.54，经过森林集约经营，采取适宜的经营措施，0.7的郁闭度是可以达到的。

（3）人工林良种率达到80%。目前，我国主要人工造林树种的林木良种率只有20%。从我国当前的林木良种化发展状况和世界林业发达国家的林木良种率看，使我国主要树种的林木良种率达到80%是能够实现的。

（4）80%的商品林将采用集约经营措施。随着我国林业分类经营的实施、速生丰产用材林基地的建设，商品林的经营集约度将越来越高。最终100%的人工商品林将实现集约经营，60%的天然商品林将实现集约经营，商品林的集约经营面积将达到总面积的80%。

（5）各区各阶段林地生产潜力。根据林地生产潜力现状和影响因素确定各区林地生产潜力（以林分单位面积蓄积量表示），林地生产潜力约为林分单位面积蓄积量的150%，目前我国林地生产力还远没有得到充分的发挥。

3. 林业增加值增长率

林业产业由资源培育业、木材生产和加工业、林化工业以及其他辅助产业构成。可按照可持续发展、林业产业结构高度化、产业布局合理化的原则来调整林业产业结构。林业产业调整方向为：

（1）加强第一产业基础地位。为加速国土绿化和给第二产业的发展提供充足的原料，保证林业产业持续发展，必须加强资源培育业。在分类经营的基础上，加速重点防护林的建设，选择地理位置好、立地条件好的地方，发展高效、优质的丰产林基地，进行定向培育，满足工业原材料的需要。

（2）提高第二产业素质。以森林资源为依托，大力发展林产工业，特别是要发展木材加工、人造板、制浆造纸、松香、家具等支柱产业。依靠科技进步，采用先进技术、设备、工艺，大力发展以人工速生材、小径材、低质材等为原料的纤维板、刨花板、制浆造纸；限制只能依靠天然林大径材为原料的胶合板业和锯材业的重复建设，适当减少生产规模，重点放在创造高附加值上，充分利用稀缺资源；尽快改变我国制浆造纸结构严重失调的局面，逐渐提高木浆的比重，优先发展木浆造纸工业；稳定松香产量，改进生产方式，提高科技含量；家具业重点发展以人造板为原材料的中低档家具，适当生产高档的实木家具。

（3）大力发展第三产业。面向第一产业和第二产业，加快科技成果的转化，加快技术推广步伐，建立完善的技术、信息咨询服务体系和市场化的产学研结合的研发体系。

①林产品结构调整方向。提高以人工速生材、小径材、低质材等为原料的产品比重，降低以天然林为原料的产品比重；普遍提高产品的科技含量和质量，除了家具业外，逐渐提高高档产品的比重；大力发展深加工产品和精加工产品，降低初级产品消费和出口的比重；根据市场需求开发新产品，改进旧产品，特别是利用建筑业成为经济增长点的有利时机，借鉴国外经验，积极开拓建筑业和装饰业市场。

②林业生产组织结构的调整方向。林业生产组织结构主要包括林业生产布局和经济规模结构。调整方向是加大原有企业技术改造力度，压缩城市林产品生产比重，提高林区林产品生产比重；淘汰规模小、资源利用率低、污染严重的企业，发展规模经济型企业；胶合板、锯材生产重点放在东北内蒙古国有林区和能进口大径材的少数沿海地区；纤维板和刨花板生产重点放在东北、西南、南方以及中东部森林资源相对集中地区；林化工业的重点放在西南、南方；木浆造纸业的重点放在东北内蒙古和南方地区。

③产业结构调整目标。根据我国林业产业发展现状、森林资源特点和技术条件以及国内外市场对林产品的需求预测，通过林业结构的调整，到2020年可以实现以下目标：

第一，在有效利用现有资源的同时，在全国范围内建立科学、合理、优质、高效的速生丰产林基地，为从根本改变林产工业单纯依靠天然林资源的局面打好基础，到2020年，基地原料供给占工业原料的80%。

第二，大中型企业规模和效益均达到发达国家水平。

第三，依靠科技进步，提高产品的科技含量和附加值，提高经济效益。到2020年，木材综合利用率达到90%，科技对产业经济的贡献率达到55%。

第四，增加产品品种，提高产品质量，产品的质量标准与国际水平接轨。到2020年，在产品的数量、质量、品种、规格等方面基本上满足国内市场的需求，将木浆造纸的比率提高到35%；将胶合板、纤维板、刨花板的比率调整为3：4：3。

第五，积极发展外向型经济，减少初级产品的出口。松香的初级产品出口比重不高于25%。

第六，初步形成布局合理、优势明显、具有鲜明特色的布局结构，使各种生产力要素充分发挥作用。

4.科技贡献率

2020年和2035年的科技进步对林业经济增长的贡献率分别达到55%和65%，到21世纪中叶，科技进步对林业经济增长的贡献率达到72%以上。

2020年，人工造林良种率达到65%，2035年，人工造林良种率达到85%，到21世纪中叶人工造林基本实现良种化。

三、战略途径

中国是最大的发展中国家,一方面,人口、资源、环境的现状决定了林业建设的任务将是长期而又十分艰巨的;另一方面,经济社会发展对林业的迫切需求又不允许我国再继续走世界多数发展中国家生态环境先破坏、后治理,边破坏、边治理的老路。

中国林业要走上可持续发展道路,其战略途径是:以六大林业工程为载体,以科技创新为先导,以体制改革为动力,推动林业跨越式发展,使之从以木材生产为主跨入以生态建设为主的新阶段。我国的生态环境由目前的局部治理、整体恶化转向生态稳定、良性发展,林业经济增长方式由目前的粗放、低效、高耗转向集约、高效、低耗,林业科学技术由目前的落后技术转向高新技术,最终实现中国林业的可持续发展。

第三节 现代林业发展战略实施建议

对于中国这样一个生态环境脆弱,保护建设任务长期而艰巨的少林国家,没有千百万人的造林积极性,就不可能实现森林资源的可持续经营;而在市场经济条件下,没有物质利益,又不可能有经营者积极性的持久。因此,没有经济效益的林业是没有活力、没有后劲、没有希望的林业;没有森林产品、生态服务和森林文化等公益型林业的发展和社会需求拉动,就没有林业发展与国家和全民利益的融合以及公共财政投入的保障,那么,森林资源保护和生态林业建设也将难以进行。我国林业的许多问题之所以长期未得到有效解决,重要的原因是林业生产关系不适应林业生产力的发展。林业要与时俱进,必须紧紧抓住世纪之初的战略机遇期,深化市场改革,从体制、制度和政策上消除束缚林业生产力发展的障碍,以发展的新思路、改革的新突破、开放的新局面,全面实施林业战略。

一、建设生态发展的重要指标

(一)将生态建设指标列为国民经济和社会发展的重要指标

自然资源是经济发展的基础,资源的丰度和组合配置质量水平是国家实力和素质的体现。经济决策对生态环境的影响极大,尤其在长江、黄河上中游地区以及荒漠化治理区等生态脆弱的地区,生态环境建设是国家的第一需求,是当地经济和社会发展的前提条件。森林生态产品及服务是重要的公共产品。在市场经济体制下,要积极加强森林生态价值(效益、成本)评估与核算指标体系建设,创造条件把森林生态资产的保值增值纳入国民经济核算体系。培育生态服务市场,推动生态效益货币化、资产化。进一步完善现行的森林生态效益补偿制度,逐步建立生态税收机制,建立起森林生态产品及服务投入产出的良性循环机制。在全国，尤其是西部重点生态地区，根据不同的植被建设结构，分别制定不同区域、不同类别的生态建设指标，将生态建设指标列为国民经济社会发展的重要指标。

（二）从宏观管理人工，逐步建立资源开发生态环境影响评价制度

矿产资源开发、旅游资源开发以及进行各种基本建设等征占用林地时必须履行资源开发生态环境影响评价制度。破除落后的工业经济增长方式，按照生态文明社会的标准对生产、交换、消费进行渐进性的、区域性的彻底改造。从产品设计到产业结构和产业发展都要按照生态保护和生态平衡的要求进行，利润最大化的经济标准应该服从社会的生态标准，以生态优先、资源的可持续经营利用来保障经济的可持续发展，实现生态现代化和经济发展、社会发展的统一。

二、建立林业建设的投入机制

根据林业的公益性特征，国家应加大对林业的支持力度将国家生态建设纳入公共财政预算，设立专项资金，确保国家重点林业工程、林业科研、技术推广、资源管理、生态移民投入的长期稳定。按照事权、财权划分的原则明确各级政府在生态环境建设中的责任和义务，分别实行全额支付和补助支付、直接支付和转移支付等不同的公共财政支持方式。根据我国东部地区与西部地区的不平衡现状，实行差别扶持方式，保证西部林业生态建设的顺利进行。

积极吸引社会力量投资林业。运用市场手段履行全民义务植树的责任，积极开拓筹集社会资金的渠道；加大森林生态效益补偿基金补偿的力度；加大信贷投入，延长贷款年限，调整国家的债务结构，设立中长期专项债券支持林业，对于没有收益或亏损的公益林经营管理，应主要由财政拨款解决，还可通过发行20—30年期的国债解进行解决；对于微利林业企业，应由国家开发银行发放财政贴息贷款，也可通过发行贴息企业债券予以支持；稳定以工代赈、以粮换林政策的支持年限；商品林建设逐步形成以市场融资为主、政府适当扶持的投入机制；采取优惠政策，鼓励广大农民、企业和社会各界投资发展林业，应允许自然人发起筹集股本，商业银行根据贷款原则，对筹集到的股本予以贷款；开通商业资金进入林业的渠道，使商品林建设成为具有比较优势的投资领域，使务林者有利可图。

三、对林业实行轻税赋政策

本着公平税赋，让利于民的原则，确立合理的林业税基、税目和税率。整顿税制和乱收费问题，把切实减轻林农和林业企业的税费负担作为政府税费改革的重要内容。调减林产品的农业特产税，同时加大对经济贫困地区中央财政转移支付的力度。国内外企业以税前利润投资造林，国家免征所得税。改革育林基金制度，根据林业发展战略需要，调整和完善林业税收政策。

四、改革森林资源管理体制

1. 改革重点国有林区管理体制

抓住国家实施天然林资源保护工程,林业由以木材生产为主向以生态建设为主的这一重大战略转移的历史机遇,加速推进重点国有林区的管理体制改革。

在重点国有林区,要创造条件推进政府与企业分离;实行森林资源国家所有,中央和省(自治区)两级代表国家履行出资人职责,享有所有者权益,权利、义务和责任相统一,管资产、管人、管事相结合的管理体制,建立国家林业行政主管部门、国有森林资源管理机构、林业企业"三权分离"的制衡机制。国家林业行政主管部门行使对森林资源的规划、调控、执法监管,授权国有森林资源管理机构负责森林资产运营。林业企业不再承担对森林资源的行政管理,并将社会管理职能移交给地方政府,成为完全的市场主体,与国有森林资源管理机构建立市场化契约关系,确保森林资源的可持续经营。加速林区产业结构调整,完善社会保障制度,实现森工企业改制转型。

2. 改革现行森林资源管理制度

将森林资源管理的重点转移到森林资源配置宏观战略规划,提出合理的森林资源空间布局;建立和完善全国森林灾害监测、荒漠化动态监测等监测体系及预警制度;健全森林资源调查评价技术体系;健全森林可持续经营的标准和指标体系、林产品贸易森林认证体系;提高资源管理的现代化水平和资源配置的市场化水平,建立起林业经营者自身利益与森林资源消长平衡相一致的健康有序的运行机制;处理好森林资源保护发展与合理利用的辩证关系,开创在保护中恢复,在恢复中建设,在建设中发展,在发展中利用的可持续经营道路。

推进林业分类经营,管好公益林,放活商品林。改革商品林采伐限额管理制度,从财产权利的治理出发,维护经营者的自主权。不断简化商品林的采伐管理程序,逐步实行备案制。

五、大力发展非公有制林业

推进制度创新,最广泛、最充分地调动一切积极因素,开创多种所有制经济成分共同建设、共同发展的政策环境,追求公正和共同富裕的、法制的林业经营体制。对非公有制林业,要加大政策扶持力度、依法保护力度和科技支撑力度。运用物质利益原则,把林业发展和林业建设者的切身利益最紧密地结合在一起,创造宽松的发展空间,促使国内外资本、技术和劳动力等要素在市场资源配置中流向林业。公益林建设以国家投入为主,确保重点生态保护区公益林封禁严管。一般公益林的建设和管护要积极探索与市场经济体制相适应的有效方式,实行国有民营、国有民养、民士民营,生态效益和经济效益相结合的措施,降低公益林的建设和管护成本,提高经营效益。商品林实行市场为主的配置资源,政府给予必要的扶持。商品林建设要放手发展非公有制林业，培育和规范活立木市场。

在推进林业产业化过程中，政府要大力扶持、培养农民自发组织的各类专业合作社和专业协会，建立会员制度，发挥其中介作用。利用退耕还林和农业结构战略性调整的有利时机，通过承包、租赁、股份合作等多种形式，推行"公司加农户"，大力扶持发展规模化、集约化、产业化、市场化、组织化程度起点高的民营林业，把千家万户的农民与大市场连在一起。

对于地处边远偏僻、生态环境脆弱地区的大面积集中连片的宜林荒山、荒地、荒滩、荒沙，可以由国家统一规划，集中投资建设。打破行政区划和所有制界限，通过市场化工程招标承包方式，选择专业造林队伍，集中力量、集中时间、集中连片，大规模地植树造林种草。乡村农民林业合作社或林业协会，部队或农垦建设兵团，企业、林场、造林公司均可参与。工程结束后，造林地或由当地政府林业主管部门按照就近集中管护的原则交由当地国有林场、自然保护区或乡村林场管护，也可以依法有偿流转，还可以采取异地投资，委托中介造林、管护经营，让投资者依法拥有林地的使用权和森林、林木的所有权。发挥资源比较优势，培育和扶持生态友好、市场前景乐观的新的经济增长点，把人员转化为参与林业建设的人力资源。

六、深化林地产权制度改革

进一步深化林地产权制度改革，以林地使用权物权化为方向，稳定所有权，完善承包权，放活经营权，保护经营者的合法权益，使其享有相应的林产品处置权和受益权。把农村林业经济纳入社会主义市场经济的轨道，尊重农户的市场主体地位，推动经营体制创新。把改善农民生存环境和经济条件作为发展农村林业的根本目的，把最大限度地调动农民参与林业建设的积极性作为制定政策的出发点，尊重农民的经营自主权和财产保有权，从法律上保障产权主体对其权益的预期稳定化。依据《中华人民共和国森林法》规定，坚持依法、自愿、有偿的原则，完善森林、林木、林地使用权依法流转制度。放宽放活宜林荒山、荒地、荒滩、荒沙的使用权，让愿意造林并能够造林者有用武之地，对不同经济成分的林业经营者的合法权益实行同等政策待遇和法律保障。

七、实行积极的生态移民政策

为了缓解人口对资源和环境的压力，对于国家重点自然保护区和因植被破坏、当地居民丧失基本生存条件的生态极度脆弱区，政府应设立财政专项资金，实行积极的生态移民政策，使这些区域通过封禁保护，恢复植被，休养生息，生物多样性得到保护，生态环境得到改善。

政府将生态移民作为西部生态保护建设的配套工程来运作。生态移民易地安置方式要与小城镇建设、生态治理、立业脱贫有机地结合起来。建立移民新区，对农、林、牧、水、路、电等基础设施建设工程要进行统盘规划，妥善解决移民的生产、生活安置问题，同时通过生态治理者享有优先权等土地使用权政策，激励农民取得保护森林资源、加强治沙力量、推进脱贫致富、不断扩展绿洲等多种效益。

采用新的生产方式培育新的经济增长点是生态移民项目获得成功的关键所在。要立足长远，加强农民学习非农产业技能的培训，以提高他们获取非农就业机会的能力。在条件成熟的前提下，可以优化资源配置为原则，依据自然条件、区域经济实力发展和资源分布，以县级市为中心，归并生态环境恶劣、人口稀少的乡镇。将生态移民与城镇生态建设相结合，集中力量加速资源基础、地域经济、物流条件、人文环境相对优越的中小城镇建设。

八、加强林业社会化服务体系建设

以服务性、公益性为主旨，转变政府职能。改进管理方式，减少行政指令、简化行政审批程序，全面推行依法行政。从机构、职能和技术配置上加强社会化服务体系建设，"变堵为疏""以为创位"，筑造政府与林业经营者之间的桥梁。充分发挥好政府的调控、指导和服务作用，群众的建设主体作用，市场的资源配置作用，科技的支撑作用，政策的激励作用和法制的规范作用。在推进林业产业化进程中，政府要大力扶持、培养农民自发组织的各类专业合作社和专业协会，建立会员制度，发挥其中介作用。采取多种形式加强基层林业政策、法律、法规和科技培训等普及教育，提高林业人力资源的整体素质，造就能够运用现代林业科技与管理方法、懂得以法律保障自身权益的现代林业建设群体。

九、转换农村生物能源利用方式

农村能源问题不解决，森林资源恢复和保护就难以实现。采取政府财政专项扶持和技术支持政策，大力研发和推广高效、节能、价廉、易于操作的实用型生物能源（薪炭林、沼气）和自然能源（太阳能、风能、小水电）等农村能源建设。对国家级贫困县，在适当发展一些能兼顾生态目标和烧柴需要的速生、萌生的薪炭林，在解决现实问题的同时，要以专项投资，无偿帮助农民解决自然能源等基础设施建设问题。逐步转换能源利用方式，降低农民日常生活对森林资源的压力，要确保退耕还林后能成林、成材（财）。

十、建立与林业发展相适应的体制

当前我国林业建设的指导思想已由以木材生产为主转向了以生态建设为主，林业行政管理部门也随之由专业经济管理部门转为了执法监管、公共服务、宏观调控的部门。在社会主义市场经济条件下，林业承担的生态建设和促进发展的双重使命决定了政府要进一步强化与林业建设任务和管理职能相适应的机构建设，并将其纳入政府序列，以保障政府对森林资源的统一监督管理，完成艰巨的生态建设任务。同时，要进一步加强林业法制建设，加强林业专项立法，严格执法监管，增强普法实效，为林业健康发展提供法律服务与保障。提高林业行政效率，降低行政成本，形成行为规范、运转协调、公正透明、廉洁高效的行政管理体制。

第五章
现代林业的生态环境建设发展战略

当前正处于新世纪的开端,我国已胜利实现了现代化建设第二步战略目标,开始向21世纪中叶达到中等发达水平的第三步战略目标迈进;我国已经加入了WTO,林业发展也正处于全面调整、实施战略转折的关键时期,建立新的林业发展战略具有重大意义。

第一节 社会生态环境建设对林业的需求

生态环境是人类生存和发展的基本条件,是经济和社会发展的基础。保护和改善生态环境,实现可持续发展,是我国现代化建设中必须始终坚持的一项基本方针。新中国成立以来,我国为改善生态环境做出了巨大努力,取得了很大的成绩,但是,我国自然生态环境仍很脆弱,生态环境恶化的趋势还没有遏制住。日益恶化的生态环境给我国经济和社会带来了极大危害,加剧了贫困程度,加重了经济和社会发展的压力,加剧了自然灾害的发生,严重影响了可持续发展。就全世界而言,生态环境急剧恶化已对人类生存和发展构成了严重威胁,引起了几乎所有国家的关注,各国都在大声疾呼并正在为改善生态环境做着各方面的努力。

搞好生态环境建设有效遏制生态环境恶化的趋势,实现山川秀美,更好地满足经济社会可持续发展的需要,我们要做出多方面的努力。其中最重要的,或者说带根本性、决定性的一点就是,端正指导思想、调整发展战略。因为,生态环境恶化的所有表现如水土流失、荒漠化、草地"三化"(退化、沙化和碱化)以及生物多样性破坏等无不与森林大面积被过伐、其生态功能下降乃至丧失有直接关系。要搞好生态环境建设,实现生态系统的稳定、高效和良性循环就要搞好林业建设。从这个意义上说,社会对林业的需求首先是对林业在生态环境建设中的功能和作用的需求,即保护和发展森林资源,改善生态环境成为国家对林业的主导需求。林业建设必须首先并主要满足这一需求。

一、需要给林业以新的定位

如前所述,林业在改善生态环境建设中发挥着主要的并且是不可替代的作用,同时林业生产又是社会物质生产中的一个重要组成部分,因此,当前必须彻底改变传统的以生产木材为中心,以获取经济效益为主要目标的林业建设指导思想,给林业以新的定位。

20世纪50年代,我们把林业定位为了国民经济的一个"重要物质生产部门",形成了以生产木材为中心的林业建设指导思想。70年代末,生态环境建设日益受到了重视,林业定位又被调整为了"既是重要的基础产业,又是重要的公益事业"。这一定位使人们对林业在社会生态环境建设中的重要作用有了一定认识,但是认识还远未到位,以生产木材为中心的林业建设指导思想和经营管理体制并未从根本上转变,"以营林为基础"的林业建设方针不能真正落实,森林依然被过伐,可采资源持续减少,大片国有林区林业企业出现了严重的"两危"(森林资源危机、经济危困)局面,森林生态系统遭到了破坏,风沙水旱等自然灾害加剧,以致长江、松花江和嫩江发生了特大水灾,北京等一些地区出现了严重的沙尘暴。这充分说明必须重新给林业以正确定位。

林业的正确定位应该是:"森林是陆地生态系统的主体,林业是生态环境建设的主体,是从事维护国土生态安全,促进经济社会可持续发展,以向社会提供森林生态服务为主的行业,承担着培育、管护和发展森林资源,保护生物多样性、森林景观、森林文化遗产和提供多种林产品的根本任务,肩负着优化生态环境与促进经济发展的双重使命。"

二、需要确保森林资源系统的良性循环

森林是陆地生态系统的主体,森林生态系统同时也是森林资源系统,森林资源既是林业建设的物质基础,又是社会生态环境建设的物质基础。没有森林资源系统的良性循环,就没有社会生态系统的良性循环。林业要发挥生态环境建设的主体作用,主要是通过合理培育、管护、发展实现和保持森林资源系统良性循环。森林资源系统的良性循环主要表现在如下方面:

(1)森林资源系统本身是复杂的,是以林木资源为主体,由多种资源有机构成的综合自然资源体。

(2)森林资源的数量是足够的。主要体现在主体林木资源的总面积、总蓄积量、人均面积和蓄积量、森林覆盖率上,其都能满足生态环境建设的需要。

(3)森林资源的分布是均衡的,并体现了地域分异规律。既要体现森林资源在国土上覆盖的普及性,又要确保大江大河的源头等生态环境建设在关键地区的较大量的分布。要在水、热、土、交通等条件较好的地域也能在保证生态环境建设要求的前提下,合理地分布以生产木材等产品为主要任务的人工用材林。

（4）森林资源的结构是合理的。主要体现在以林木资源为主体的多种资源结构，如林木资源的林种结构、树种结构、龄级结构等的优化，以便有效发挥森林资源的多种生态功能。同时，还要保持人工林与天然林的合理比例。

（5）森林资源的质量是优良的。除森林资源分布（也是空间结构）、森林覆盖率和森林资源结构体现的资源质量外，这里主要体现了森林资源本身的优良品质，其与林地结合的高生产率，如优良树种、优质种苗、适地适树、合理混交类型等，以保证其生态功能的高效、长效发展。

三、需要确保林业生态效益的发挥

森林资源本身的多功能性决定了林业的三大效益，并且这三大效益又是互相渗透、互相依存、有机组合的效益统一体，应系统地综合发挥，以满足社会的多种需要。不能搞单效林业，同时又要生态效益优先，在保证充分发挥（起码不损害）生态效益的前提下，兼顾经济效益等其他效益。另外，为保证发挥生态效益，在生态环境建设中也需要注意恰当地发挥经济效益和社会效益，否则难以有效发挥生态效益，如建设防护林体系时，没有必要的经济效益和社会效益的发挥，就很难保证足够的人、财、物力的投入，就无法使防护林体系发挥充分的生态效益，因此，必须建设生态经济型防护林体系，而不单单是建设纯生态型防护林体系。

四、需要确保林业对国民经济的促进作用

要使林业发挥生态环境建设主体作用，就必须深化改革，在体制上、机制上、政策措施上加以保证，要把构建有效的运行模式作为以生态环境建设为主体的新林业发展战略的重要内容。

一是要分类经营。从林业是以向社会提供森林生态服务为主体的行业这一新的定位和肩负着优化生态环境与促进经济发展的双重使命出发，搞企业、事业管理的复合，一方面要突出生态公益林经营的事业管理；另一方面又把商品林经营推向市场，使两者协同发展。

二是要以分类经营为重点，进行林业生态体系和林业产业体系建设。林业产业体系要寓于、服务于、服从于林业生态体系建设，两大体系不能孤立存在，要有机联系，协同发展。

三是要分区经营、分块突破。按照社会需要和不同区域林业的特点，将全国林业分区划块，实行分区经营、分块突破，目的是加强林业建设的针对性、目的性和有效性，适应区域经济社会综合发展的需要。各区、块之间也要有机协同发展。

四是要实行大经营、大流通、大财经战略，并使之有机联系、协同发展。

五是要坚持全社会办林业、全民搞绿化的工作，使生态、经济、社会大效益相统一，系统地协同、综合发挥。

六是要对林业实行政策支撑，给予行政保护、经济扶持和宏观调控。

七是要实现两大系统（林业生态体系、林业产业体系）、两大经营方式（商品经营或企业经营、非商品经营或事业经营）、两大主体（林业部门、全社会）和两大循环（市场小循环和社会大循环）的耦合和协同发展。

八是要实行乔、灌、草结合发展，林业要与农、牧业一道合理利用土地，协同发展。

综上所述，社会生态环境建设对林业提出了更多、更高的需求，林业必须从满足这些需求出发，对自身的发展战略进行调整，建立以生态环境建设为主体的新林业发展战略。

第二节 林业生态环境建设的发展战略指导

一、林业生态环境建设发展战略的指导思想

建立以生态环境建设为主体的林业发展战略，总的指导思想可以表述为：适应时代的要求，以环境与发展为主题，从我国林业的实际出发，以满足社会对林业的多种需求为目的，以可持续发展理论为指导，以全面经营的森林资源为物质基础，以突出生态环境效益，实现生态、经济和社会三大效益的统一和综合发挥为目标，以科教兴林为动力，以建立林业的大经营、大流通大财经为重点，以分类、分区、分块经营和重点工程建设为途径，以系统协同为关键，确立和实施以生态环境建设为主体的新林业发展战略，实现我国林业的跨越式发展。

1. 适应时代的要求

林业的发展必须跟上时代的步伐，建立新的林业发展战略必须适应当今时代特征的要求。当今时代的主要特征体现在以下方面。

（1）知识经济初露端倪，"新经济"时代已经来临。知识经济是建立在知识生产和消费基础上的经济，是低消耗、高效益的经济，高技术和信息产业将在经济中占主导地位；而"新经济"就是由一系列的新技术革命，特别是信息技术革命所推动的经济增长。以知识经济为基础的新经济，正在改变社会的生产和生活方式，突破了传统体制的束缚，促进着包括林业在内的经济社会的持续、稳定和协调发展。

（2）经济全球化。经济全球化是经济国际化的高级形式，意味着国际上分散的经济活动日益走向一体化。其基本特征就是国际生产和功能一体化，它不仅表现在市场、消费形式和投资上，也表现在对森林与环保的关注上。知识经济（新经济）与经济全球化是相互作用，相互促进的。

（3）市场经济和现代林业。我国已实现了由计划经济体制向社会主义市场经济体制的根本性转变，并还在逐渐完善中；我国林业正在由传统林业向现代林业转变。建立以生态环境建设为主体的新林业发展战略时必须与这些时代特征相适应。

2. 以环境与发展为主题

环境与发展是当今国际社会普遍关注的重大问题。保护生态环境，实现可持续发展已成为全世界紧迫而又艰巨的任务，直接关系到了人类的前途和命运。1992年召开的联合国环境与发展大会通过了《里约环境与发展宣言》《21世纪议程》《关于森林问题的原则声明》等重要文件，并签署了联合国《气候变化框架公约》《生物多样性公约》。这充分体现了当前人类社会可持续发展的新思想，反映了各国关于环境与发展领域合作的共识和郑重承诺。我国据此精神于1994年率先制定了《中国21世纪议程》，并将其作为制定国民经济与社会发展长期计划的指导性文件。

森林是实现环境与发展相统一的关键和纽带，这已成为当今国际社会的普遍共识。林业肩负着优化生态环境与促进经济发展的双重使命，在实现可持续发展中的战略地位显得越来越重要。1995年林业部又率先制定了我国第一个21世纪议程专项行动计划——《中国21世纪议程林业行动计划》，成为指导我国林业中长期发展计划的指导性文件。建立以生态环境建设为主体的新林业发展战略，必须要紧紧扣住环境与发展这一主题。

3. 以满足社会对林业的多种需求为目的

发展林业的根本目的是满足社会需求。社会对林业的需求是多方面的，不仅有对木材和其他有形林产品的需求，还有对森林生态服务这种无形产品的需求。当前经济社会发展对生态环境的要求越来越高，对改善生态环境的要求越来越迫切，生态环境需求已成为社会对林业的主导需求。建立新的林业发展战略，必须充分体现满足社会对林业的多种需求的要求，把培育、管护和发展森林资源、维护国土生态安全、保护生物多样性和森林景观、森林文化遗产等生态环境建设任务作为林业的首要工作和优先职责，力争21世纪中叶建立起生态优先，协调发挥三大效益的比较完备的林业生态体系和比较发达的林业产业体系。

4. 以可持续发展理论为指导

可持续发展思想是20世纪留给我们的最可宝贵的精神财富，它反映了全人类实现可持续发展的共同心愿，推动了可持续发展理论的产生和发展，对经济社会发展具有重大的指导作用。可持续发展理论较之传统经济增长理论有了质的飞跃，它不仅包含了数量的增加，还包含了质量的提高和结构的改善。它不仅在空间地域上考虑了局域利益，还考虑了全域利益；不仅在时间推移上考虑了当代人的利益，还考虑了后代人的利益；不仅考虑了个别部门、行业单位、个别活动的利益，还考虑了所有部门、行业单位、全部活动的利益。它是多维全方位发展和系统场运行理论，不产生系统外部的不经济性与不合理性。在这一理论指导下，林业的可持续发展或可持续林业应该是在对人类有意义的时空活动尺度上不产生外部不经济性、不合理性的林业，是在森林永续利用理论基础上的新发展和质的飞跃。因此，在建立新的林业发展战略时必须承认可持续发展理论的指导地位。

此外，建立以生态环境建设为主体的新林业发展战略的理论基础是多方面的，是一个庞大的理论体系。新林业发展战略还必须接受邓小平理论、"三个代表"重要思想、社会主义市场经济理论、系统理论、生态经济理论,以及现代林业理论等的指导。生态经济特别是森林生态经济理论,是生态与经济的耦合理论,是以生态利用为中心,综合发挥森林的生态、经济、社会三大效益的理论;现代林业理论是建立在森林生态经济学基础之上的林业发展理论,它是可持续发展理论在林业发展上的具体化,是在满足人类社会对森林的生态需求基础上,充分发挥森林多种功能的林业发展理论。它们对以生态环境建设为主体的新林业发展战略具有直接的和具体的指导作用。

5. 以全面经营的森林资源为物质基础

森林是陆地生态系统的主体,森林资源是陆地森林生态系统内一切被人类所认识并且可供利用的资源总称,它包括森林、散生木(竹)、林地以及林区内其他植物、动物、微生物和森林环境等多种资源。森林资源是林业赖以存在和发展的物质基础,林业承担着培育、管护和发展森林资源,保护生物多样性、森林景观、森林文化遗产和提供多种林产品的根本任务,其中第一位的或处于基础地位的是培育、管护和发展森林资源,不完成这一任务,其他任务都无从完成。因此,建立以生态环境建设为主体的新林业发展战略时,必须清楚地认识到森林资源经营的基础地位。

同时,又必须充分地认识到,森林资源是由多种资源构成的综合资源系统,林木资源虽然是其主体资源,但又远不是森林资源的全部,除林木资源以外的其他资源,不仅具有重要价值且大量存在,不予开发利用是一种巨大的浪费,而且它们又是森林生态系统的重要有机组成部分,不管护和经营好这些资源也绝不能真正搞好森林生态环境建设,形成稳定、高效、良性循环的森林生态系统。以往长期搞单一林木资源和单一木材生产的林业带给我们的是资源危机、经济危困、生态恶化,教训是惨痛的,不能不深刻汲取。因此,在建立以生态环境建设为主体的新林业发展战略时又必须清醒地认识到要以全面经营的森林资源为物质基础,绝不能再走单一经营的老路。

6. 以突出生态环境效益,实现生态、经济和社会三大效益的统一和综合发挥为目标

森林具有多种功能,通过维持和不断增强森林的多种功能,林业能够给社会创造生态、经济和社会三大效益,这是国民经济和社会发展的客观需要,也是林业存在和发展的目的所在。林业的生态、经济和社会三大效益构成了一个复杂的系统。一方面,三者并非彼此孤立的,而是相互联系、相互渗透、相互依存的。一片森林同时具备这三种功能,存在三种效益,不可能将它们截然分开。我们只是为了从不同角度去认识其特殊性才将它们加以划分。另一方面,在一定条件下,三者又是有矛盾的。有生命的林木资源及附属的生物资源,不开发(采伐、采集等)利用时,虽然能持续发挥生态效益,但却不能有效地发挥经济效益;如果将其采伐(采集等)利用了,虽然发挥了经济效益,但同时也就削弱甚至丧失了生态效益。若更多地追求保护森林景观、提供就业机会等社会效益,也会对经济效益产生不利影响。因此,三大效益实质上是对立统一的关系。

存在三大效益并不等于就发挥了三大效益,虽然依靠自然力的作用,森林资源可以自

发发挥一定的效益，但更大的人力干预作用，可以自觉保持和不断增强森林发挥三大效益的能力，这也是为什么要有林业生产经营活动的内在理由。人们进行林业建设时，就是要从满足社会对林业的多方面需要出发，更有效地发挥三大效益，并且将三者统一起来，从社会整体利益出发综合发挥好三大效益。要发挥人的聪明才智、知识的力量，充分认识、认真遵从并能动地驾驭和运用自然规律、经济规律和社会规律，从满足社会需要的角度实现人力和自然力的有效结合。一方面，要能将三大效益有效地发挥出来；另一方面，要将矛盾的三大效益统一地发挥出来；再一方面，要将三大效益协调地以合理结构综合发挥出来。

三大效益的统一和综合发挥，并不是三大效益平均地发挥。在三者中，生态效益是第一位的，一是因为生态环境需求已是社会对林业的主导需求，二是因为没有生态效益，其他效益就失去了根基。因此在建立新的林业发展战略时，必须在突出生态环境效益的基础上，实现三大效益的统一和综合发挥。另外，在具体对待上，不同类型又要各有侧重，比如防护林体系建设、自然保护区建设等公益林建设就要以生态、社会效益为主综合发挥三大效益；商品用材林基地建设就要以经济效益为主综合发挥三大效益，但即便是后者也要贯彻生态优先原则，在不损害生态系统良性循环的前提下追求最大的经济效益。

因此，在建立新的林业发展战略时必须以突出生态环境效益，实现三大效益的统一和综合发挥为目标，否则就会迷失前进的方向。

7. 以科教兴林为动力

科技是第一生产力，科教兴国是我国的一项基本国策。林业新战略的建立和实施必须要以科教兴林为动力。同时，我们应该看到，开展科技教育，对实施新的林业发展战略，实现林业跨越式发展具有特殊重要的意义。一是，林业当前还处于社会主义初级阶段的较低层次，是我国国民建设的薄弱环节，不靠发展科教来提高林业整体素质，不要说跨越式发展，就是要缩小与先进行业的差距也是十分困难的；二是，当前林业的增长方式基本还属于粗放型，集约度低，林业科技贡献率仅为27.3%，林业从业人员技术和文化素质不高，大专以上文化水平的人员仅占7%—8%；三是林业的生态建设任务相当繁重，林业的两大体系建设涉及的领域非常宽，林业的三大效益间的关系十分复杂，林区的自然地理和社会经济条件较差，对科技教育的需求，不仅是多方面和多层次的，还是十分强烈和迫切的。必须针对林业特点发展数字林业、计算机技术、信息技术、网络技术、遥感技术、生物工程（包括遗传工程、转基因工程新材料与新能源）等高新技术，通过多渠道、多形式、多层次办教育，提高全行业素质。

8. 以建立林业的大经营、大流通、大财经为重点

建立以生态环境建设为主体的新林业发展战略，必须打破传统的林业经营、流通和财经体系，弥补生态产品、生态成本的缺位，把生态优先的原则落到实处。要采取新的大经营、大流通、大财经战略，建立林业的大经营、大流通、大财经体系。具体讲，一是在生

态优先的前提下，统一、综合经营森林的有形物质产品和无形生态产品，统一、综合经营森林多种资源，统一、综合经营森林生态经济社会系统，实行全民、全社会、全方位经营，采取以生态环境建设为主体的林业大经营战略。二是采取以生态环境建设为主体的林业大流通战略，统一、综合组织森林有形物质产品和无形生态产品的流通，实行两大产品、两大市场（有形物质产品市场和无形生态产品市场）和两大循环（资金的市场小循环和社会大循环）的耦合。三是采取与大经营、大流通战略相适应的以生态环境建设为主体的林业大财经战略，建立新的包涵林业全要素的系统财经模式，新的林业多资产（林木和其他森林植物、动物、微生物、水、林地、环境等多种资源资产）的综合核算体系和核算方法，建立林业多元投融资（国家、团体、个人、外资）、多重补偿（社会、直接受益者、公众补偿）体系，构建相应的林业财政、税收、保险综合体系。

9. 以分类、分区、分块经营和重点工程建设为途径

建立以生态环境建设为主体的新林业战略的基本途径应该是从社会对林业的多种需求和林业的特点及特殊规律出发，搞分类、分区、分块经营，抓具有带动作用的林业重点工程建设。分类经营，就是瞄准社会不同需求，从森林、林业内在属性的差异性上区分出不同类别，基于不同特点和规律各有侧重、有主有从地有针对性地加以经营；分区经营，是从森林、林业所处空间地域差异性上区分不同区域，基于地域分异规律各有侧重、有主有从地有针对性地加以经营；分块经营，是结合分类经营和分区经营，将全国林业分成几大块，基于各自特点有针对性地、各有侧重地、有效地实行综合经营，以实现分块突破；抓林业重点工程建设，就是根据不同需要，基于林业上述实际，从不同方面，确定一些"航母式"的大型林业重点工程，搞大工程建设，按工程项目管理，充分发挥其带动作用，以大工程带动大发展，使林业以低成本高效率地扩张、实现林业超常规跨越式发展。

10. 以系统协同为关键

如前所述，建立以生态环境建设为主体的新林业发展战略的目的是更好地满足社会对林业的多种需求，这就要在优先满足主导需求——生态需求的前提下追求整体效益最佳。各有侧重地进行林业两大体系建设，发挥生态、经济、社会三大效益，分类、分区、分块经营，抓林业重点工程建设是要使我们的工作更有针对性、更有效，但绝不是各自为政、不顾全局地追求各自的局部利益最佳，而必须是各局部利益服从全局利益，各部分目标服从整体目标。按系统论的观点，整体大于部分之和，各子系统最佳并不等于整个系统最佳，各子系统的目标应服从总体系统目标，实质应该是总体系统目标的合理分解，各子系统必须在追求总体系统目标的实现上协同运作，妥善解决各个局部、各构成部分、各个子系统之间的矛盾。因此，在建立新战略上，系统协同就成了关键问题。协同，同样不能各方面孤立地进行，而必须是全方位、全面、全局地系统协同。具体地说，一方面林业两大体系建设之间要协同，三大效益之间要协同，各类之间要协同，各区之间要协同，各块之间要协同，各重点工程之间要协同；另一方面，大经营、大流通、大财经之间也要协同；再一

方面，对两大体系建设目标、三大效益的综合发挥、分类经营、分区经营、分块经营、重点工程建设以及三大战略的运作各方面还要整体综合协同。只有进行这样的系统协同，才能真正有效地建立并实施好以生态环境建设为主体的新林业发展战略。

二、林业生态环境建设发展战略的原则和依据

1. 发展战略应遵循的主要原则

（1）适应时代要求原则。主要是新经济时代（知识经济、信息经济）要求、经济全球化要求、环境与发展需求、社会主义市场经济要求以及现代林业要求。

（2）可持续发展原则。主要是在时间、空间、活动三维上不产生外部不经济性的快速、健康协调发展原则。

（3）生态优先原则。主要体现了"森林是陆地生态系统的主体，林业是生态环境建设的主体，是从事维护国土生态安全，促进经济社会可持续发展，以向社会提供森林生态服务为主的行业，承担着培育、管护和发展森林资源，保护物种多样性、森林景观、森林文化遗产和提供多种林产品的根本任务，肩负着优化生态环境与促进经济发展的双重使命。"这一林业新的定位要求。

（4）系统原则。主要是贯彻系统论思想，把林业置于整个国民经济发展和社会进步的大环境中进行考虑，把林业作为一个森林生态经济社会系统进行考虑，把林业行业融入区域经济、社会综合发展中进行考虑，把我国林业建设与经济全球化和人类生存与发展结合起来进行考虑。

（5）从实际出发原则。主要是从两个实际出发，一个是中国的实际，我国是在中国共产党的领导下，实行社会主义市场经济体制的、历史悠久、人口众多的发展中国家，当前正处于社会主义的初级阶段，一定要体现中国特色；另一个是我国林业的实际，林业是一个具有鲜明特点的、在国民经济和社会可持续发展中占有突出重要的战略地位的弱质行业，我国又是一个森林资源贫乏的国家，我国林业当前处于社会主义初级阶段的较低层次，是国家建设中的一个薄弱环节。

2. 林业生态环境建设发展战略的主要依据

（1）江泽民（1997年8月5日）和李鹏（1997年8月12日）在姜春云《关于陕北地区治理水土流失建设生态农业的调查报告》上作的批示。

（2）国家林业局前局长周生贤在全国林业厅局长会议上的讲话《突出布局调整加速生态建设努力实现新世纪林业的跨越式发展》（2001年2月15日）以及1993年以来各次全国林业厅局长会议上的主旨报告。

（3）我国的林业建设方针："林业建设实行以营林为基础，普遍护林，大力造林，采育结合，永续利用的方针。"

（4）《中华人民共和国森林法》（1998年4月29日第九届全国人民代表大会常务委员会第二次会议修正）及《中华人民共和国森林法实施条例》（2000年1月29日中华人民共和国国务院令发布）。

（5）《中共中央关于制定国民经济和社会发展第十个五年计划的建议》（中国共产党十五届五中全会，2000年10月11日）以及《中华人民共和国国民经济和社会发展第十个五年计划纲要》（第九届全国人民代表大会第四次会议）。

（6）《中国21世纪议程林业行动计划》（林业部，1995年6月）。

（7）《林业经济体制改革总体纲要》（国家体改委、林业部1995年11月）。

（8）《全国生态环境建设规划》（国务院常务会议通过，1999年1月）。

（9）《2000中国林业发展报告》（国家林业局，2001年1月）。

（10）联合国环境与发展大会（里约热内卢，1992）文件等。

三、林业生态环境建设的发展战略设计

按照上述确立以生态环境建设为主体的林业发展战略的指导思想、原则和依据，对林业生态环境建设发展战略做如下设计。

（1）体现时代特征（新经济时代、经济全球化、环境与发展、社会主义市场经济和现代林业）的要求，并以邓小平理论、可持续发展理论、森林生态经济理论、森林资源经济理论、现代林业理论、社会主义市场经济理论以及系统论为理论指导。

（2）林业生态环境建设发展战略的基本特征是：林业发展要以生态环境建设为主体，建立战略目标动态体系，包括确立总体系统战略目标并分解落实到各子系统的具体战略目标。

（3）建立起比较完备的林业生态体系和比较发达的林业产业体系，这是到21世纪中叶林业发展的总体战略目标。

（4）把以生态环境建设为主体的林业发展总体战略分解为三大战略：大经营战略、大流通战略和大财经战略，即建立大经营、大流通、大财经体系，这是新战略的重点。

（5）森林是陆地生态系统的主体，具有多种功能，决定了林业具有生态、经济和社会三大效益，突出生态效益，综合发挥三大效益是新的林业发展战略追求的满足以生态需求为主导需求的社会多种需求的根本目的。

（6）根据社会需求和林业的自身特点、规律进行林业分类经营，在把森林分成公益林和商品林的基础上将林业划分为公益林业和商品林业，分别按各自的主要目的、特点和规律有针对性地进行建设。体现在林业发展的总体目标上就是林业的两大体系建设以及在各区、各工程上的落实。体现在基于不同起源的森林的不同功能、分布特点和经营利用的主导目的的差异，在对其施以不同工程建设之上，将其划分成人工林建设工程和天然林建设工程，前者以速生丰产用材林基地建设为主要特征，按主导利用纳入林业产业体系建设；

后者以天然林保护工程和生态地位重要及生态脆弱地区的公益林建设为主要特征，按主导利用纳入林业生态体系建设。

（7）根据社会需求和森林分布的地域分异特点，林业要分区、划块（区）经营。

①按属性划分。将全国林业划分为五大类型区林业。一是林区林业：森林大量分布，以林业为主的区域林业，森林资源属于森林生态系统，林业建设是全国林业建设的重点地区和本地区经济社会建设的主要内容。二是农（牧）区林业：森林适当分布，以农（牧）业发展为主的区域林业，森林资源属于农（牧）区生态系统，林业建设是农（牧）业建设的生态屏障和本地区经济社会建设的重要组成部分。三是工矿区林业：森林适当分布，以工矿业发展为主的区域林业，森林资源属于工矿区生态系统，林业建设是工矿业建设和工矿区经济社会建设的重要组成部分，突出发挥保护和改善生态环境，促进经济社会发展的作用。四是城镇区林业：森林适当分布，以特定城镇发展为特征的区域林业，森林资源属于城镇生态系统，林业建设是城市园林建设和城镇区经济社会发展的重要组成部分，突出发挥着保护改善城镇生态环境，绿化、美化、香化的作用。五是荒漠沙区林业：森林分布稀少，生态环境恶劣、贫穷落后的荒漠区和沙区的林业，森林资源属于荒漠沙区生态系统，林业建设是生态环境建设和本地区经济社会建设的主要组成部分，突出发挥着改善生态环境，促进脱贫致富的作用，以灌草乔结合，大力种草和植树造林，发展生态公益林和经济林为主要特征。

②按分区突破战略划分。根据不同地区的不同情况、分类经营、两大体系建设和国家对各地区林业建设的不同要求，要分区域确定林业建设重点，实行分类指导，分区突破。据此在具体分布上将全国林业划分为四大块区域：一是长江上游、黄河中上游地区。这一地区是我国水土流失最严重、生态环境最脆弱的地区，林业建设的主要任务是发展公益林，并以工程建设的形式来推进。主要措施是对天然林，要停止采伐，并采取有效措施严加管理，对宜林荒山荒地要进行造林绿化，尽快恢复林草植被；对陡坡耕地，应有计划、分步骤地退耕还林还草。二是西北北部、华北北部和东北西部风沙干旱地区。这一地区是我国风沙危害最严重的地区，也是我国生态建设的重点地区，林业建设的主要任务是发展公益林，并以工程建设的形式推进，实施以发展林草植被为核心的防沙治沙工程。三是东北内蒙古国有林区。这一地区既是目前我国最大的木材生产基地，又是东北地区主要江河发源地和东北三江平原、松辽平原大粮仓及呼伦贝尔大草原牧业基地的天然屏障，林业建设的主要任务是减少木材采伐，使林区能够有效地休养生息，主要措施是实施天然林保护工程，促进林区从采伐森林转向管护森林，通过休养生息恢复森林资源。四是除上述区域以外的地区林业。这一地区总体上属于经济相对发达、自然条件比较好的地区，林业建设的主要任务是在加速推进生态建设的同时，大力发展商品林业，以满足国家建设和人民生活的需要。

（8）抓好系统整合后的六大林业重点工程。走以大工程带动大发展之路，实现林业的跨越式发展。一是天然林保护工程，主要用来解决的是天然林资源休养生息和恢复、发展问题；二是"三北"和长江中下游地区重点防护林体系建设工程，主要解决的是"三北"

地区的防沙治沙问题和其他区域各不相同的生态问题;三是退耕还林还草工程,主要解决的是重点地区水土流失问题;四是环北京地区防沙治沙工程,主要解决的是首都地区的风沙危害问题;五是野生动植物保护及自然保护区建设工程,主要解决基因保存、生物多样性保护、自然保护、湿地保护等问题;六是重点地区以速生丰产用材林为主的林业产业基地建设工程,主要解决的是我国木材和林产品的供应问题。

(9)高度重视林业生态体系和产业体系,林业大经营、大流通、大财经体系,林业的生态、经济和社会效益,五区四块,人工林建设和天然林建设以及六大林业重点工程相互之间及其内部的协同及林业系统的总体协同。搞好系统协同,这是建立并实施好以生态环境建设为主体的林业发展战略的关键。

(10)必须清醒地认识到,建立和实施林业生态环境建设发展战略要以全面培育、保护和发展森林资源系统作为物质基础;必须从我国国情和林情实际出发,坚持实事求是,走有中国特色的林业发展道路;必须把科教兴林作为根本动力和保障。

第三节 林业生态环境建设发展战略的具体实施

林业生态环境建设发展战略的提出既体现了联合国环境与发展大会的原则立场,表明了联合国环境与发展大会采取的实际行动,又是社会和经济发展的内在要求和必然选择。战略提出后的关键是实施。要将新林业发展战略付诸实施就必须要明确其含义、特点、要素和内容,并遵循一定的原则,确定正确的总体框架和具体措施,建立科学的调控体系和政策保障,还要在整个实施过程中做好评价工作,及时发现问题,调整方向,只有这样,才能有效地实现新林业发展战略的目标。

一、林业生态环境建设发展战略实施的过程及要点

(一)林业生态环境建设发展战略实施的过程

1. 林业生态环境建设发展战略的发动

以生态环境建设为主体的大经营、大流通、大财经的三位一体的林业发展战略体现了全民、全社会、全方位保护、发展、利用森林资源,改善生态环境,促进经济发展的强烈意志和愿望。该战略的实施过程首先是一个全民、全社会的动员过程,是具有中国特色的"群众运动"。要搞好新战略的宣传教育和培训,使全民、全社会对此有充分的认识和理解,帮助他们认清形势,看到传统林业发展的弊病,看到新林业发展战略的美好前景,切实增强实施新林业发展战略的紧迫感和责任感。要用林业发展战略的新思想、新观念、新知识,改变传统的思维方式、生产方式、消费方式,克服不利于林业发展战略实施的旧观念、旧思想,从整体上转变全民、全社会的传统观念和行为方式,调动起他们为实现林业发展战

略的美好蓝图而努力奋斗的积极性和主动性。搞好发动是林业发展战略实施的首要环节。

2. 林业生态环境建设发展战略的规划

林业生态环境建设发展战略规划是将林业视为一个整体，为实现林业发展战略目标而制定的长期计划，这是林业发展战略实施的重要一环。林业发展战略总体上可以分解成几个相对独立的部分来加以实施。即两大产业体系（林业生态体系和林业产业体系）；两大工程（天然林保护工程、人工林基地建设工程）；三大经营管理体系（大经营、大流通、大财经）；五大区域（林区农牧区、工矿区、城镇区、荒漠沙区）。每个部分都有各自的战略目标、相应的政策措施、策略及方针等。为了更好地实施新林业发展战略，必须制定战略规划。新林业发展战略的规划是进行战略管理、联系和协调总体战略和分部战略的基本依据；是防止林业生产经营活动发生不确定性事件，把风险减少到最低程度的有效手段；是减少森林资源浪费、提高其综合效益的科学方法；是对新林业发展战略的实施过程进行控制的基本依据。

3. 林业生态环境建设发展战略的落实

林业发展战略落实是该战略制定后的重要工作。离开了战略落实，战略制定只能是"纸上谈兵"，所确定的战略目标根本无法实现，而离开了战略目标，战略落实也会失去方向，陷入盲目性，严重的会影响到林业的可持续发展。林业生态环境建设发展战略的落实应当包括：建立组织机构、建立计划体系、建立控制系统、建立信息系统。

4. 林业生态环境建设发展战略的检查与评估

林业发展战略拟解决战略的系统结构、各子系统战略间的联系与协同，战略目标动态体系或动态战略目标集等关键问题，这些问题是复杂多变的，只有在林业生态环境建设发展战略的实施过程中加强对执行战略过程的控制与评价，才能适应复杂多变的环境，完成各阶段的战略任务。

（二）实施林业生态环境建设发展战略的要点

林业生态环境建设发展战略通过对林业发展战略演变的历史分析，明确调整了战略和确定了新战略的必要性和迫切性。联系中国国情林情，该战略对于实现国民经济和社会的可持续发展，人口、资源、环境的协调发展以及正确确定林业在国民经济中的地位和作用，具有重要的理论意义和现实意义。所以，对林业生态环境建设发展战略实施的要点必须要有一个明确的认识。

1. 核心问题是发展林业，关键问题是以生态环境建设为主体

林业生态环境建设发展战略运用邓小平"发展才是硬道理"的理论，把加快林业发展作为战略的核心。如何发展林业，必须根据国情、林情，制定出切实可行、行之有效的方案、步骤和措施，而突出以生态环境建设为主体则是林业发展战略实施的显著特色。

2. 应将人口、资源、环境和社会、经济、科技的发展作为一个统一的整体

中国庞大的人口基数和每时每刻新增的大量人口给经济、社会、资源和环境带来了越来越大的压力,这是新林业发展战略实施必须面对的问题。要通过坚持计划生育,大力发展教育,控制人口数量,提高人口质量,妥善解决好这一问题,使人口压力变为新林业发展战略实施的人力资源优势。新林业发展战略的实施不仅要注意到经济、社会、资源、环境的相互关系与相互影响,还要充分考虑到如何在经济和社会发展过程中利用科技力量很好地解决对资源和环境的影响等问题。

3. 应从立法、机制、教育、科技和公众参与等诸多方面制定系统方案和采取综合措施

加快社会经济领域有关林业的立法,完善森林资源和环境保护的法律体系;加快体制改革,调整政府职能,建立有利于林业发展的综合决策机制、协调管理运行机制和信息反馈机制;优化教育结构,提高教育水平,加大科技投入,推广科研成果,创造条件鼓励公众参与新林业发展战略的实施,这些都是不容忽视的重大问题。

二、林业生态环境建设发展战略实施的原则和内容

(一)林业生态环境建设发展战略实施的原则

为了保证林业生态环境建设发展战略目标的顺利实现,在新战略实施过程中,必须遵循以下基本原则:

1. 坚定方向原则

林业生态环境建设发展战略所要实现的战略目标是使我国林业建设以生态环境建设为主体,建立起比较完备的林业生态体系和比较发达的林业产业体系,真正发挥林业在生态环境建设中的主体作用进而有效改善生态环境。这是全局的、长远的发展思路和最终目标,为我国林业发展指明了方向。必须坚定这个方向,增强实施林业战略的信心,不能由于实施过程中局部出现的暂时困难而动摇实施林业生态环境建设发展战略的决心。只要暂时的、局部性的问题还处于允许的范围之内,就应当坚定不移地继续按林业生态环境建设发展战略的既定方针办。

2. 保持弹性原则

林业生态环境建设发展战略的实施涉及全民、全社会,需要长期实施。因此,不但要求新战略的目标具体化,而且必须要有严密的战略实施计划和步骤。但是,由于林业生产经营环境多变,影响林业生态环境建设发展战略实施的因素十分复杂,所以实施计划应当是有弹性的,允许有一定的灵活性和调整余地,这会使周密的实施计划经过必要及时地调整,更加符合林业发展实际,更好地实现林业生态环境建设发展战略的目标。

3. 突出重点原则

林业生态环境建设发展战略的实施事关林业发展全局,它所面临的问题和要解决的事

情非常之多，也非常复杂。在新战略实施过程中，如果事无巨细，不分主次，结果往往会事倍功半。只有突出重点，抓住对全局有重大影响的问题和事件，才能取得事半功倍之效果，实现预期的整体战略目标。

4. 经济合理原则

林业生态环境建设发展战略是一项复杂的系统工程，需要投入大量的人力、物力和财力。在保证实现新战略目标的前提下，要节约各项费用开支，降低实施成本，这也是林业生态环境建设发展战略实施过程中应遵循的一个重要原则。

（二）林业生态环境建设发展战略实施的内容

林业生态环境建设发展战略实施的内容包括：建立组织系统、建立计划系统、建立控制系统、建立信息系统四个方面。

1. 建立组织系统

林业生态环境建设发展战略是通过组织来实施的。组织系统是组织意识和组织机制赖以存在的基础。为了实施林业生态环境建设发展战略，必须建立相应的组织系统。建立的基本原则是组织系统要服从新战略，其是为新战略服务的，是实施林业生态环境建设发展战略并实现预期目标的组织保证。

建立组织系统要根据林业生态环境建设发展战略实施的需要，选择最佳的组织系统。系统内部层次的划分，各个单位权责的界定、管理的范围等，必须符合林业生态环境建设发展战略的要求。要求各层次、各单位、各类人员之间联系渠道要畅通，信息传递要快捷、有效，整体协调好、综合效率高。

2. 建立计划系统

林业生态环境建设发展战略实施计划是一个系统。系统中各类计划按计划的期限长短可分为长期计划、中期计划和短期计划；按计划的对象可分为单项计划和综合计划；按计划的作用可分为进入计划、撤退计划和应急计划。上述种种计划，在林业生态环境建设发展战略实施中都要有所体现。在建立林业生态环境建设发展战略实施计划系统中，定要明确战略实施目标、方案，确定各阶段的任务及策略，明确资源分配及资金预算。建立计划系统是一个复杂过程。只有认真地建好这一系统，才能保证战略的有效实施。

3. 建立控制系统

为了确保林业生态环境建设发展战略的顺利实施，必须对战略实施的全过程进行及时、有效的监控。控制系统的功能就是监督战略实施的进程，将实际成效与预定的目标或标准相比较，找出偏差，分析原因，采取措施。建立控制系统是林业生态环境建设发展战略实施的必然要求。因为在林业生态环境建设发展战略实施过程中，其所受的自然、社会因素影响非常复杂，使战略实施的实际情况与原来的设计与计划存在着种种差异，甚至是很大的差异。如果对这种情况没有进行及时的跟踪监测和评价分析，而是在发现偏差后才采取相应的对策，林业生态环境建设发展战略的实施将会无法保证。

4. 建立信息系统

林业生态环境建设发展战略实施的全过程都离不开信息系统的支持。在林业生态环境建设发展战略实施的每一个环节，每一个行动都必须以信息作为基础，否则就会如同"盲人骑瞎马"一样，无法把握好方向。同时在新战略实施的过程中，每一个方面都会产生出相应的信息，如果不能及时地反馈这些信息，不做出科学的分析和正确判断，及时采取有效的措施，那么想使战略的实施始终保持最佳的状态是不可能的。

三、林业生态环境建设发展战略实施的环境和框架

（一）林业生态环境建设发展战略实施的环境

以生态环境建设为主体的林业发展战略是国民经济和社会可持续发展对林业的基本要求，也是真正实现林业可持续发展的必由之路。林业生态环境建设战略的有效实施必须要有良好的社会政治环境和经济技术环境做保证。

1. 林业生态环境建设发展战略实施的社会政治环境

林业生态环境建设发展战略实施的社会政治环境是指以生态环境建设为主体的林业发展的社会政治因素，以及对森林的价值取向和由此引发的因素，个人对生态林业发展的态度，以及政府对林业发展的制度设计。人口数量不断增长，人民生活水平不断提高，人类对各类林产品及森林生态系统的环境服务需求也在不断扩大，这不仅要求林业提供越来越多的林产品，还要求林业对退化的生态系统进行改造、重建，维持森林生态系统的完整性。社会政治环境正是通过上述影响来促进林业的不断发展的。林业生态环境建设发展战略突出的问题是以生态环境建设为主体以及林业生态环境建设发展战略的实施，其需要与社会政治环境相协调，取得政府和公众的积极支持和参与，使以生态环境建设为主体的林业发展战略有一个适宜的、良好的外部环境。

2. 林业生态环境建设发展战略实施的经济技术环境

林业生态环境建设发展战略实施的经济技术环境是指林业生态环境建设发展战略实施过程中所依赖的经济条件与技术体系所构成的综合环境。从经济方面考虑，林业的地位和作用取决于国民经济发展水平，较低的经济发展水平和综合国力自然要求林业侧重发挥经济功能。没有坚实的经济基础，实施以生态环境建设为主体的林业发展战略就会有很大的难度。根据目前我国林业发展的形势，要想优先突出生态环境的建设，就必然需要巨额的资金作为保证。近年来，由于我国经济发展比较稳定，十大林业生态体系建设工程陆续付诸实施。从技术方面来看，林业科学技术的发展，不仅可以提高林业生产力，还可以极大地提高林业综合开发能力，促进生态功能的发挥。因此，建立以生物工程技术为基础的育林技术体系，以森林生态系统经营为核心的现代林业管理决策体系，以及以林产品深加工为主的利用技术系统对于促进林业生态环境建设发展战略的实施具有特殊重要的意义。

(二)林业生态环境建设发展战略的实施框架

林业生态环境建设发展战略的实施是一个复杂、长期、动态的系统工程。它需要纳入国民经济和社会发展的综合规划和计划,需要国家相关的立法、政策、措施的支撑,需要社会舆论的支持和公众的积极参与。在以生态环境建设为主体的林业发展战略的实施过程中,需将实施的内容通过不同的层次和不同的方式来具体体现,以形成新战略的实施框架。

1. 林业生态环境建设战略实施的三个层次

从总体上看,林业生态环境建设发展战略的实施按层次表现可分为三个层次。

(1)中央政府(国家)是实施的主导。中央政府对新战略实施要发挥综合引导和多方协调的作用。为此,国务院应成立专门的领导小组,成员由国务院有关部、委、办、局组成,下设领导小组办公室(办公室可设在国家林业局)。林业生态环境建设发展战略实施工作受领导小组的直接领导。战略实施过程中有关具体事项由领导小组办公室具体组织。

(2)地方政府是林业生态环境建设发展战略实施的关键。实施林业生态环境建设发展战略的重点在地方,地方政府要充分考虑本地区的实际情况,针对本地区社会、经济、人口、资源、环境等具体情况,制定具体的可操作的行动计划。同时,地方政府也要成立类似国家实施新战略的专门领导小组和办公室,有的地方还可以突出实施新战略中的优势项目,建立项目领导协调小组。地方政府在实施林业生态环境建设发展战略过程中,要根据战略总目标结合本地区实际特点,负责编制当地的发展规划,筛选地方的优势项目,并将其纳入地方政府和社会经济发展计划,培训林业生态环境建设发展战略实施的专业技术人员,做好地区内外的信息交流。

(3)社区、企业和团体是林业生态环境建设发展战略实施的主体。实施林业生态环境建设发展战略时,要充分认识到社区和企业所起的重要作用,也要充分认识到公众和社团参与的重要性。只有如此才能体现出全民、全社会、全方位的以生态环境建设为主体的林业建设,才能实现出林业生态环境建设发展战略各阶段的各项目标。

2. 林业生态环境建设战略实施的四个方面

从宏观上看,林业生态环境建设发展战略实施主要有以下四个方面。

(1)将林业生态环境建设发展战略实施的基本内容系统地体现在各级政府的国民经济和社会发展规划和计划之中。众所周知,国民经济计划是各级政府进行宏观调控的主要手段,必然也是推动新林业发展战略实施的基本措施。在全国林业规划的基础上,国家有关部门和各地区也要分别制定本部门、本行业、本地区实施新林业发展战略的行动计划或战略安排,并将其纳入各有关部门和各地区的发展规划和计划中,以保证林业生态环境建设发展战略的实施有条不紊、富有实效。

(2)加强有关林业生态环境建设发展战略实施的立法工作。从1994年开始,全国人大和国务院在制定新的法律法规的同时,修订了大量的法律、法规。这些法律法规大都将社会和经济的可持续发展作为立法的基本原则,并将资源(以森林资源为主)和环境(以生态环境为主）保护等作为具体条款。1997年修改后的《中华人民共和国刑法》专门增加了若干污染环境破坏资源的刑事处罚条款。可以说，目前已初步形成了与实施林业生态环境建设发展战略相关的法律法规体系。诸如：6部环境保护法，9部自然资源管理法，国家环境标准364项，地方环境保护、资源管理法规600多项等。不断补充、修订、充实、完善与以生态环境建设为主体的新林业发展战略相关联的法律法规，不断健全执法机构，加大行政执法力度，加强社会和公众的监督，对林业生态环境建设发展战略的实施将起着积极的推动作用。

（3）加强林业生态环境建设发展战略的宣传和教育，促进公众参与。实施林业生态环境建设发展战略，各级政府和有关部门要举办各种类型的培训班，提高认识，中小学教材中应增加爱林护林、保护生态环境的内容，大专院校、科研院所应开展生态、环保方面的科学研究，新闻媒体应展开一系列的与林业生态环境建设发展战略相关的宣传活动。诸如：全国绿化日、水日、气象日、卫生日等。这些活动的开展对于提高全民、全社会的生态意识和造林绿化意识，促进公众参与实施林业生态环境建设发展战略有非常重要的意义。

（4）寻求实施林业生态环境建设发展战略的国际合作，建立示范项目。为了利用国际社会在生态林业领域中的先进经验和技术，更好地指导我国林业生态环境建设发展战略的实施；派出去，请进来，积极寻求国际合作，进而建立一批示范项目，这对于加快林业生态环境建设发展战略的实施具有重要作用。

四、林业生态环境建设发展战略的调控系统

所谓林业生态环境建设发展战略的调控系统，是指按照社会主义市场经济的要求，政府主要通过综合经济部门和林业主管部门，运用经济、法律和必要的行政手段，采取统筹规划、制定政策、信息引导、组织协调、健全法制、提供服务、监督检查等基本措施，以指导林业生态环境建设发展战略沿着既定目标发展的系统。

为了有效地实现林业生态环境建设发展战略的目标和任务，必须根据国情、林情，制定出切实可行、行之有效的调控系统。该调控系统从具体指导的领域和范围来看，可以划分为中央政府综合部门、林业主管部门、地方政府三个调控系统。

（一）中央政府综合部门调控系统

该调控系统主要由国家计委（现为中华人民共和国国家发展和改革委员会，下同）、财政部、税务总局、国家环保总局（现为中华人民共和国生态环境部，下同）、国家经贸委、国家开发银行等综合部门组成。其调控的主要内容如下：

加强协调林业生态环境建设发展战略中生态环境建设与林业产业建设及国民经济其他相关部门之间的关系；组织落实对林业生态环境建设发展战略实施的保护和支持，如增加对林业的财政投入、建立国家林业基金制度、实行林业政策性贷款、减免林业税收、落实

对生态林业建设方面的援助，稳定国家对林业的扶持等；制定和完善与新林业发展战略实施有关的法律法规，使林业法律法规具体实际，可操作性强；调动与协调全社会办生态林业、全民搞生态建设，体现社会主义市场经济条件下林业生态环境建设发展战略的实施特色。该调控体系的宗旨是着力解决林业市场失灵和林业的天然弱质性等问题，从而体现国家对生态林业建设的支持和保护的机制与林业外部效益的补偿制度，引导以生态环境建设为主体的林业发展战略的顺利实施。

（二）林业主管部门调控系统

该调控系统的具体机构是国家林业局，其调控的主要职责是在中央政府综合部门的指导支持下，具体制定全国范围内林业生态环境建设发展战略实施方案，并负责全国性的生态环境建设和林业产业方面的协调与管理。其调控的主要内容如下。

根据中央政府赋予的职能和权力，修订和完善林业生态建设和产业发展的相关政策，加速改变林业基础薄弱、发展滞后的局面。强化必要的行政管理职能，坚持全党动员、全民动手、全社会办林业，全民搞绿化，改善生态环境的行政领导责任制。

搞好"天保"工程，继续实行并合理调整森林资源采伐限额、强制更新与退耕还林的管理规定。严格征占用林地的审批制度和补偿制度，切实做好森林和野生动植物的保护工作。根据国家总的发展战略，林业主管部门要全面制定和实施林业生态环境建设发展战略的中长期规划，用以指导实践；制定科学的林业产业政策，引导林业经济主体的经营活动和市场机制的运行，防止市场调节的盲目性、滞后性给林业生态环境建设发展战略造成的不利影响。

依据《中华人民共和国森林法》及最新的政策法规，紧紧围绕林业生态环境建设发展战略，强化林业法制建设，进一步完善林业法律体系，加强林业执法工作，实现以法治林、以法促林。

（三）地方政府调控系统

实施林业生态环境建设发展战略，地方政府具有特殊的作用。其调控的主要内容如下：

强化地方政府对实施林业生态环境建设发展战略的指导职能，促进区域林业经济的全面发展。我国地域辽阔，情况复杂，地方政府的计划指导、法律约束和行政管理具有直接性和针对性，对实施林业生态环境建设发展战略具有重要作用。地方政府不仅要贯彻中央政府和林业主管部门的总体意图，还要结合本地的具体情况，实施更为具体、有的放矢的指导，使其权力与实施林业生态环境建设发展战略的全过程相联系，将地方政府的指导工作落到实处。

贯彻造林绿化和保护生态环境的地方政府行政领导目标责任制，大力发展林业社会化服务体系，促进林业生态环境建设发展战略的顺利实施。增加林业生态建设的投入，加快林业生态环境建设发展战略的实施步伐。依照国家对生态环境建设的有关规定，地方政府有条件，也有义务尽可能地增加对实施林业生态环境建设发展战略的投入。一方面，地方政府应集中必要的财力、物力对林业基础设施进行建设改造；另一方面，通过政府的职能和作用引导社会各界和公众增加对生态环境建设的投入，确保林业生态环境建设发展战略的实现。切实保护林业生产单位和林农的合法利益，解决好林区企事业单位的社会负担和林农经济负担重的问题，调动起他们实施林业生态环境建设发展战略的积极性和主动性。

第六章 现代林业生态建设的关键技术

第一节 现代林业建设的关键技术

一、优良种质资源开发利用技术

良种的选育与驯化是林业生态建设的基础,林木良种选育与驯化研究工作应以"高碳汇树种、强抗逆树种、观赏保健树种"为主攻方向,运用"分子生物学、基因工程、核技术、航天技术"等手段,以乡土树种为主资源,选育出富有特色的"高碳汇树种、抗气体污染良种、抗土壤污染良种、耐旱低耗水良种、防风固沙良种、降解城市热岛效应的散热良种、观赏保健树种的选育"。乡土树种在抗逆性研究中具有一定的优势,可作为首选材料树种,同时为了不致树种过于单一,病虫害蔓延,生物多样性下降,还应该拓宽树种选择范围。应着重做好下列工作:

(1)组织开展对乡土树种种质资源的清查。在以前种质资源清查工作的基础上深入系统清查,进一步摸清家底,使更多的优良乡土树种及种内的优良群体和个体被认识、被挖掘,为乡土树种种质资源的有效保存和合理利用提供实物基础和技术依据。

(2)开展高功效绿化植物材料选择与推广。应根据不同区域的地理气候条件,有目的地开展树种生态防护效能研究,选择高效能生态树种。同时,开展不同繁殖材料生态特性、景观效果差异性研究,根据城市森林培育目标,选择和推广优良繁殖材料。据观察,雪松、悬铃木等常见绿化树种的扦插苗与实生苗所形成的树木,其形态特性有所不同。同一树种扦插苗与实生苗形成的林木相比,生命力较弱、寿命较短,同时扦插苗的林木树冠较不完整,叶量较少,形态上也不如实生苗的美观,因此,城市中的绿化苗应尽量采用实生苗,同时还要加强对林木不同繁殖材料的特性研究,为城市绿化提供优质材料。

建立乡土树种种质资源库，研究不同树种保存方式。根据资源繁殖方式和种子类型的不同及群体变异的自然规律，研究选择就地保存、迁地保存、离体保存（包括种子储藏和组织培养，其中后者又包括培养物的反复继代培养和超低温保存）、基因文库保存（包括叶片或其他组织的液氮保存，珍稀野生濒危具有特殊性状种质资源DNA的提取分离与保存及其他形式或植物基因材料的保存）等；研究不同乡土树种种质资源分类保存的样本策略。

森林遗传资源保存与评价、管理与利用的技术体系有遗传多样性测定技术、表型多样性测定技术等。

生物技术在乡土树种种质资源研究中的应用包括：

①乡土树种种质鉴定与群体遗传研究。

②物种品种亲缘关系分析。应用分子标记进行亲缘关系分析，在分子水平上阐明生物系统演化及分类情况，为育种亲本的选配和种质资源的合理有效利用提供依据。

③数量性状的基因定位（QTL）与分子遗传图谱构建。构建林木遗传连锁图谱，对控制林木重要经济性状（如树高、胸径、材积、材质）、生物胁迫和非生物胁迫的基因进行数量性状和质量性状的QTL定位，为分子标记辅助选择育种奠定基础，从而使林木早期选择成为可能。

④林木遗传改良。用可施以操作的标识基因或DNA片段，通过连锁分析，来标记不能直接识别的微效基因组，从而对这些基因加以鉴别和选择；通过树木个别或几个有利基因识别、分离或合成克隆，利用分子生物技术将其转移到目标树木的基因组中，产生转特定基因树木，加快林木数量性状的育种速度。

⑤分子标记辅助育种。将分子标记技术应用在杂交亲本的选配、杂种实生苗的早期预选、染色体片段的去向追踪、遗传转化中目的基因的检测、多个抗病性状的同时筛选等及对病原菌群体分化的遗传分析上，建立分子标记辅助选择系统，使亲本的选配更具可控性，一些不易区分的性状通过间接选择来达到目的，同时还可其杂交后代进行早期选择与预测，从而加速育种进程。

⑥珍稀、优良乡土树种的发掘及繁殖技术研究。在基本摸清全市乡土树种资源的基础上，筛选出具有较高经济和科研价值的优良乡土树种。并根据其生物学及生态学特性，进行繁殖技术研究。

⑦加速优良乡土树种的培育。在收集、保存评价鉴定的基础上，积极挖掘和扩大育种范围，针对抗逆性强的生态乡土树种、速生丰产乡土树种、优质经济乡土树种，开展育种科技攻关，培育优良乡土树种或品种，以用于生产，产生效益。

良种工程化扩繁技术主要包括确定主栽树种的抗旱、抗瘠薄种源和优良的供种群体；各种高抗逆性良种特点和相应的有性或无性繁殖丰产技术；规模化工程化扩繁技术等。建设现代化苗木生产基地，组织培养、容器育苗、常规育苗等工厂化、产业化、规模化育种壮苗培育技术及苗木培育，提供林业生态工程建设要求的良种壮苗。

二、景观生态林的优化配置与持续经营技术

城市林业生态建设的最终目标是建立"健康、稳定、高效、优美"的城市森林，根据城市定位，要加快研究"景观优美的风景林、健康舒适的游憩林、结构科学的防风固沙水土保持林、功能强大的水源涵养林、功能效益相宜的农林复合林"的配置技术。通过森林抚育、封山育林、定位观测、跟踪调查、示验示范等研究，系统提出各种功能区的低质林更新改造技术，系统提出增加地表覆盖、改善土壤理化性质、提高土壤缓冲容量的综合措施；把低质低效森林植被尽快转化为系统结构稳定、功能高效的生态防护林或风景游憩林的成套综合的植被建设改造技术，提高低质低效森林植被的防护与景观功能，系统提出植被定向恢复技术。

（一）风景林优化配置

研究符合人文景观要求的林木景观空间格局配置；突出城市绿化的防护林局部区段个性化，特殊区段的功能性，以研究建设生态城市、开展节水型城市绿化工程为特色；以通过研究树种混交的空间结构来实现城市绿化的最佳景观配置为特色。林木景观优化配置和功能优化配置即研究不同特点通道、城郊区域的林木景观优化配置、功能优化配置。体现城市特色、四季美观、文化休憩和生态多功能。如聚居区周边的防风滤尘减噪绿化配置；高速通道两边的隔音滤尘绿化配置；典型通道的标志性林木景观配置（如假设有银杏大道、金柿走廊等）；城郊厂区周边（特别是垃圾处理区）的绿化隔离配置等。

林分结构配置：贯彻人工林近自然管理和模式林业的理念，研究各个主要造林树种的混交方式、混交方法和混交比例，既研究不同树种间的相容性，又讲究树种搭配的景观功能，主要包括研究常绿树种与落叶树种的搭配；不同生长节律（早期速生型与后期速生型）树种的搭配；不同林冠特点（林冠松散与紧束、窄冠与宽冠、圆锥、倒卵形与柱形等以及枝叶的坚硬与柔顺、叶量的多与少、花期与秋叶色彩等）树种的搭配；不同根型（深根型与浅根型）树种的搭配；不同营养吸收特点（嗜氮型和嗜磷型）树种的搭配等。

（二）游憩林优化配置

要建立树种耗水量与水分利用系数的关系表，简化耗水量复杂的计算方法，以供、应生产单位直接使用；在水分环境容量分析的基础之上，建立主要树种的水分生长模型、以水量平衡为基础的水分——林分密度控制模型；通过优良树种的选育，研究示范各种不同特色的健康舒适的游憩林配置技术。这些以改善环境、发挥林木生态功能为主的人工林，其树种选择、结构配置、抚育管理、持续经营等技术都是亟待研究的新课题。根据城市的自然条件和文化资源，建设多树种、多层次、多景观的城市森林，建设集绿色通道、休闲度假和科学普及教育等为一体的绿色城市绿岛，形成人文与自然交融的秀丽景色，力求景观优美、气势浑厚，设计方案个性化突出，注重植物的空间立体配置、季相配置、色彩配置。

进一步优化筛选出通道主要绿化造林树种、确定主要树种的耗水特性和适宜造林密度，探索适应未来缺水城市的工程集水造林营林技术、景观优化的林种和树种多功能配置及树种搭配，建立符合地区绿化要求的景观格局分析模型，从建立景观格局分析模型入手，探寻符合未来林业发展特色的城市风景林建设模式和绿化空间配置模式。

（三）农林复合经营系统

农林复合经营已成为生态农林业和观光农业的主要内容，是与农田防护林、防风固沙林、经济林果紧密结合的重要城市森林经营类型。农林复合经营研究应集中在以下方面：

（1）适合农林复合经营的优良树种的选用和培育，尤其是加强选育占地少，不胁地，防护效果好，经济效益高的多用途树种方面的研究。

（2）选择最合理的农林复合经营系统的组合。不但要根据各地建立这一复合经营系统的目的和具体立地条件与社会经济条件，而且还要根据树种和混作的各种农作物及参与系统的养殖牲畜的特性来确定相适宜的成分和结构，尤其不可忽视这些成分之间的互助共生、生化相克的作用，协调林木和农作物之间的水分关系和养分关系，以及整体的经济效益和生态效益。完成植被建设优化模式（包括退耕还林草、林农（药、草）复合经营等）研究，为退耕还林还草等工程和该地区长期的科学经营提供技术支撑。尤其要注重提供木本豆科饲料树种栽培理论与技术方面的研究。

（3）不同农林复合经营系统相应的实施方案的研究。每一个农林复合经营系统都应置于地区整体规划之中，其中包括对自然条件的调查、环境的评定、计划的实施、设计及相应的组织机构等。

三、困难立地造林绿化和低质林改造技术

（一）防风固沙林

研究以生态经济林园区建设为突破口，形成网、带、片相联结，乔灌草相结合的防护林配置技术，使得沙地合理利用和保护村镇环境安全，实现生态效益优先，景观美化效果突出，经济效益明显的可持续发展管理模式目标。

研究乔、灌、草合理结构设计，兼顾景观建设和植物色彩季相变化，加大地表防尘防沙生物覆盖技术应用，最终形成沿河绿色廊道景观的配置技术。

研究以局部整地、土壤改良、物理压沙、结合困难立地造林技术和喷播技术为主的乔灌藤草立体配置的治理模式；研究以保护为主，适当种植一些水生植物，如芦苇、蒲蓬草、荷花等进行改造的洼地治理模式，形成沙石坑和洼地植被配置技术。

荒滩的治理技术研究：荒滩包括石砾滩（主要是康庄）和沙砾滩（以南口为主）。研究如何以植灌或播草为主，结合营造防风固沙林，在水、土、热条件适宜的地方，适当建设一定数量的生态经济林，形成乔灌草相结合的生态经济防护体系。

加大防风固沙林配置技术中的研究：沙漠化过程中自然与人为影响因素指标的确定与量化方法；多场耦合的近地层风沙流运动力学模型；土壤风蚀因子参数化及风蚀容忍量的确定；沙地植被受损与恢复的动因及其稳定性机理。

防风固沙林中综合运用抗逆树种筛选技术、土壤改良技术、困难立地造林技术、生物材料地面覆盖技术、高效节水技术等，选择抗风沙、耐干旱、耐瘠薄、低耗水树种，营造以水分平衡为基础的高覆盖度的乔灌草混交防风固沙林体系。

各类型区可以根据实际情况，因地制宜地进行适当的乔灌草、灌草或乔草的有机结合，以充分发挥其防风固沙功能。

乔灌草不同配置模式的防护功效及景观功效是，既能防止风沙危害，又能成为居民游憩观光景点。

（二）水土保持林

通过模拟实验重点建设固定式径流泥沙实验系统、大型可移动式人工降雨模拟系统等研究设施，利用山坡水文学、河流泥沙运动学、土力学的理论和方法，研究降水、径流、侵蚀产沙、泥沙搬运、沉积过程和河流泥沙输移的关系。

通过模拟实验结合区域土壤侵蚀调查数据，利用计算机模拟技术建立土壤侵蚀预测预报模型。

研究"3S"技术和元素示踪法等新技术和新方法在水土流失研究中的应用；研究土壤侵蚀模拟技术和理论，引进和研制适合我国野外及室内研究的测试设备。

研究不同区域土壤侵蚀分布特征、演变规律并预测变化趋势，建立全市统一的土壤侵蚀指标体系及信息采集、数据处理、图件编制等标准。

通过研究生态环境变化和人类活动对水土流失的影响以及引起环境质量退化过程和滞后效应，建立水土流失环境效应的评价指标体系。

例如，北京丘陵区坡面较长，土层薄、岩石裸露、气候干旱、植被缺乏、以洪灾为主的水土流失严重。集中径流形成的强烈的面蚀和沟蚀对坡耕地农业发展造成了严重的威胁，部分石质山地植被遭到了严重破坏，土层瘠薄，生态恢复困难。因此，水土保持林体系高效空间配置技术主要包括：坡面多林种、多树种、乔灌草、不规则斑块状、镶嵌复合的高效空间配置技术，沟道农林复合及护岸护滩防护林配置技术，缓坡丘陵区的坡面林草复合结构设计与管理技术，侵蚀沟固沟拦沙滤水型水土保持林生物工程技术，石质山地复层林构建技术等。

稳定林分结构调控技术主要包括：时空调水、提高水资源利用率、保持水资源生态平衡、达到林水平衡，以改土、降雨集流储水、适度胁迫节水补灌为中心的树种选择、适度造林、合理配置条件下的林分密度控制等技术。根据区域自然特点，充分发挥水土以保持林体系的生态、经济和社会等综合效益为主要目标的树种选择及其搭配、混交比例和密度控制等技术。

（三）水源涵养林

水源保护是城市可持续发展经营的重中之重。进一步研究水源涵养树种的选择，从不同的时空尺度上研究乔、灌、草种的配置比例与模式，不断改善优化其群落结构，确定最佳森林覆盖率，研究水源涵养区植被恢复与建设的定向培育技术。

深入研究水土保持和水文功能的持续提高、山地植被的科学恢复技术、水源涵养型植被建设技术，组织科技攻关，开展工程区生态工程构建技术的研究与示范。

通过重要水源区和工程区主要树种草种的耗水规律、水量平衡、水质影响的观测分析以及对群落结构与水源涵养功能之间关系的观测和分析，研究主要树种草种对水量平衡以及理水调洪、净水、节水、调水等功能的影响和作用；通过系统调查主要乡土林草植被和引进植物种类的群落系统的结构特征及动态变化规律，综合评价其相应的水源涵养效益，以低耗水、高效调水与净化水质为主要目标，筛选和提出适合当地土壤和气候等自然环境条件、符合水源涵养功能要求的优良树种和草种。

研究主要森林植被类型的系统格局与结构特征对水文过程和水源涵养功能的影响，通过系统调查主要森林植被类型的有关生态系统格局与结构特征动态变化规律和空间配置形式，在林分和小流域的尺度上研究林分结构及其空间配置的水文调节作用。建立主要林草植被类型的生态系统结构与水源涵养功能之间的数量关系，分别建立生态系统和小流域尺度上的森林水文机理模型，模拟、预测和定量分析各类植被的结构特征和空间配置格局对涵养水源功能的影响，综合评价相对应的水源涵养效益，优化和筛选更加合理的模式。

针对重要水源区自然地理、经济、社会和森林资源的状况，建立多个综合和单项技术试验示范区，重点研究水源涵养型植被建设树草种选择技术、水源涵养型林草植被空间配置与结构优化技术和低功能水源涵养林草植被更新改造与植被定向恢复技术，形成完备的水源涵养型森林植被恢复与建设技术体系，提出不同类型区退耕还林还草工程区水源涵养森林植被建设技术。主要包括江河集水区水源保护林体系多林种、多树种、低耗水、高效调水供水型空间配置技术，以集水区水源保护林低耗水、低污染、高效调水净水型为主要目标的树种选择、树种搭配、密度控制等水源保护稳定林分结构设计与调控技术，集水区调水净水型水源保护林造林营林技术，如高效调水净水型整地、种植点配置、抚育更新等技术。

库区水源保护林体系高效空间配置及稳定林分结构设计与调控技术，主要包括低耗水、低污染、高效调水净水护岸护库拦沙滤水型水源保护林体系空间配置技术，以及稳定林分或林带结构设计与调控技术；库区护岸护库拦沙滤水型林分或林带的造林技术；库区以护岸护库为主要目标的植被定向恢复技术等。

（四）低效能林分改造复壮技术

低效林分的改造复壮技术主要包括低效林分类型划分、成因与判定指标；低效林分改造复壮技术，如通过对林分的密度与结构进行合理调整以及树种更替、不同配置方式、抚育间伐（包括补植、施肥、林地土壤改良、病虫害防治及其他先进技术措施等）等现代化综合配套科学技术；人工封育、人工促进天然更新定向植被复壮水土保持效益提高技术；低效林分更新改造配套技术，如树种选择及其合理搭配、林分合理结构、密度控制及优化等。

四、林木水分管理技术

林木水分管理技术集中体现在对主要树种草种及其不同配置模式下的水分运移、耗散、需求的观测分析与调控。

（一）水分运移调控技术

通过对林木水分的运移过程、运移特点与规律的探索与研究，根据不同时空特征对不同模式的林分中林木水分的运移进行有效适时适量的调控。

（二）水分耗散调控技术

通过植物水分生理和土壤、大气关系的研究，根据植物对水分的吸收、运转、消耗等过程的监测，通过试验、模拟、跟踪林木水分的耗散，研究林木水分利用效率的生理遗传基础，开展林木水分利用效率基因工程的改良研究，探索出有效可行的水分调控技术，实现定量、适量、精准供水，使林木水分的利用率最大化。

（三）水分需求调控技术

研究主要造林树种草种的水量需求机理和不同时空的需求量，研究林木抗旱节水机理和分子生物学基础；研究与抗旱节水相关性状的基因定位、分子标记、基因克隆和转基因技术；研究主要树种根系行为在抗旱反应调节中的重要作用，从分子遗传水平上揭示林木整体抗旱性的机理，运用遗传工程手段标记克隆耐旱低耗基因，并把该基因转到目标树体中去，从而选育出低耗水耐干旱的树种。

（四）抗旱节水林业技术

发展抗旱节水林业是促进林业工作的重要途径。在抗旱节水林业中，一是农艺节水，采用选择抗旱品种，秋后翻地保墒，地膜覆盖等；二是工程节水，如坡改梯，微型水利工程、雨水集流工程，喷灌、渗灌、畦灌和滴灌；三是化学节水，采用黄腐酸、高效吸水性树脂、抗旱剂等处理种子，达到抗旱保苗的目的。抗旱节水林业技术主要包括以提高水资源利用效率为核心的径流林业、蓄水保墒、保水剂应用、耐旱植物选择、造林苗木规格、造林季节等半干旱地区防护林特殊营造技术，以及增强半干旱地区植被稳定的水资源高效利用管理与植被恢复技术等。在干瘠石质山地造林时，节水技术主要包括岩石裸露、土壤缺乏的石质山地造林技术，封山育林育草人工促进植被恢复技术，如整地技术、蓄水保墒技术、集水技术、防渗技术等林草植被基本生态环境人工改造技术。

五、林木碳汇功能调控技术

当前令世界科学家困惑的问题是全球碳汇与碳源不能达到平衡。林业生态建设的关键技术之一就是要研究碳源、碳汇的时空格局，研究在碳循环过程中的控制因素及其相互作用机理，研究城市碳循环的动力过程及趋势。特别是要加强地区主要造林树种的碳汇功能和林分主要配置模式的碳汇功能的调控技术研究。通过对碳通量、储量和过程的综合观测对比、各种干扰对碳循环的影响等的研究，建立起城市森林碳过程的科学数据。

第二节 现代林业生态保护的关键技术

一、森林保护技术

针对森林资源现状和林业发展规划，在森林保护技术方面还需要在如下几个方面进行重点研究：

①森林健康评价指标体系与监测体系研究。
②森林灾害的生物调控技术研究。
③荒漠化治理灌木林的生物防治技术研究。
④重点易发病虫害预测预报方法的研究。
⑤天敌昆虫多样性及其自然控制技术的研究。
⑥利用飞机防治林木害虫技术的研究。
⑦利用成虫取食习性防治杨树天牛的研究。
⑧生物农药的研制开发。

二、自然保护区与湿地保育技术

（一）自然保护区保育技术

自然保护区的保育是维护生物多样性、资源多样性、生态文化多样性的极为重要的手段。通过自然保护区的建立和维护，研究保护区内景观斑块与廊道特征，研究生态系统结构特征及景观的多样性，分析与评估保护区景观格局，探索自然保护区的旅游规划和景观生态规划，研究不同干扰对生物多样、景观多样性的影响机理，研究保护区生物多样性与生态服务功能的关系，探讨保护区生态服务功能的价值评估，研究保护区生态服务功能损失的物种补偿途径，建立起自然保护区生态系统的自运行机制、生物多样性自平衡机制、植被景观的自形成机制。

（二）湿地恢复与保育技术

我国湿地生态系统面临的主要问题有：水源不稳定；植物群落建群种少，结构简单。湿地面积萎缩、质量下降。在湿地保育研究中，主要内容有：①湿地植物资源调查和特征分析；②湿地生态功能观测（净化污染物能力、吸收重金属能力、蓄水能力、调节小气候的能力、维持生物多样性的能力等）；③湿地健康状况评价；④湿地生物修复技术（针对某种污染物或重金属的植物修复和微生物修复，选育该种或几种植物和微生物）。

完成野生植物及湿地资源监测体系等工程的建设，以及野生动物救护中心和水生野生动物保护中心的建设。开展动物"再引入"工程相关技术的研究，加强珍稀物种回归自然栖息环境的技术研究。在各类城市绿地的建设中，注重植物多样性配置，建立大面积、物种多样的人工绿地生态系统，加强对城市地区野生鸟类的保护，开展相关的基因工程方面的研究与应用。

三、生物多样性保护技术

根据山区、平原、城市的地理特点，区别各个地区相对独立的生态系统，制订实施针对性的生态保护和建设计划。完善围绕市区的绿化放射状系统，重视平原过渡地带的生态建设，初步形成城市中心与外部联系的自然及半自然的生态廊道。

抓好重点保护野生动植物保护和全市古树名木保护工作，结合保护区建设保护和恢复珍稀动植物栖息地。完成林业生物防治研究推广中心、野生植物及湿地资源监测体系、野生动植物检测中心等工程的建设，以及野生动物救护中心和水生野生动物保护中心的建设。开展动物"再引入"工程相关技术的研究，加强珍稀物种回归自然栖息环境的技术研究。恢复和建设妫水流域、温榆河、汉石桥等湿地保护区。在各类城市绿地的建设中，注重植物多样性配置，建立大面积、物种多样的人工绿地生态系统。加强城市地区野生鸟类的保护。建立野生动物救护中心、繁育中心，形成保护、救护、繁育一体化。维护生物多样性，改变造林绿化中树种少、结构单一、人工痕迹较强，与自然不够和谐的现象，提高绿化美化整体水平。增强林木管护和森林资源安全保障能力，特别是护林防火能力，确保森林资源的安全。

重点抓好以下几项工作：

①维持对周边和下游地区有价值的生态系统服务功能，提供环境的弹性，如保护土壤和流域，减少污染。

②保护天然环境中的动植物种群，保证它们的自然选择和进化的延续。

③保护典型的、有代表性的生态系统，如古典园林、寺庙、湿地等。

④保护迁徙性物种的重要停留地，防止人为破坏，如改变土地用途等。

⑤为那些扩散物种或在一些情况下在其他地区被可持续性捕获的物种，为其提供安全的繁殖地。

⑥保护动植物资源,为当地自然资源的可持续性利用提供机会。

⑦保护具有巨大潜在价值的基因资源的源泉。

在保护的同时,提倡使用当地物种:加强当地物种的可持续利用,加强当地物种的种源培育研究,发动民众采集和培育当地物种种子。建立入侵种预警系统:建立中国外来物种信息系统,在共享信息和经验的基础上建立全球信息系统,建立和更新最危险的入侵物种名录,并建立公约限制这些物种的扩散。对有可能产生巨大危害的物种如森林害虫、病菌等建立预测预报系统,并研究有效的防治措施。

第三节 现代林业生态建设中高新技术的应用

高新技术是最具生命力与广阔前景的科学技术领域,是林业可持续发展的科技源泉。在林业生态建设中应用的现代高新技术主要为生物技术、信息技术、新材料、综合技术等。

一、生物技术

生物技术是林业科技创新的重要领域,是21世纪高新技术的核心。在林业生态工程建设中发展潜力很大。林业生物技术研究的重点领域是:运用DNA重组技术、基因转移技术、植物再生技术、细胞工程与常规育种技术相结合等手段,在选育抗干旱、防风固沙、风沙治理、耐盐碱、抗污染、低耗水等优质、抗逆、生态适应性能好的新品种方面开展研究工作;加快林木品种改良的研究与开发。

1. "生物节水"技术

通过对植物水分生理和土壤、大气关系的研究,根据植物对水分的吸收、运转、消耗等过程的监测,真正按照植物对水分的需求定量供水,做到对水分的最大利用率。"植物水分活力测试仪"等仪器的成功研制初步解决了生物节水技术手段,开创了新的途径。

2. 生物制剂

生物制剂具有自然、环保等特征,在林业生态建设中具有广阔的应用前景,近年来,相关研究人员在生物农药(杀虫剂、杀菌剂)、菌根制剂、生物保鲜剂、生长调节剂、细菌病原菌及高效低毒杀虫剂、微生物制剂等方面进行了研究与开发,并取得了可喜的进展,如"菌根菌剂在针叶树育苗上的应用研究"等。

3. 新材料的研制

新材料的研制开发与应用是未来林业尤其是未来旱区城市林业研究的重要领域之一。其正在向功能型、复合型、智能型方向发展,在林业生态工程建设中应用前景广阔,为林业发展提供了重要的服务和支持。在缺水的北方城市,积极开发"成本低、投劳少、寿命短、维护保养易"的新材料更是当务之急。为了适应这一特点,近年来在城市林业生态建设中,营养袋、根宝、ABT生根粉、保水剂、地膜、"生态垫"等新材料不断得到了应用与推广。

二、信息技术

以计算机技术、"3S"技术、电子技术等为核心的信息技术在林业生态环境建设中具有极为重要的作用，为林业生产、林业管理、林业资源以及流通过程进行管理和服务提供了极大的帮助。

今后，随着社会经济的发展，城市建成区面积、人口数量、能源与资源消耗总量、机动车保有量、城市需水量、建设规模等影响环境质量的诸多因素将会有较大增长或维持在较高水平上，林业生态环境建设必须根据其自身的自然环境状况与社会发展趋势，着眼于全局、着眼于未来、科学规划、统筹安排，研究城市化推进对区域生态系统的胁迫效应、城市森林生态服务功能运转机制与评估方法，探讨森林生态服务功能的风险减缓措施和系统监测技术，探讨城市化进程中人类对林业需求的演变机制、人类活动胁迫下区域森林服务功能评价方法、城市森林服务功能监测与控制机理。

总之，在生态工程建设中，采取各种有效举措，一方面最大限度地运用已有的科学技术成果，提高生态工程建设的科技含量；另一方面针对工程建设中出现的新问题，加大科技投入力度，重点研究生态工程建设所需的新技术、新材料。依靠科学技术水平的提高从根本上改善城市的生态环境状况。

第七章 现代林业产业发展的关键技术

第一节 林产品发展的关键技术

一、安全林产品生产关键技术研究

（一）无公害、绿色和有机果品生产关键技术的研究

我国农业发展进入了新的阶段，农产品质量安全问题也逐渐成为农业发展的一个主要矛盾。农药、兽药、饲料添加剂、动植物激素等农资的使用为农业生产和农产品数量的增长发挥了积极的作用，与此同时也给农产品质量安全带来了隐患，加之环境污染等其他方面的原因，农产品污染问题也日渐突出。农产品因农药残留、兽药残留和其他有毒有害物质超标造成的餐桌污染和引发的中毒事件屡有发生。农产品安全问题的存在不仅是我国农业和农村经济结构调整的严重障碍，也直接影响到了我国农产品的出口和国际市场竞争力。一项城市居民的调查结果显示，在选购农产品时，人们考虑的首要因素就是安全无公害，有 43.7% 的被访者将其列为首要因素。而在城市居民今后消费农产品的趋势的调查中，有 92.6% 的被访者表示将更加注重安全、绿色和无公害。

农业部（现为中华人民共和国农业农村部，下同）已于 2002 年 7 月发布了全面推进"无公害食品行动计划"的实施意见，目标就是要通过健全体系，完善制度，对农产品质量安全实施全过程的监管，有效改善和提高我国农产品质量安全水平，力争用 5 年左右时间，基本实现食用农产品无公害生产，保障消费安全，质量安全指标达到发达国家或地区的中等水平。

1. 无公害、绿色果品生产技术

无公害果品，是指有营养、无公害、无污染、食用安全的果品。目前的果品生产水平还不能做到生产全过程脱离污染、不用一点化学产品的地步。只能要求通过园地选择、农药选择和先进技术的应用，把果品中有害于人体健康的残留物降到最低限度，使其符合国家无公害果品的卫生标准，从而保护消费者的健康。

而绿色果品是遵循可持续发展原则，按照特定生产方式生产，经专门机构认定，许可使用绿色食品标志商标的无污染的安全、优质果品。绿色食品的概念由我国政府最早提出，并根据我国的实际情况分为了 A 级和 AA 级两个技术等级，A 级绿色食品允许限量使用限定的化学合成生产资料，AA 级绿色食品在生产过程中不允许使用任何化学合成物质并排斥转基因食品，与国际有机食品标准接轨。果品很容易受到有毒有害物质的污染，有毒有害物质主要来自生产环境、生产过程和储运环节，绿色果品生产也主要从这三方面考虑，其中生产环节是主要部分，需要一套可行的技术体系做保障。

无公害、绿色果品生产关键技术应从如下几方面进行重点研究：

（1）果园主要病虫害发生规律研究。贯彻预防为主、综合防治的方针，以农业和物理防治为重点，提倡生物防治。研究果园主要病虫害发生规律，按照发生规律，做好病虫害预测预报和药效试验，提高防治效果。

（2）主要病虫害生物防治技术的研究。包括利用天敌防治、性诱剂防治及利用真菌、细菌、放射菌、病毒、线虫等有害微生物或其代谢产物进行综合防治的研究。

（3）有效防治果园主要病虫害的适宜植物源和矿物源农药的筛选。

（4）有效防治果园主要病虫害新型生物制剂的研制与开发。

（5）进行果品安全生产新型生物源肥料开发与应用。开发新型果品安全生产生物源肥料，既能保持或增加土壤肥力及土壤微生物活性，又不对果园环境和果实品质产生不良影响。

（6）安全果品标准化生产技术模式的开发与应用。从果树生长环境、果品生产过程到采后的储藏运输过程要形成严格的标准化程序。开发安全果品标准化生产技术模式，从基地选择、土肥水管理、使用、整形修剪及病虫害防治等各环节加强研究。

（7）果品采后无公害处理技术。

2. 有机果品生产技术体系研究

美国农业部对有机食品进行了定义：有机食品并非指食品本身，而是指生产过程。有机食品生产是一种有利于促进生态多样性、生物循环和土壤生物活性的生态型生产管理方式，在生产过程中要使用尽可能少的非天然生产资料，生产技术能够恢复、保持、促进生态平衡，降低疾病发生率，节约水源，保护土壤不被破坏。因此，进行有机果品生产的主要特征是：通过增加土壤有机质含量、提高土壤生物活性维持长期的土壤肥力；利用相对不溶性的营养物质，通过土壤微生物分解间接提供营养；利用豆科植物等生物固氮以及有机物（植物残体、厩肥）的氮素循环提供氮素营养；杂草、病虫害防治主要依靠轮作、天敌、生物多样性、生草、抗性品种等，以达到少用化学农药防治的目的；密切关注生产对环境的影响，保护野生动植物资源。由于有机果品生产在城市尚处在起步和探索阶段，需要着重加强研究的领域除了应包括无公害、绿色果品生产涉及的内容外，今后一定时期内还应主要进行如下研究：

（1）研制有机果品生产的技术规范和标准。
（2）有机果品产地环境（包括水、土壤和空气等）指标的监测技术。
（3）适宜进行有机果品生产的品种的筛选。
（4）增加土壤有机质含量、提高土壤生物活性维持长期的土壤肥力的技术。

（二）环保型花卉产品的生产技术研究

1. 环保花卉产品生产技术环节控制技术研究

目前，我国花卉生产中存在着大量的能源浪费现象，肥料、化肥的无控制使用，在获得商品花卉产品的同时，对环境造成了极大的污染，生产者、花卉消费者的健康被长期忽视了。伴随着人们环保意识的增强，花卉产品的安全生产、环保型花卉产品的生产将是我国花卉产业必须面对的挑战。因此，开展花卉栽培基质研究与开发、生物农药的研发、化肥施用种类与数量的控制研究、花卉产品药剂残留检测与控制研究等势在必行。

2. 环保型花卉标准指标体系及等级的研究

在充分调研中国花卉生产企业在花卉种植现状和正确认识花卉生产过程中对环境的影响的基础上，初步提出我国花卉环保指标体系。建立相应指标的数据库，划分适应中国环保花卉指标体系和等级。

（三）无铅高品质蜂胶生产技术研究

蜂胶是蜜蜂从胶源植物的芽苞或树干上采集的树脂，再混入其上颚腺分泌物和蜂蜡等形成的一种芳香味胶状固体。蜂胶含有 300 余种天然成分，由于各种成分中多种生物活性的协同作用，使蜂胶具有很强的抗菌、抗病毒、抗氧化、增强免疫、降血糖、降血脂、抗肿瘤等医疗保健功能。同时，蜂胶在用作食品防腐保鲜的抗氧化剂和防治畜禽疾病的饲料添加剂等方面也有很大作用。蜂胶对当今严重威胁人类健康的三大疾病心脑血管病、癌症、糖尿病具有较好的预防和治疗作用。许多国家早已形成了开发应用的热潮，国际市场上的蜂胶原料一直供不应求。如北京市胶源植物（杨树、松树等）种植面积广，蜂胶生产潜力大，但由于产胶蜂种未能推广，采胶工具落后，产品开发少，这一宝贵的资源一直未能很好开发。目前北京市 15 万群蜜蜂产胶只有 2 吨多（我国年蜂胶产量也仅有 250 吨），每群蜂产胶不到 15 克，并且，大部分只经简单加工后便作为廉价的原料进行出口，价格只及巴西产蜂胶的 1/5—1/4。而一些不合格的伪劣产品却趁机混迹市场。特别是近几年由于发达国家对我国含蜂蜜在内的有关农产品实行了"绿色壁垒"，使得蜂蜜出口严重受阻，这对北京市蜂业生产主要是以生产蜂蜜为主的产业结构形式造成了特大的挑战，广大蜂农急需找到蜂产品原料生产的新突破口，以增加收入成为我国蜂农新的收入增长点。

在世界范围内，各国对蜂胶已进行了近三四十年的广泛深入的研究，日本、德国、加拿大、巴西、新西兰、澳大利亚等国家曾不断掀起蜂胶应用热潮。不过，其主要集中在以蜂胶为原料应用上的研究，如在崇尚天然食品的日本，人们把蜂胶提取液直接加入食物中，作防病、强身之用。由于蜂胶具有独特的医疗保健作用，并被许多国家广泛应用。目前，国际市场上蜂胶原料供不应求，巴西原料蜂胶价值高达 260 美元 / 公斤，我国蜂胶原料由于质量等原因只有 15 美元 / 公斤。

传统的蜂胶生产方法比较落后，一方面，蜂胶一般不进行专业生产，大多取自蜂箱框梁和铁纱盖，其蜂胶含杂质多，铅等重金属含量也严重超标，对食用安全构成了威胁；另一方面由于不进行高产蜂胶蜂种的选育，产量很低。因此，根据近年国内外对蜂胶原料的大量需求及目前蜂胶生产的现状，研制开发新型、高效的无污染采胶器，并选育高产蜂胶蜂种，将对提高蜂胶质量和产量、促进蜂业的良性发展具有重要意义。

二、优质林产品生产关键技术研究

（一）优质果品生产关键技术研究

随着果业的发展，良种在生产中的重要性日益突出。同时，人们越来越认识到，只有良种良法配套，才能最大限度地发挥优良品种的特性和优势。进行以提高果品质量为目的、与优良品种配套的果树栽培技术研究是提升首都果树生产水平的必由之路，主要技术环节包括：

（1）城市主栽果树树种和品种适宜种植区域的区划。即根据"适地适树""适地适品种"的原则，充分发挥良种的特性，提高果实产量、品质和商品性能。

（2）优质树形和成龄大树树形改造技术。以提高树体光合利用效率、方便操作、节省用工、生产优质果品为目标，一方面要求研究机构提供树形改造生理生化理论依据，一方面建立示范果园，将成形技术及时推广。

（3）果树营养诊断与配方施肥技术。

（4）果树肥水混施技术研究。

（5）特色果树树种（品种）关键栽培技术的研究。

（6）果品及苗木质量安全标准的制定。

从苗木繁殖生产到果树栽培各个环节制定相应的技术标准体系，使果品安全生产尽快实现规范化、科学化。

（二）优质花卉、绿化苗木生产技术体系研究

（1）优质花卉、绿化苗木快速繁殖技术体系研究。包括：①木本花卉、绿化苗木的快速规模繁殖技术；②高档盆栽花卉组织快繁技术；③草坪草种繁殖生产技术。

（2）盆栽花卉商品化周年生产技术体系研究。包括：①专用栽培基质选择与配制研究；②环境因子与花期调控技术研究；③无土栽培技术及专用营养液研制；④温室生产病虫害防治技术研究。

（3）绿化苗木周年生产技术研究。包括：①工厂化育苗技术研究；②圃地管理技术体系研究；③露地栽培与设施栽培相结合的生产技术规程研究。

三、特色林产品加工关键技术研究

（一）果品加工关键技术研究

果品加工包括干果和鲜果两方面的内容。

1. 干果加工关键技术

我国山区面积较大，大部分地区土壤瘠薄干旱，板栗、核桃、仁用杏等作为抗旱耐瘠薄的经济林树种在山区有较广泛的分布，也在果树产业中占有重要地位，是带动山区农民致富奔小康的有效途径。近年，干果发展势头猛增，新种植面积达到了23.2万亩，其中板栗发展面积达15.9万亩；核桃近1.6万亩，仁用杏突破了6万亩。

从生产果品的定位及其效益考虑，果品加工将以干果为主。在政府规划或政策引导下，加工企业主要建立在干果集中生产区。为保证果农的增收和退耕还林的可持续性，政府应采取扶持政策，吸引企业或企业联合体从事干果加工，使干果尤其是退耕还林后规模化增长的干果的加工率达到90%左右。

干果加工关键技术研究主要针对的是干果产业发展中的一些问题，进行科技攻关，提升干果产业水平，促进和带动干果产业的可持续发展。主要进行：

（1）板栗加工关键技术研究。板栗是部分山区的支柱产业，产量较高，同时，随着大量板栗幼树逐步进入结果期和结果盛期，预计板栗产量在未来的10—15年内将达到4万—7.5万吨。我国板栗主要出口日本，近些年全国出口一直稳定在4万吨左右，外销栗绝大部分产自北京和河北。由于栗仁加工过程中极易发生褐变，如何解决这一问题一直是困扰我国栗加工业的难题，这一点严重地影响了板栗深加工的开展，也是我国栗加工品长期未能打入国外市场的重要原因之一。开展板栗加工防褐变关键技术、无害护色技术及机理研究，开发板栗系列食品，对打开国际市场，提高板栗产品附加值具有重要意义。

（2）核桃、杏仁加工关键技术研究。核桃、仁用杏在绝大多数郊区县都有较大规模的栽培，是传统的干果，而且近年来，在山区农业结构调整过程中，核桃、仁用杏种植面积都在持续扩大。另外由于核桃、仁用杏营养价值极高，随着人们生活质量的不断提高，

人们越来越注重饮食的营养保健功能，对核桃、仁用杏深加工产品产生了巨大的需求。如果我们不失时机地加大对核桃、仁用杏深加工产品的研究力度，进行核桃、仁用杏深加工产品的开发，提高产品的附加值，这将会对形成新的经济增长点有极大的推动作用，对脱贫致富也是极有好处的。因此，有必要开展加工关键技术研究，推动产业发展，提升产业水平。

2. 鲜果储藏保鲜及加工关键技术

鲜食果品包括大桃、梨、苹果、葡萄、樱桃、柿、杏、李、草莓等，其供应具有明显的时令性，一方面由于集中上市会导致生产相对过剩，另一方面由于果品自身特性和储藏技术手段的双重制约造成了采后果品的大量损失及难以实现长期供应。因此，需要着力进行果品无公害防腐保鲜技术研究、精深加工及工艺技术研究，使果品长期保鲜，加工增值。

（二）干燥花生产技术体系研究

①适宜地区栽培生产的干燥花种类筛选、配套栽培技术研究。

②干燥花采收期、采后生理变化规律研究。

③干燥花脱水、染色等处理技术体系研究。

（三）鲜切花、种球采后生理储运技术研究

①鲜切花（包括切花、切叶、切枝）采收最佳时期研究，采后观赏性状及生理指标标化变化规律研究。

②鲜切花（包括切花、切叶、切枝）储藏技术研究，不同材料储藏温度、湿度、CO_2等气体浓度、配套设施等研究。

③球根花卉种球采收技术研究，不同种球质量鉴定、等级划分技术标准研究。

④种球储藏技术及标准体系研究，包括常温储藏技术、低温储藏技术以及相应的标准体系研究。

（四）蜂胶黄酮的分离提取研究

蜂胶中有效成分的分离提取是蜂胶产品深加工和产业化发展的基础，目前蜂胶加工主要是把粗蜂胶通过除蜡、除杂、除铅等工序获得精致蜂胶，但对蜂胶功能成分黄酮类物质进行提取的研究还很少涉及。该技术就是通过大孔径树脂来提取蜂胶中功能基料——总黄酮。

通过对蜂胶黄酮的提取来获得功能基料，使功能因子得到富集，蜂胶中所含的生物活性最强的黄酮在提取物中大大增多，为蜂胶类产品深加工奠定了基础。蜂胶黄酮由芦丁、杨梅酮、桑色素、槲皮素、茨菲醇、芹菜素、松属素、柯因、高良姜素和其他一些黄酮组成，其中最具活性的是芦丁、杨梅酮、桑色素、槲皮素、茨菲醇、芹菜素、松属素等。蜂胶黄酮提取物除了总黄酮含量较高外，其高活性黄酮在总黄酮中的比例也大大提高了，从50%多提高到90%以上。蜂胶黄酮提取物可以成为开发功能产品很好的功能基料。

(五)森林资源剩余物综合利用技术

森林资源剩余物,主要包括帮助间伐材、小径材以及林木生长过程中产生的杂木、疏枝、由于气候因素而受损的林木,木材加工产生的剩余物,还有其他的木质资源剩余物等。要针对地区森林资源的特点和作用,结合国家高科技研究发展计划,通过优良的设计、优化工艺和采用适宜技术、新材料、新产品,改变加工方式,合理利用剩余资源,最大限度地提高资源、能源和原材料的利用率,积极促进资源的综合利用。

1. 生态垫关键技术研究

20世纪以来,固体废弃物的排放急剧增加,造成了很大的环境问题。据统计,中国1990年城市垃圾总产量为6900万吨。而随着我国经济的持续发展和人民生活水平的不断提高,城市生活垃圾的产量逐年增加,年均增长率接近9%。如何有效地处理这些城市垃圾,使之资源化、减量化和无害化(即"三化"),成了当前世界各国十分关注的课题。

固体废弃物中包括大量的废弃木材、纸张、毛纺织厂的废纤维等,这些废弃物经过无公害处理后,可以变废为宝,生产生态垫。这种生态垫的主要原料由植物纤维覆盖物、保水剂、黏合剂等组成。植物纤维覆盖物的原料是废弃的木质材料、废纸板、旧报纸、稻秸、芦苇、麦秸等废弃物,加工成不同细度的纤维后,与其他功能性营养物质混合,可形成植物种子生长所必需的初级生态环境。保水剂是辅助植物灌溉的"水库",周围水分多时,它能吸收数倍于自己重量的水分,环境干燥时,它则会释放容留的水分。

这种"生态垫",不但原料来源广泛,如森林采伐中的间伐材、枝丫材、木材加工剩余物、废弃物、树皮、灌木等木质纤维素基材料均可使用,而且还具有生物降解,改良土壤的作用,其可通过增加土壤有机质吸收养分含量、提高土壤持水能力,可广泛用于沙地覆盖、山坡绿化、困难立地造林等。延庆玉渡山项目区引进了马来西亚生态垫用作新修道路边坡的快速固定和绿化材料,结合乔、冠、草、藤等综合的植被恢复措施,在40°以上的陡坡地段累计铺设生态垫15万平方米,不但取得了非常好的水土保持效果,而且绿化效果非常显著,林草植被的成活率都在95%以上。

2. 木材液化关键技术研究

由于受到加工工艺和经济条件的限制,我国的木材产品精加工、深加工很少,仍有大量的木材未得到充分的利用,如大量的间伐材、森林抚育材、木材加工剩余物、灌木、农业剩余物等,造成了很大的资源浪费。这些材料的主要化学成分与普通木材类似,主要包括纤维素、半纤维素和木质素,因此开发利用好这类资源,对于缓解木材供需矛盾、环境压力以及节约森林资源具有十分重要的意义。

木材液化是在一定条件下,将木质材料与苯酚、多元醇等多种溶剂进行反应,使木材转化为类似液体的黏稠状流体——液化木。通过液化方式将固态木材大分子降解成具有反应活性的液态小分子,转化成新的高分子材料,尤其是具有生物降解功能的高分子材料,其是近年来木材综合利用技术新开辟的研究领域,具有广泛的应用前景。木材液化基本实现了木材的全利用，为解决我国人工林木材资源的充分利用提供了一条新途径。

木材液化技术应用领域广泛，加工工艺并不复杂，适合推广，产业化前景明晰。原料来源广泛，价格便宜，森林采伐中的枝丫、梢头、造材截头、抚育采伐的间伐材、次小薪材、残次林改造的非规格材，木材加工剩余物、树皮、灌木等木质纤维素基材料均可使用。木材的液化物可以制备成多种树脂、模具、发泡材料和纤维、碳纤维等。这些产品具有生物分解性、光分解性，是环境材料。无论从生态、社会效益，还是从经济效益预测，木材液化技术都具有良好的市场潜力和市场推广前景。

总之，开发以木材废弃物为原料的木材液化关键技术研究不仅可以充分发挥我国的植物资源优势，开辟废弃植物纤维利用的新途径，提高木材的综合利用率，还可以充分利用木材的可生物降解性，生产环境友好产品，以较好地解决环境污染问题。

（六）木质结构建筑材料关键技术研究

2003年我国国家建设部和国家质量监督检验检疫总局（现为国家市场监督检验检疫总局，下同）联合发布了《木结构工程施工质量验收规范（GB50206—2002）》和《木结构设计规范（GB50005—2003）》，并先后于2003年和2004年1月1日实施，为我国木结构建筑的建造提供了法定的文件。

结合我国林业的实际情况，一方面我国需要非常多的建筑材料，另一方面我国的木材十分有限，而人造板工业的原料主要是速生人工林、小径材、枝丫材、加工剩余物等。因此，应该大力发展建筑结构用单板层积材和木质资源的综合利用技术研究。

1. 强化单板层积材（LVL）制造技术

单板层积材（LVL），是用旋切之后的单板、数层顺纹组坯、低压胶合面成的一种结构材料。由于全部顺纹组坯胶合，故又称为平行合板。在拼接前可对单板和各种缺陷，如节子、裂纹、腐朽等进行修补或去除。成板厚度一般可达到18—75毫米，长度可以不受限制，原木径级在250毫米左右的速生小径木和间伐材都可用来做单板层积材的原料。

由于单板层积材不受原木径级、长短和等级限制，它可以用径级较小，长度短而不能加工的原木，缺陷多但可以旋切的原木，通过剪切和接长的方法，生产出任意长度和大小的材料。其出材率比成材出材率高出一倍以上。

单板层积材（LVL）不仅保留了木材的天然特性，还具有实木锯材没有的结构特点，强度变异性小、许用设计应力高、尺寸稳定性好。非常适于建筑上的承重结构场合，在建筑上，单板层积材可制成长度超过20米的建筑构件，以用于建筑托梁、内部墙壁支柱和门窗框、楼梯扶手等部件。另外，还可用于建筑内装修（铺地板、门窗材料）、家具、汽车和火车车厢板、集装箱板、体育器材底板（滑板、乒乓球拍板、保龄球地板）等方面，应用范围广泛。例如，杨木人工林由于密度小、材质较差、强度低、节子多，其实木不适宜做结构材，但是经过旋切、干燥、胶合、组坯、热压等过程可加工成单板层积材，这是一种优良的结构用材，可广泛用于建筑、家具、门窗等。

2. 定向刨花板（OSB）制造技术

随着森林覆盖率的提高，林业间伐材、主伐剩余物以及其他木质资源剩余物的量越来越多，如何综合利用这些木质资源及其剩余物，使其创造出更高的经济价值，从而促进林业产业的发展，是一个极其重要的问题。

我国森林资源贫乏，木材及其制品供需矛盾十分突出，因此，迫切需要通过综合利用，大力发展人造板和造纸工业以适应市场的需要。由于胶合板的发展受到了原材料的制约，纤维板又受到了水资源的限制，因此，人造板工业的产品应优先发展刨花板（含定向刨花板）制造业等。另外，刨花板比中密度纤维板投资少、成本低并且节约能源，原料消耗少、污染小，发展刨花板更符合经济发展实际。定向刨花板是以杨树等速生人工林的木屑或枝丫材以及加工剩余物等制成的板材产品，在建筑中主要用于屋顶、墙壁和楼面覆盖层，还可用于横隔墙和剪力墙的结构。有些特色产品专门用于护墙板及混凝土模件。定向刨花板还可以用作某些预制木制工字型格栅的腹杆材料。

近年来，房地产开发投资连年上升，使得庞大的建材市场和家具制造业对板材的需求越来越大。定向刨花板在建筑中主要用于屋顶、墙壁和楼面覆盖层，同时也可用在横隔墙和剪力墙的结构上。有些特色产品专门用于护墙板及混凝土模件中。定向刨花板还可以用作某些预制木制工字型格栅的腹杆材料。用于建筑方面时，可做地板材料、墙板材料、天花板和壁板等，以及厨房、壁橱的内部装饰材料。

此外，普通刨花板还可以用在火车、汽车、船舶和内部装修及包装等中。刨花板作为家具部件可以利用单板、薄木片、浸渍纸、装饰纸等贴面，板边、板端可用木条或塑料等封边，或后成型封边，这些刨花板经过装饰处理后，可以用在各种家具的部件上。

四、果品采后营销体系建设

果品采后营销体系建设是包括以果品储藏加工采后处理和流通为一体的，由规模化经营企业牵头，从栽培品种、栽培技术、病虫害防治、采收、采后处理、销售，到消费者消费全过程的科学、高效服务链体系建设。主要研究和建设内容有：

（一）果实采后处理

主要是引进国外先进的果实清洗、分级和包装设备，并进行消化和研制，并推广国产设备，使果品能够得到最大限度的商品化处理。

（二）果品的储运保鲜

在果品营销市场体系建成后，果品的冷藏保鲜率应由现在的5.2%增加到30%以上。果品的储藏将以冷藏库、气调库、小型机械冷库为主。

（三）构建果品市场信息应用系统

针对市场信息基础薄弱，应用系统不健全的状况，当前的重点应是构建果品市场监测预警、市场与科技服务系统。主要是通过数据采集、分析、会商、发布等系统平台的建设，完成数据集成、警情确认和信息发布工作，实现对这些产品生产、需求、价格、进出口贸易等信息的动态监测预警，为政府决策提供依据，适时向公众发布信息，引导生产经营者及时采取措施规避市场风险。通过及时采集、处理、分析和发布市场供求与价格、实用技术等信息，为农户和企业服务，引导生产和经营。

五、林产品生产专家决策支持系统

信息化技术是 21 世纪高新技术应用于农林业生产的关键技术之一，近 20 年来在世界各国得以迅速发展。专家系统作为信息技术的一个重要组成部分，它是信息技术发展的突破口，对林业发展有着深远的影响。信息技术和数字化建设给现代林业赋予了崭新的内涵，也给生产和管理带来了深远的影响，而这些又会使现代林业科技研究面临全新的课题。

专家决策支持系统是模拟专家解决某领域专门问题的程序系统，是利用计算机模拟人脑从事推理、规划、设计、思考和学习等思维活动，解决专家才能解决的复杂问题。专家系统所处理的问题一般是定性的带有经验性的问题，所以由专家系统所构筑的决策支持系统主要解决的是决策过程中的非结构问题。20 世纪 80 年代末，专家决策支持系统引起了世界上发达国家的关注，到 90 年代初期，又有了进一步的发展，形成了以知识库系统或以专家系统支持为主的智能化的专家决策支持系统。近年来，随着地理信息系统的广泛应用，决策支持系统的研制开始向更深层次的方向发展。这些决策支持系统的涌现促进了农林业现代化的发展。

林产品生产专家支持系统的研究就是在国内外同类研究的基础上，以高产、优质、高效为目的，将高产经验和专家经验、模式化栽培及计算机模拟和人工智能的理论与方法等融合在一起，在大量的田间试验和生产示范的信息反馈基础上进行建立的系统研究。系统由辅助功能、数据库管理、模拟与决策、多媒体系统、病虫害防治及经济效益分析等功能子系统组成。

第二节 林种选育与资源开发

一、现代林业发展的品种选育

（一）特异果树资源收集与评价

种质资源研究是果树育种研究的基础和核心，未来的育种竞争实质上是资源与技术的竞争。近年来，由于果品种植和流通的国际化，国际上对果树种质资源的搜集、利用越来越重视。因此，要使果树育种不断有新的突破，就必须掌握优异的原始资源材料，引进和收集特色种质资源，内容包括：

（1）收集和评价特异果树资源，建设特色果树树种优异种质资源圃。

（2）引进和筛选适宜地区生态条件生长的果树。

（3）针对地区自然环境和果树生长对环境条件要求的特点，深入开展仁果类（苹果和梨等），核果类（桃、杏、李、樱桃），浆果类（葡萄、草莓和树莓等），干果类（柿、扁桃和榛子等）及有发展潜力的特异果树新品种的引种工作，并进行评价和利用。

（二）果树种质创新和新品种选育

通过实生和芽变选种，以及通过常规杂交、分子辅助、转基因等手段，开展提高果树果实品质和抗性（抗病虫和抗逆境）种质创新的研究，主要包括以下几方面的内容：

1. 实生选种与芽变选种

许多果树树种原产于我国，在我国有相当长的栽培历史，而且历史上许多树种多年来均采用的是实生繁殖（如板栗和核桃）技术。经过筛选后，目前虽然选出了若干板栗、核桃优良品种（品系），同时也应用筛选出的优良品种进行了实生树改接，但是生产上仍有大约50%的板栗树是实生树，90%以上的核桃树是实生树。一些树种历史上虽然采用嫁接技术进行了繁殖，但导致的结果常常是，被选出的优系不出村（户）而形成了众多的地方农家品种（品系）。因此，进一步开展调查和筛选生产上需要的优质品种和特异品系工作是十分必要的。另外，虽然果树优良品种的优良性状经过无性繁殖相对较为稳定，但是，由于其多年在露地栽培条件下容易受到辐射等外界条件的影响，自然条件下果树芽容易发生突变，这也为果树芽变选种提供了良好条件。

2. 杂交育种（包括远缘杂交育种）

常规杂交育种仍是解决当前生产上急需品种的主要途径。应该进一步加大以提高果品质量和以抗性为目的的果树杂交育种的研究力度。同时，近几年利用胚培养、体细胞工程育种和转基因等生物技术进行辅助育种的研究取得了较大的进展和成效，已经选育出了一批优良品种（品系）。应用分子生物学技术开展杂交苗早期鉴定工作也取得了明显进展，因此应该继续加大以上领域的研究工作力度，以便提高育种效率，为生产提供更优的新品种。

果树育种应以选育优质、丰产、抗病、耐储运、适宜加工及抗性砧木为主要目标，具体到某一树种的育种目标为，应根据不同果树树种的特点和市场的需要进行制定。

（三）花卉种质创新与新品种选育

利用诱变、倍性育种和基因工程等生物技术，结合航天育种技术等进行品种改良，同时与杂交育种和杂种优势利用相结合，提高性状控制效率、缩短育种年限、节约育种空间、加速新品种育种。

1. 乡土草坪草和地被植物品种的选育

乡土植被中的很多种类均具有理想的坪用性状，可以作为草坪、地被植物加以开发利用。野生乡土地被、草坪草资源对当地的自然条件有着良好的适应性，对其进行合理的开发和利用对城市绿化的发展具有十分深远的意义。目前对野生观赏草种的生境特性研究、适应性机理研究，以及对利用野生资源进行城市绿化的研究依然是一个空白。

2. 传统名贵花卉新种质创新技术研究

主要包括牡丹盆栽专用品种、专用切花品种的选育；菊花切花品种的选育；月季切花品种的培育等。中国是众多世界名花的故乡，中华花卉文化底蕴深厚，传统名花的种质创新和新品种的培育、应用在形成具有中国自主知识产权的同时，还宣传了中华花卉文化、促进了中国传统名花国际化，因此具有不可估量的科学价值、时代意义和民族意义。

3. 野生花卉、宿根花卉的品种改良

野生花卉、宿根花卉的应用一方面可以丰富城市绿地的类型和绿化手法，另一方面通过品种改良和育种研究，可以充分发挥野生花卉的优良种性，在干燥花、盆栽花卉、鲜切花等方面可以形成城市的特色。

4. 夏秋季开花绿化树种新品种的培育

城市绿化树种的观赏价值主要体现在春季，从 3 月开始至 5 月底，这一期间内具有较高观赏价值的开花树种较多，而夏季除月季、紫薇、合欢、木槿等少数种类可以供人们观赏其花朵外，绝大多数植物种类对城市绿化美化的建设贡献主要体现在"绿荫"上，而秋季"红叶"景观又驰名中外。因此，把以观花为主要目的的夏秋季绿化树种的培育作为重点定向培育方向之一是实现城市"四季常绿，三季赏花"的重要保障和措施。

（四）抗高产蜂种的选育技术研究

蜜蜂蜂螨是多年困扰养蜂生产的顽疾。随着蜂群的发展，蜂螨越来越多，而蜂螨是以蜜蜂体液为营养的，这样就严重地影响了蜜蜂的健康和蜂群的发展，极大地限制了蜂产品的产量和质量的提高，阻碍了我国养蜂业的发展。为减轻螨害，几十年来，我国的蜜蜂保护工作者已研制和筛选出了多种治螨药物，并收到了显著的防治效果。然而，药物防止无法根治蜂螨。加入WTO后，发达国家设立的种种非关税政策壁垒对我国蜂产品出口贸易造成了巨大冲击，最为突出的就是欧盟以氯霉素等抗生素超标为由禁止我国蜂蜜出口，目前已波及美、日等国。为了改变这种被动局面，根本解决方法是从蜜蜂品种自身的抗螨、抗药性入手，避免药物污染等问题，尽快培育出抗螨抗病蜂种，以确保蜂业生产健康稳定地发展。

开展本研究的总体路线是以行为抗螨选育为主，对蜂群的有效抗螨能力、蜂螨及其所寄主的蜜蜂间的遗传相关性进行分析，确定蜂螨的主要种类、了解其分布状况以及同寄主的相互关系。通过组织多个蜂场承担中试（生产鉴定）任务，考察抗螨蜂种的抗螨及生产性能。研究内容包括：

1. 育种素材的选定

抗螨蜂蜜的高产育种主要考虑的是抗螨能力和蜂蜜产量，即主要考虑的是蜂群中的寄生率和蜂群的采集能力。鉴于在已知的西方蜜蜂育种素材中，螨的寄生率和蜂群的采集能力表现差异较大，有的蜂群表现出了双优的特性，有的是螨的寄生率较低而采集能力稍差，有的则是采集能力强而螨的寄生率高，为使育成的新蜂种兼有抗螨能力和蜂蜜高产两大特点，在现有的技术条件下，只有通过培育抗螨品系的手段才有可能达到目的。

2. 行为抗螨的测定

（1）清洁行为。清洁行为指的是蜂群清除患病幼虫和蛹的能力。清洁行为强的蜂群可随时清除被蜂螨寄生的蜂蛹，有效地控制蜂螨在蛹房里的寄生密度，从而降低蜂群中螨的寄生率。根据这一特点，我们在每年5—9月的蜂群繁殖期，可以通过人为杀死蜂蛹（用大头针扎死蜂盖蛹）的方法，统计蜂群清理死蛹的数目，从而评价清洁行为能力。

（2）清理行为。清理行为是蜂群清理成年蜂群体上的寄生的蜂螨的能力。蜂群一般靠咬伤或咬死蜂螨来减少蜂群中螨的寄生率。根据这一特点，我们在蜂群繁殖期，可通过记录受试蜂群的自然落螨数和镜检蜂螨的受伤情况和数目，评价蜂群的清理行为能力。

（3）基因库的建立和种群的繁育和保存。以各地选育出的最佳抗螨蜂群为素材建立基因库，在各蜂种内以混精人工授精的方式，为种群蜂王授精，繁育和保存抗螨蜂群及蜂蜜高产蜂群。同时采用非冷冻保存法储存最佳蜂群的雄蜂精液，建立精子库。

（4）中试（生产鉴定）。组织多个蜂场承担培育蜂种的中试（生产鉴定）任务，通过向有关蜂场提供种王、正对照组蜂王，以当地意蜂为对照，考察抗螨蜂种在当地的抗螨能力及生产性能。

（五）适宜城市化建设林业树种（品种）的选育

绿化树种的选择和培育是城市绿化生态功能和城市多样化景观的基础，也是城市园林绿化水平的重要标志。随着城市现代化、国际化进程的迅速发展，城市建设需要更多的新优树种来改善、美化环境。城市特点决定了森林发展不再是单一功能的防护林、用材林、经济林或薪炭林，而必须具有多种功能。这就要求大多数森林要在对其主导功能方面有所侧重的基础上发挥多种功能：第一是环境功能；第二是美化环境、风景游憩、休闲度假功能；第三是生产功能。树种选择要遵循"适地适树"原则、生物多样性原则和"以乡土树种为主，引种为辅"原则。

树种的选育工作应从常规选种育种入手，注重单株选优及芽变的选择，这也是世界上一些园艺水准较高的国家培育新型植物品种的成功经验。例如，原产于我国的藤本植物地锦，在城市中适应性极强，是垂直绿化的重要材料。引入国外后，经过多年人工选育，现已发展了60多个品种，适应性更加广泛，观赏性状也在不断提高。在利用常规育种手段的同时，积极引进高新技术，在细胞工程领域进行探索，开展转基因技术的应用研究，为进一步满足城市绿化要求，增强树种适应性进行有益的尝试。

1. 种质资源收集、保存、评价和利用

林木种质资源是林木遗传育种和发展林业生产的物质基础，是营林生产、林木良种选育、实现林木良种化和保持生物多样性的重要基础。合理地利用种质资源，为建立种子园、母树林、采种基地、良种基地提供材料来源，为加速林木遗传改良进程，提高林木良种使用率和基地供种率奠定坚实基础。为加快林业产业的发展，可以是收集针叶树种、阔叶树种、经济树种、灌木树种及外来树种，从中选育出适合城市生长的优良品种进行评价利用。

2. 优良乡土树种恢复及利用

有些乡土树种由于缺乏保护，又没有采取有效的恢复及扩繁措施，因此在城市逐渐消失乃至灭绝，而另外一些乡土树种由于种苗来源少，或其繁育技术没有过关，因此一直没有得到应有的重视，未能发挥它们的生态防护功能及优势。通过项目的实施，可以最终实现恢复、发展优良乡土树种，推进林木良种选育和改良进程，确保林业重点工程造林优质种苗供应，实现质量标准化、造林良种化的目标。主要研究的技术包括：扦插技术研究、播种育苗技术研究、其他配套繁殖技术研究、种子储藏方法研究、越冬方法研究等。

3. 外来树种评价及利用

做好外来树种的评价工作，观察引进外来树种的生长表现、适应性、侵害性、安全等级以及扩散能力，建立外来树种的评价体系，筛选优良的适宜地区推广的优良树种，发挥它们在造林绿化中的作用，同时也能为今后我国的引种提供科学指导，避免盲目引种造成更大的损失。

4. 容器育苗技术

采用树叶、树枝、秸秆等废料配置复合型基质，研究适合播种育苗、嫩枝扦插和硬枝扦插的三个无土轻基质容器育苗基质配方，实现育苗无土轻基质技术的国产化。

5. 采种基地"种子高产丰产技术"

（1）通过疏伐、抚育、病虫害防治等管理措施，增强采种亩树树势，促进母树生长发育，提高种子产量和质量，尽量消除结实大小年现象。同时，对母树周边的其他林分进行抚育管理，增强采种基地林分生态稳定性，确保采种林生态系统的稳定性。

（2）通过调查，筛选生长优良的单株，开展采种母树选优活动，以提高采种基地种子的产量和质量。

二、现代林业发展中的资源开发

（一）森林旅游可持续发展研究

森林旅游业的可持续发展取决于供方市场、需方市场和中间市场的协调发展。供方市场是森林旅游业的主营方面。为实现森林旅游的可持续发展，供方必须做到：

1. 要以市场为导向

首先做好森林旅游业的市场调查和评估，然后根据相关地区的经济发展状况，预测旅游市场的潜力，通过信息渠道，采取各种有效手段，开展宣传促销活动。

2. 要以资源优势为基础，科学开发利用

要在全面深入地调查研究的基础上，对旅游资源进行科学的评估，制定出开发森林旅游、建设景区、景点的总体规划和设计方案。基本原则是要以保护山野资源、保护生态环境不受破坏为前提，以满足广大游人向往山野风光、渴望回归自然的愿望为目标，在建设风格上充分展现山川秀美的自然景色和独特的民俗民风。必要时适当增设一些人文景观，用以吸引游人。

3. 要以为广大游人服务为宗旨，搞好基础设施和服务体系建设

供方要进行民意调查，了解群众需求，因地制宜地完善旅游业的基础设施建设。要搞好综合服务，建立健全各项制度，培训工作人员，提高服务质量，保证游人安全。为更好地吸引游客，还必须根据本地区的风土民情和景区、景点的特点，大力开发有乡土特色的旅游产品、纪念品。这些产品要具有休闲、观赏、科研、探险、生态绿地、娱乐参与等多种旅游功能。

需方市场是游人，游人是森林旅游业的主人。要详细调查客源的各种组成、条件和需求，一切从游客的需要出发，满足各种不同的需要，尽量多的吸入客源。

中间市场是森林旅游业的保障体系。要以政策、资金、技术为依托，加强科学管理，推动森林旅游业的可持续发展。

（二）休闲观光果园发展模式

林业作为一种自然资源，它不仅能为社会提供木材和林副产品，还具有多种功能，尤其在防止污染、保护和化环境方面具有突出作用。但是，目前世界各国林业资源正日趋减少，人类的生存环境受到了威胁。面对这种情况，各国的林业工作者正在积极努力，一方面采取措施大力保护森林，另一方面建立人工生态群落并结合林业环境开展旅游项目。林业观光园是21世纪生态园林绿化发展的方向，是一种新的园林形式。现代园林的发展方

向是将园林和生态有机结合起来,即向生态园林方向发展,园林已开始从城市向城郊和乡村蔓延,真正朝着大地园林化的目标迈进。这种趋势可极大地促进园林绿化进程,对提高我国森林覆盖率,改善生态环境,保护我们赖以生存的地球具有重要意义。

20世纪末,随着林业结构调整和招商引资力度的加大,我国农村各地特别是城郊地区,出现了以满足都市居民休闲、观光、度假为目的的"农家乐",建成了一定面积的高科技林业示范园区,在这些园区内大多栽植一些优良园艺品种和新潮花木,在绿化设计和道路规划方面,也效仿城市园林和风景区进行规划和建设。有的还设立了园林小品和其他娱乐设施,除了生产以外,还供人们参观游览,满足了人们赏奇的愿望,这就是林业观光园的雏形。

城镇居民面对着日益恶化的生态环境,纷纷开始向往回归自然。如今,每逢周末和假日,城里人都会不约而同地去寻找绿色空间和清新的娱乐场所,去领略和感受大自然,从而获得长时间工作后的放松。由此,林业、园林与旅游部门很自然地结合了起来,形成了独具特色的生态园林形式,不仅可绿化城郊,调节市民心态,丰富居民的文化生活,使人们热爱大自然,提高研究大自然的科学兴趣,还为中小学生的社会实践提供了第二课堂。

休闲观光果园发展模式和类型如下所示:

1. 观光果园

以生产果品、时令采摘等为主营项目,让游人参与生产、管理和收获等活动,并可欣赏、购买、品尝国内生产的品种。

2. 休闲果园

把林业生产、林业产品销售以及旅游、休闲娱乐和园林结合在一起,在食宿、购物、会议、娱乐设施等方面构成一个整体,注重人文资源和历史资源的开发,这是一种综合林业观光园。

3. 教育观光果园

既兼顾了果树生产、林业科普,又兼顾了园林和旅游的园区。园内植物类别的先进性、代表性及形态特征和造型特点等不仅能对游园者进行科普知识教育活动,还能展示科学技术是第一生产力的实景。

第八章

实现现代林业发展战略的保障体系

保障体系指保证实现战略目标的支持系统。研究新时期加快林业发展的新的保障体系,就是要围绕新时期林业的战略目标,探讨如何与时俱进,开拓创新,改革和调整生产关系,使其适应生产力的性质和发展要求,形成健全、稳定、庞大的支持保障体系,保证、推动和促进林业的发展。本研究以可持续发展为终极目标,认为要围绕"生态建设、生态安全、生态文明",实施森林可持续经营的总体战略,构筑强大、稳固、健全的保障体系,由林业大国向林业强国迈进。对此,要创建和完善领导和组织管理体系、资源配置体系、规范有序的经营体系、科教支撑和人力资源保障体系、健全完备的法制体系、与国际接轨的新型合作交流体系等六大体系,建立以国家公共财政投入为主的机制、结构合理的信贷投入机制、多渠道资本市场融资机制、广泛的民间投入机制、全方位的国外融资机制等新机制,重点解决当前存在的实际问题和亟待解决的重大政策问题,同时加快制定林业结构调整政策、山区林业综合开发政策等具有可操作性的政策与措施,深化产权制度、分类经营制度、资源管理制度等改革,为实现新世纪林业跨越式发展打下牢固的基础和提供强大的保障。

第一节 建立长期稳定的资源配置体系

保障和促进林业的发展,最关键的是要建立林业在市场经济体制下取得各种资源的配置系统,以促使各种要素向林业流动。要从国家对林业的资金、物资等的投入和经济调控政策的分析入手,从国民经济宏观调控的角度研究政府加大林业投入和资源配置的新思路,建立长期稳定的国家支持林业和生态建设的资源配置体系。

一、资源配置体系建立中的宏观问题解读

（一）发展林业和加强生态建设与激活内需关系巨大

当前国民经济告别了短缺，买方市场已初步形成，经济运行矛盾的主要方面由商品供不应求逐渐变为了增加有效需求，为加强林业与生态环境建设提供了千载难逢的机遇。内需不足，主要是最终消费需求不足，尤其是农民的最终消费需求不足，关键在于发展林业和加强生态建设，只有这样才能壮大农村经济，增加农民收入。在消费、投资、出口三大需求中，消费需求对经济增长的贡献份额，即边际消费率，从"六五"期间的67%，降到了"七五"期间的58.7%和"八五"期间的56.4%。但从前20年的长期趋势可以看到，最终消费在积极的财政政策经济增长中的贡献份额的下降并不是城镇居民造成的，城镇居民消费对经济增长的贡献份额20年来基本持平。导致最终消费份额下降的主要原因是农村居民消费份额的大幅度下降。农村居民消费对经济增长的贡献份额在整个20世纪80年代时基本在35%上下波动，90年代以后，降到了20%左右，减少了15个百分点。如果把城乡人民消费作为100，农村居民消费已从1979年的68%降到了1997年的47%，城市居民消费则从32%提高到了53%。社会消费品零售额城乡分布的变化也表明了这样一种趋势，乡村所占比重，1978年是52%，1984年达到了最高的59%，之后就直线下滑，1997年已降到了43.4%。最终消费需求是我国经济持续快速增的关键，增加农民的消费需求则是保证最终消费需求增长的关键。消费品市场没有全面激活，不仅会影响企业经营和经济的增长速度，还会影响投资和城乡发展。这种情况显示，开拓市场，扩大内需不能仅限于即时的最终消费品需求，还要开拓长期性的建设需求。林业和生态环境有显著的长期性需求，所以隐含着激活内需的巨大潜力。

加入WTO前，我国农业实行了战略性结构调整，东部地区缩小粮食种植面积向发展经济作物方向调整，由此提高了东部地区农民的收入。但中部地区发展粮食生产具有区域优势，如果提高种植业的科技含量，就可增加2000万吨的粮食生产能力，通过供应东部地区，既可以弥补调减粮食的缺口，又可使中部地区的农民增加收入。因此农业战略性结构调整政策初见成效。但是，加入WTO后，情况发生了很大的变化。根据我国的承诺，在5年的过渡期内，我们将每年从国外进口谷物、大豆和油，折合成粮食即为，一般年份在2000万吨左右，高的年份达4000万吨之多。显然，这些都严重冲击了我们的国内粮食市场需求，这不仅缩减了我们前几年的战略性结构调整的成果，还给从事种植业的农民的生存和就业造成了巨大的困难。据不完全统计，种植业的农民不仅收入大量下降，还将失掉2500万个就业机会，所以，扩大需求，刺激消费，今后的形势将更加严峻。农业战略性结构调整要寻找新的发展途径，林业和生态环境建设可以提高农民的就业、增加收入和消费能力。应当说，加速林业与生态环境综合治理和基础设施建设等，既是当前扩大内需，发展绿色产业，治理荒漠化与环境污染，转移种植业的农村劳动力，扩大数千亿吨过

剩粮食和数百亿元的过剩工业品的消费，增加绿色 GDP 的重要要求，又是能带动关键产业，使国民经济保持一定增长速度的关键一环，还是经济发展步入买方市场阶段提出的新要求。

（二）国家对林业和生态环境"索取"多"给予"少

新中国成立以来，国家为了加快社会主义建设，选择了二元结构发展战略，造成了一定的城乡差距。

近些年来，国家实行了积极的财政政策，到目前为止，对拉动城市经济的效果较为明显，而对农村经济的拉动效果则不能令人满意。造成这一问题的原因在于积极的财政政策筹集的国债资金用于农村发展的部分相对较少，因此，目前的政策导向存在着进一步强化我国经济中已有的二元结构的倾向。如果没有新的措施，这种趋势还会持续下去，这将造成城乡居民收入差距的进一步扩大，进而使得城乡居民消费的差距继续扩大。目前城乡两个消费品市场的增长速度已经出现了越来越大的差距。这种状况长期不能得到改善，将不仅会造成经济结构的问题，还有可能会产生某些社会问题。在国家投入中，林业和生态环境投入严重不足，其表现为以下几点。

1. 国家基本建设

一是投入主体不稳定。由于生态建设是一项长久的建设工程，其建设资金必须有长期稳定的投资渠道作保障，而从长远发展来看，国债资金由其资金性质决定了其难以承担此项重任。按照公共财政理论，林业生态建设属于公共产品，因此，其稳定的投资渠道应由国家公共财政来解决。二是投资相对下降。根据各时期林业基本建设投资分析，我国林业基本建设投资增长速度较快，快于大部分农业基本建设投资增长速度，与国家基本建设投资增长速度基本持平，但在国家基本建设投资中的份额却逐年下降，投资总体水平显低。三是营林、森工投资结构处于波动状态。营林和森工建设是林业行业两大体系建设的主要内容。从林业基本建设投资情况来看，"六五"（含"六五"期间）以前，林业投入过分偏重于森工，而对营林投入明显不足。"七五"和"八五"期间，森工、营林投入大体相当。"九五"期间为弥补过去长期对营林的投入不足，大幅度增加了对营林的投入（营林投入达 83.56%），但从两大体系长远建设来看，对林业产业的投入（含森工投入）也应不低于一定的水平。

2. 中央财政资金投入

目前的专项经费项目较多，但资金量极小，难以解决其他面上专项经费的需求。森林病虫害防治、森林防火均为保护森林、提高林分质量、加强森林宏观经营管理所必需的。其经费支出应纳入国家公共财政体系，这是政府应当承担的责任。从中央级事业费投入情况看，以往的财政投入虽然在总量上有一定的增加，但是，结合林业事业发展的需要就可以发现，现有的总量水平仍不能满足需求，同时，像许多由生态公益型国有林场、野生动植物资源保护、森林公园建设、林业工作站、木材检查站、科技推广机构或人员绝大多数都在编外,形成了严重的缺位现象。即使有些项目纳入了财政预算,也不是正规的事业费项目,而是非经常性项目,渠道很不稳定。

3. 财政贴息

一是财政贴息政策缺乏连续性,根据财政部"十五"期间林业治沙贴息贷款财政贴息政策调整思路,"九五"后期贷款项目将得不到财政贴息资金,2000年度的贷款项目多数只能得到3个月的贴息,这就增加了贷款项目的资金成本,加重了贷款单位经济负担,挫伤了贷款单位和广大群众植树造林、改善生态环境的积极性;二是贴息年限太短,若"十五"期间贷款贴息年限一律调减为2年,与林业生产实际需要相距甚远,就难以起到扶持并吸引社会资金投入林业建设和改善生态环境的作用。

4. 面上建设

一是森林防火资金投入缺口加大,配套非常困难。二是边境防火隔离带开设经费严重不足。三是航空护林基础设施建设滞后,飞行费严重不足。随着防火事业的发展,航空护林在火灾预防和扑救上所发挥的作用与其基础设施严重滞后的矛盾日益突出。四是森林公安(检法)机关经费渠道问题还没有得到根本解决,基础设施和装备非常薄弱,严重制约了森林公安(检法)机关职能的发挥。这是林业和生态环境建设需要支持和保护的重要原因之一。

(三)需要配置与林业发展相适应的中长期投入机制

我国经济和社会的协调发展要求加速林业和生态环境建设、多元城镇化、基础设施等,均需要相适应的中长期投入机制的支撑。生态环境建设、多元城镇化和基础设施的突出特点是投入集中、规模大、回收期长,是能大容量吸纳劳动密集型就业的载体。各国经济发展到一定阶段,为了加速综合治理生态环境、城市化、基础设施建设等,国家信贷和财政投入总盘子中都有较大比例的中长期投入。世界银行长期贷款支持各国生态建设、城市化、基础设施建设,并已取得了公认的成就和经验。美国政府支持其西部开发,为加快城市化,加大综合治理生态环境和综合治理水利工程,如实施的"北水南调工程"、科罗拉多流域水利工程和田纳西流域工程等都是利用长期债券和长期信贷资金建设的,取得了良好的效果。目前,我国的综合治理、生态环境建设、基础设施、城镇化中存在的主要问题是许多项目资金使用期限过短,长期性项目用短期性资金来运作,还款期内项目效益难以发挥,难以偿还借款本息。现在的建设都是现筹现贷,投入期限短,回收成本高,加重了企业负担,影响了经济运行的整体效益。有的因短期内难以偿付,使得能够利用富余劳动力和亟待开发的资源和项目迟迟不能实施。我国目前不但银行中长期贷款比重过小,而且短期债券比重过大。目前国内公债每年的发行规模达1500亿元,但因期限短,还本付息频率高,需还的本付息已占据了当年发行量的相当一部分,可用的不多。因此,缺少长期的投融资手段和机制,阻碍了资源要素的组合利用,不适应持续发展林业和生态环境建设的阶段性需要。如果将资金使用期限延长到20年、30年或40年以上,项目还是可以获得综合效益,按期还款的。在这方面深化改革,克服短期融资与一些经济建设长效性不对称的矛盾,创建林业新的长期融资投入、回收和管理机制已势在必行。

(四)积极稳健的货币政策没有得到很好的启动

从总体来说,我国实行的积极的财政政策是非常成功的。但是,由于综合治理,我国林业和生态环境问题极多,治理的难度极大,情况复杂。因此,当务之急,是要加大综合治理的力度,培育大容量的劳动密集型治理新载体,将加入WTO后种植业多余的2500万个劳动力尽量转向林业和生态环境主战场,以拉动经济增长,刺激消费,培育可持续发展的一个新增长点。这一举措给资源配置提出了一个新课题。仅有的积极的财政政策是不够的,亟待启动其他的政策与其相配合。近些年来,由于货币政策的单一使用,也导致出现了一些问题,如货币供应量仍保持两位数的增长,且从1999年以来增速有所加快,流动性增强。1997年、1998年、1999年、2000年、2001年的货币供应量较上年分别增加了16.5%、11.9%、17.7%、16.0%和12.3%。与上年同期相比,1998年、1999年、2000年、2001年金融机构贷款分别增加了1.15万亿元、1.08万亿元、1.34万亿元、1.19万亿元(上述均为2001年9月份数据)。但由于未选择合适的投向,所以对需求拉动不明显,其表现是:①商品零售价格和生产资料价格出现了持续负增长的现象,对企业生产经营、居民收入和社会投资预期都带来了不可小视的负面影响。②大量生产能力闲置,企业开工不足,下岗人数增加,加大了经济和社会的稳定压力。③金融机构存差不断扩大,利率政策空间日益缩小。尽管中央银行采取了很多政策措施来促使商业银行增加信贷投入,支持经济增长,也收到一定效果,但由于实际经济领域缺乏强有力的新增长点,货币政策传导机制又存在严重障碍,金融机构存差仍在扩大。到2000年末,全国金融机构存款余额为123804.4亿元,贷款余额为99371.1亿元,存差达24433.3亿元。到2001年9月,全国金融机构存款余额为13.9万亿元,贷款余额为10.9万亿元,存差达3万亿元。银行存款名义利率连续下调后,已经没有多少再降的空间了。

货币政策作为宏观经济政策的一个重要组成部分,在保持金融稳定、增加信贷配合、扩大内需、支持经济发展方面发挥了重要作用。当前,在扩张性的财政政策已经中长期化、财政政策的执行需要进行调整的时候,更有必要注重更有效、更主动地发挥货币政策,促进宏观经济适度快速增长调控的作用。

从分析林业和生态环境所需资金长周期的特性来看,我们必须在研究今后我国货币政策如何适应林业和生态环境的需要的同时,制定合理的货币和信贷供应及优惠利率结构给以支持。

(五)税收政策与积极的财政政策不相协调

近几年来,我国加强了政府扩大投入政策,而对扩大公众投资和居民消费可利用的政策,特别是税收政策则有所不足。我国现行税收体制是在抑制通货膨胀时期于1994年出台的,税制本身(尤其是生产型增值税)不仅隐含了具有抑制投资需求的设计,还包括了直接控制投资需求的固定资产投资方向调节税等。事实上,这些税收政策是不利于市场竞争条件下激活市场经营主体投资,即民间投资的。中央决定从2000年开始暂停征收固定资产投资方向调节税的决策是十分正确的。20世纪80年代末期,为解决我国粮食短缺问题、保障粮食安全,我国用农林特产税经济杠杆调动了农民种粮的积极性,到90年代末期,我国的粮食实现了丰年有余,出现了结构性剩余,农民的收入明显下降,继续实行农林特产税对农民来讲无疑是雪上加霜,这一政策在开发大西北、治理生态环境、农业实行战略性结构调整中应尽快进行调整。

我们只有尽快启动积极的货币政策、税收政策等与积极的财政政策相配合,形成合力,才有可能共同催化综合治理生态环境建设。

二、政府财政体制改革与林业投入的新思路

据预测,我国将全面启动林业和生态环境跨越式发展战略,2001年后的30年需1.6万亿的资金,前10年需6000亿元,后20年需1万亿元,如此巨大的资金,如何给予解决是必须要回答的问题,从分析国民经济资源配置供给入手,第一部分要靠公共财政,第二部分要靠国家建立合理的债务结构,为林业设专项债券,第三部分是靠国外投入,第四部分是靠社会各种渠道的投入,第五部分要靠信贷投入。这对我们这样一个发展中国家来讲,任务是十分艰巨。我们的思路是要认真研究我们国家公共财政的支付能力,现实的积极财政政策还能实施多久,稳健的货币政策有多少空间可以支持林业和生态环境建设,如何引导国外和民间资金进入林业和生态环境建设领域,研究和建立有中国特色的投入林业和生态环境的支持和保护体系,最持久的办法是通过国民经济的全面发展,建立一个新的体制和机制。我们认为,为了全面启动林业的跨越式发展,必须综合运用各种手段。比如,实施积极的财政政策时要注意讲求多种财政政策、货币政策和税收政策的组合效应,以政府扩大投入带动民间投资,以利于促进民间资本流动、重组扩张的财税政策,引导和启动民间投资,以利于活跃市场投资、消费的财税政策刺激民间投资,扩大民间消费支出,尽快促使企业投资和企业生产经营活跃起来,激发经济增长与经济发展的活力。有些时候,公共财政支付有困难,可以设计合理的债务结构支持;当公共财政和债务支持困难时,也可以设计合理的货币政策,以长期贷款支持长期林业和生态环境的长效应;也可以设计优惠的税收政策给以扶持等。这一切都必须从体制和机制以及根源上进行解决。

(一)研究林业发展必须关注市场机制的功能性缺陷

市场机制本身存在着对某些社会和经济现象力所不及或无能为力的问题,存在着"市场失灵"。例如,市场机制的原始驱动力是利益原则,因而对于一些"公共产品"的生产和一些只有社会效益而缺少经济效益的非营利性的经济活动便失去了动力。市场机制有时

不能对林业和生态环境进行支持与保护,也会给风险性投资带来一定的不利,更重要的是,单纯依靠市场机制无法充分保障城乡收入和分配对林业和生态环境的公正性,从而会造成社会资金的外逃。

市场机制有时会出现"功能性紊乱",以致"市场失衡",并进一步引发市场供求关系的无序,产生通货膨胀、失业和经济衰退等现象。对市场机制下的"市场失灵"和"市场失衡"不能听之任之,必须由政府运用宏观调控职能,通过经济、法律手段的综合治理,按市场经济法则,对市场实行间接的、强有力的宏观调控,以解决并消除"市场失灵"和"市场失衡"给国家、社会和人民带来的危害。事实上,政府和经济活动总是联系在一起的,世界各国市场经济的发展和现状表明,市场经济不但需要政府的宏观调控,而且这种宏观调控本身已成了市场经济的一个内在的运作机制,成了市场经济体制内部的一个十分重要的组成部分。因此,消除市场机制的失灵、功能性紊乱等缺陷,充分发挥公共财政的职能,及时调整财政收支结构,支持林业和生态环境的发展是一项紧迫的任务。

(二)国家要从宏观调控上支持和保护林业生态环境发展

现代市场经济在本质上就是一种由政府宏观调控的经济运行体制。林业作为基础产业,首先需要对其加以保护。公共财政要充分重视林业与生态环境公共物品性质的特点。社会主义市场经济的基本内涵就是以市场机制作为整个社会资源配置的基础,其优越性充分达到了社会资源宏观配置和利用的最优化。由于林业生产受自然风险和市场风险约束,基本属公共物品性质。因此,公共财政要给予林业与生态环境应有的支持。公共财政是弥补市场失效的财政。简单地讲,市场资源有效运行或正常发挥作用的领域,就是"市场能干"的,也就是政府及公共财政不应插手的场合和领域;而市场不能有效配置资源或正常发挥作用的场合和领域,就是"市场不能干"的,是政府或公共财政能够插手的场合和领域,这类场合和领域,称之为"市场失效"。公共产品的存在是市场失效的首要原因。从财政角度看,公共产品就是政府提供的公共服务,决定一种产品和服务是不是公共产品的根本特征,在于其是否具有共同消费性,即消费时的非排他性,消费时的非对抗性,消费时的非拒绝性。外溢性的存在则是市场失效的又一个原因。此外,规模报酬递增所导致的自然垄断也是市场失效的重要表现。所以,针对市场经济条件下林业与生态环境处于的不利地位,政府必须给予重视。

当务之急,是要研究解决财政支持林业与生态环境和调整支出结构的方案。

(三)林业和生态建设要充分利用国家财政收入发生结构性变化的新形势

近年来,我国政府的税收收入呈快速增长的趋势。自1994年税制改革以来,年均税收为1400多亿元,1994年全国税收收入为5126亿元,到1999年突破了1万亿元,这期间仅用了5年时间;到2001年,全国税收收入突破了1.5万亿元,这期间仅用了2年时间。税收快速增长的主要因素是近年来我国持续实施积极的财政政策,加大了经济结构调整力度，经济规模不断扩大，经济效益不断改善。几年来GDP一直保持着7%以上的持续稳定增长，尤其从2000年起，国民经济出现了许多积极的变化，国有企业改革取得了阶段性成果，2001年GDP已达到了9.59万亿元以上，这就为税源扩大，税收增加奠定了坚实的基础。据有关方面测算，2001年全年由于经济增长直接带来的税收增收达1200亿元左右，约占全年税收增收总额的46%。经济的发展、税收的增加使国家财政收支职能发生了可喜的变化。一是财政收入结构已发生了显著变化，从税收和上缴利润大体各占一半转变为了以税收为唯一的基本财政收入形式。二是税收从原有的促进国营经济发展、压抑其他经济成分并迫使他们向国有经济过渡逐步转向了对所有经济成分一视同仁的制度模式上来。三是减少乃至取消了不规范的收费项目代之，以规范的税收方式——费改税正在推进。四是财政支出呈现出了一种全面"退出生产领域"的趋势。五是在财政支出中，投资支出比重大大缩小了，同时不是主要投向传统的工农业等"生产领域"，而是投向了能源和交通等"重点建设"领域，以加大对各类基础设施和公用设施的投资。六是我国的社会保障从原有的"单位"保障正逐步向"社会保障"转化。社会保障制度是普遍存在于现代市场经济体制国家的一种社会福利制度，对于现代市场经济体制来说是必不可少的。

上述财政发生的一系列变化，归结为一个基本的特征就是公共化，这为林业和生态环境提供了有利的发展空间。

（四）财政赤字与建立长期林业专项债券研究

我国实行的积极的财政政策对我国林业与生态环境建设已起到了很大的作用。今后，我国现代化建设需资巨大，我国经济目前处于一种内需不足，增长乏力的状况，需要政府通过扩张资源配置的份额来干预市场经济的运行，弥补市场的暂时失调。继续推行积极的财政政策，我国的财力和物力能否支撑，必须从研究我国的债务链来予以回答。

自1979年以来，我国财政除1981年和1985年基本平衡、略有结余以外，30年间有18年出现了财政赤字，而且赤字数额还在不断扩大，从1979年的135亿元增加到了1998年的918亿元，增长了5.8倍，年均增长11.2%。财政赤字的扩大推动了国债发行规模的不断扩大，1998年与1980年相比，国家财政债务收入增长了76倍，年均增长27.3%；债务支出增长了81倍，年均增长27.7%。同期，国家财政总收入（不含债务收入）增长了7.5倍，年均增长12.6%；财政总支出增长了7.8倍，年均增长12.8%。可见，国家财政债务收支的增长速度都大大高于财政总收支的增长速度。到1998年，我国国债余额估计为7700亿元，1999年达到了9800亿元。

改革开放以来，人们对赤字和国债的认识发生了很大变化，从理论上的"赤字有害论"争论到实践中的赤字屡屡发生，从既无内债又无外债到内外债的快速增长，再到近两年国家实行的积极的财政政策，扩大了赤字，增发了国债。人们对赤字和国债由害怕到被动承认，再到主动利用是一个艰难的转折过程。但这并不意味着我们对赤字和国债的认识目标就完成了。从国际上看，发债历史很长的西方国家也还没有认识清楚同时确切把握赤字和国债的"度"，因此不能说赤字和国债是无害的。我国是一个发展中国家，发债的历史比较短，更要认真研究和慎重对待这个问题。

赤字和国债有积极作用又有消极作用，到底以多少为好，要看其产生的积极作用大还是消极作用大，要从客观条件和长远发展趋势出发，把握好"度"。当前一些国家和国际经济组织确立了一些指标来监测赤字和国债规模，其中最主要的是欧元国家签订的"马斯特里赫特条约"（即"马约"），其中有三个标准：一是赤字率，即财政赤字占GDP的比重不超过3%；二是债务负担率，即债务余额占GDP的比重不超过60%；三是财政债务依存度，即当年的国债发行额占当年财政支出与债务还本付息支出的比重不超过20%。由此，我们大体参照衡量我国的赤字率状况。1997年以前我国与"马约"同口径的赤字率都未超过1%，1998年为2%，1999年为2.6%，2001年为2.7%。

关于国债余额占GDP的比重（债务负担率）。这一指标具有国际的可比性，被国际公认的警戒线是45%—60%。1998年以前，我国的债务负担率只有5%左右。1998年，加上当年发行的2700亿元特别国债的因素，债务负担率升到了13.3%，1999年为13.8%。尽管如此，我国的债务负担率依然没有超过国际公认的警戒线。

关于当年的国债发行额占当年财政支出与债务还本付息支出的比重（即财政债务依存度）。不加分析地看，我国财政的债务依存度大大高于了20%的警戒线，1995年为20.1%，1996年为21.3%，1997年为22.2%，1998年为29.7%，1999年为26.6%。中央财政的债务依存度就更高，1995年为53.9%，1996年为56.8%，1997年为55.9%，1998年为71.1%，1999年为66.8%。但是，认真分析一下就可以看出，我国作为分母的"国家"或"中央"财政支出，只包括了预算内的支出数额，这显然是不完整或缩小了的实际财政支出数字。如在1995年和1996年，我国窄口径即只包括预算内的国家财政债务依存度分别是20.1%和21.3%，但如加上预算外支出后的这一指标，就只有15.5%和15.3%，如再加上1600多亿元的政府基金支出，1996年国家财政的债务依存度就降至了13.9%，也就是说已在警戒线范围之内。同样，中央财政的债务依存度也按上述口径计算，1996年为56.8%，再加上预算外支出后变为了43.74%，再加上政府基金支出后则降至了32%左右，低于按窄口径或现行口径计算的财政债务依存度就达23个百分点之多。

综上可见，无论从上述的主要衡量指标，还是从国家财政的现实角度来看，我国积极的财政政策到目前为止的运行是稳健的、可行的。我国当前个别年份的债务程度虽然是比较高的，但政府发债还是有一定余地的。我们认为，发债多少受多种因素制约，主要有：①经济增长情况，包括经济增长的速度和质量，经济发展中潜在的风险和潜力；②全社会的储蓄率和投资率；③特殊情况和环境产生的特殊需要。我国近两年大量增发国债，实际上是受后两个因素决定的。这种积极的财政政策只是一种特殊情况下的政策措施，谁也不敢预测是否将长期执行下去，但是，今后还需要执行多年，特别是鉴于国内需求疲软，还需要国家财政增强宏观调控能力，要随时监控发债的总量和设计合理的债务结构，在今后国家的各种基础设施建设中，应优先选择林业与生态环境重点工程建设专项债券来作为一项长期性投资。

（五）继续执行积极的财政政策对林业和生态建设投入的可行性分析

积极的财政政策为林业和生态环境的治理及国家其他建设项目创造了新的发展机遇。积极的财政政策作为拉动经济增长、安排就业最直接和有效的手段，正在发挥着越来越重要的作用。据最新统计，1998—2001年，国家一共增发了5100多亿元长期建设国债。拉动了银行贷款和自筹资金6000多亿元，建设了近6620个项目，总投资规模达到24000多亿元。此外，1998年我国还向国有独资商业银行发行了2700亿元特别国债（期限为30年），实际上是将银行对存款人的债务转为财政对银行（间接对存款人）的债务，财政又把这笔资金如数打入4家国有独资银行的资本金账户，从而使我国国有商业银行的资本充足率和抗风险能力大为提高。到2000年底，累计完成投资额15100亿元，占项目总投资的63%。一些水利、交通、能源、环保工程已经建成，还有一部分的工作量正在加紧完成。这些项目的建设，不仅有力地促进了经济增长，还为长远发展打下了更好的基础，更重要的是为农村劳动力转移创造了新的大容量的载体。1998年发行的1000亿长期国债重点用在了农林水利、交通通信、城市基础设施、城乡电网建设与改造国家直属储备粮库和经济适用住房六大领域的基础设施建设中，促进了农村劳动力的大规模的转移。如1998年公路建设平均每月吸纳劳动力253万人，全年可吸纳相当可观的数量。1998年以来是我国公路、铁路、民航建设发展最快的历史时期。仅公路建设方面，共新增通车里程约17.4万千米，其中，新增高速公路突破了1万千米，使我国公路总里程达到了140万千米，高速公路达到了1.5万千米，提前实现了"九五"期间的计划目标。由于1998年增加了水利投资，出现了新中国成立以来少有的数千万农民大兴水利的高潮，兴修了许多防洪工程，1999年6月长江再次出现高水位洪患，险情都比过去明显减少。1999年发行的1100亿国债又集中力量解决了一些多年来想办而未办的大事，特别是农村电网建设全面带动了农村第三产业，激活了农村市场，从而也进一步缓解了农村就业压力。到2000年底，加强了环境保护和生态建设，促进了可持续发展。"三河三湖"流域水污染治理进展顺利；北京城市环保工程初见成效，北京市大气污染加重趋势得到控制，主要空气污染指标呈下降趋势；生态建设步伐加快，水土流失综合治理取得了进展。

从我国财政收入大幅度增加的情况来看，尽管近些年我国的经济增长速度有所减缓，但财政收入却出现了超常规的增长。据统计，1998年、1999年、2000年、2001年，我国GDP的实际增长速度分别为7.8%、7.1%、8%和7.3%，财政收入的名义增长率分别为14.2%、15.9%、17%和22.2%。剔除价格因素的影响，财政收入的实际增长率更高，超出了GDP增长速度的1倍还多。即使是扣除当年发行特别国债的收入，其增长速度也高出了经济增长速度很多。我国财政收入占GDP的比重低是人所共知的，不断提高财政收入也是我们一直在努力的方向。因此，我们认为，继续实行积极的财政政策和启动新的调控手段，将会给林业和生态环境的发展提供更新的空间。

（六）用积极的财政政策和启动比间资金支持六大林业工程建设问题研究

继续实行积极的财政政策，全面启动货币政策支持生态建设。我国生态环境遭受破坏已有很长的历史，生态十分脆弱，恢复绝非易事，需要相当长的时间才能完成。但是，建设好我们美好的家园是我们义不容辞的责任。我们要借鉴世界银行建立长期贷款机制支持各国基础设施建设的经验以及美国在罗斯福新政时期采取的积极的财政政策和货币政策来刺激内需，避免危机，走向快速发展的成功经验。建议"十五"期间将现行积极的财政政策再延长数年或更长时间，逐步转向支持生态环境建设方面来。同时，要探索积极的长期货币政策，启动中长期贷款机制，特别是增加20或30年长期贷款，以加大治理生态环境的力度。另外，财政要和银行挂钩，用少量贴息吸引更多贷款，以调动社会各方面力量，使其共同投入到这项巨大的历史性建设任务中来。生态公益性建设项目以国家预算内基本建设资金和财政专项资金投入为主，商品林建设以政策性贷款为主，包括国家开发银行贷款和林业、森工、治沙以及山区综合开发贴息贷款，国家适当注入资本金，基础设施及其他建设投入将在原有投资基数的基础上予以适当增加。

三、有中国特色的支持与保护林业的政策措施

（一）国家公共财政为主的投入机制

1. 各级政府要增加投入

必须坚持国家、地方、集体、个人一齐上，多渠道、多层次、多方位地筹集建设资金的方针。按照事权、财力划分，把林业的投入纳入各级财政预算。国家预算内基本建设资金、财政资金、农业综合开发资金、扶贫资金、以工代赈以及国外资金等的使用，要把加强江河湖建设、绿色植被建设、治理水土流失、防治荒漠化、草原建设和生态农业建设作为重要内容，优先安排，并逐步增加各项资金投入比重。一是国家投资用于林业的比例应该大幅增加；二是使林业财政支出占到财政生态支出的2/3左右；三是要将森林资源管护、野生动植物资源保护、森林病虫害及火灾的防治、中龄林抚育等方面的经费列为财政经常性预算项目，加大力度增加各种专项贴息贷款规模，延长使用年限。

政府公共财政要确保林业事业经费全额拨款。要以建立社会主义市场经济体制为前提，通过改革我国的投资体制，严格按照事权利分原则，明晰中央和地方政府的林业投资义务，真正使政府扶持资金足额到位，逐步建立起公益林以政府投入为主，商品林以社会投入为主的投资机制，保证林业建设的投资需要。

正在进行的公共财政改革的近期重点是改变预算编制长期沿用的"基数法"，实行"零基预算"，改革政府收支分类科目体系，按部门预算原则设置预算科目；建立国库集中收

会制度，将预算内收入和预算外收入统一纳入国库，集中在国库指定的代理行开设账户，所有财政支出均通过单一账户集中支付，但资金的使用权仍归部门所有，进而使政府的收支，包括基金收支平衡统一纳入预算管理，完整而准确地反映出政府财政职能和活动范围。财权应该和事权一致，财权主要体现在部门预决算项目上，抓住这次财政体制改革的机遇，使以下四个方面的资金列入中央和地方各级财政项目和科目：一是林业生态建设，包括天然林资源保护工程，退耕还林工程，三北及长江流域等重点防护林体系建设工程，京津风沙源治理工程，全国野生动植物保护及自然保护区建设工程等林业生态工程建设费用和生态公益林的营造、抚育、保护管理费用；二是各级林业行政事业单位的人员和业务经费，包括林业行政事业单位、生态型国有林场、森林防火、病虫害防治、林业工作站、木材检查站、林区教育、林业基础研究、林区卫生、社会保障、林业公检法、林政、外事等专项支出，特别是现在还未进入的公安、林政、木材检查站、林业工作站人员和业务经费，一定要在精简的前提下，进入公共财政预算科目和项目；三是行政事业单位基建资金，包括林业行政事业单位公用经费中的大型修缮、购置、基本建设工程等支出；四是其他专项资金，包括支援西部地区及其他不发达地区发展、林业专项贷款贴息、政策性补贴等专项资金。

2. 加大以工代赈、以粮换林、以粮换牧（草）的力度

国家要实事求是、因地制宜地按照退耕还林等重点生态工程的实际需要设置优惠政策的支持年限。鉴于目前全国工业品、粮食库存积压较多和富余劳动力多的特点，再加上生态恶化地区多是贫困地区，今后，要特别加大集团化、集约化、规模化、科学化、产业化治理的力度，可以组建生态建设兵团（也可以利用军队减员，还可以将现有国有农场转为生产建设兵团等多种形式），建立国家投入、以工代赈、以粮换林、以粮换牧（草）投入相结合的形式。有关部门要制定切实可行的计划和规划。要坚持"谁造谁有，合造共有"的政策，充分调动广大群众植树造林的积极性。要改变以往无偿使用农民劳动积累工、义务工过多的做法，实行有偿使用和机械化规模治理并重的做法，以解决过度剥夺农民投劳的偏差，也可以加大群众参与治理生态环境建设的程度。

3. 建立和完善森林生态效益补偿制度

加大国家森林生态效益补偿资金投入力度，这是推进林业大发展的重要前提。

要按照分类经营的要求，根据森林多种功能和主导利用的不同，将森林划分为公益林和商品林两大类，对公益林实行生态补偿，并在此基础上分别对公益林和商品林的建设和管理，建立不同的体制和政策。公益林补偿要足额到位，把公益林落实到地块和每个经营主体。作为公共产品供给者的政府，应从中央和各级地方财政中拿出专项基金，设立森林生态补偿基金，并分别纳入中央和地方财政预算，并逐步增加资金规模，根据物价水平及公益林经营管理成本的变动情况，每年进行适当调整。要适应国际"碳交换"机制建立的大趋势，提前研究制定"以林补碳"的操作性手段，将其统一纳入生态补偿范畴。

4.设立国家林业生态保护工程建设基金

根据林业和生态环境周期长，需资巨大，具有后发效应的特性，经测算，2020—2050年，需建设资金1.6万亿元。按照今后国家财政和社会财力进行预测，公共财政经常性账户大约可负担1/3，扩张性财政即合理的债务结构可负担1/3，信贷资金可负担1/3。按照阶段划分，前10年的资金已经有了初步的规划，后20年的资金就很难有一个稳定的保障。建议在国家公共财政经常性账户纳入预算和已有稳定来源的资金支持之外，制定新的特殊政策，允许从全社会范围合理并适度地筹措资金，设立"国家林业和生态保护工程建设基金"，将其纳入国家预算，并给以立法保障，以便稳定有序地用于林业和生态保护建设。

基金主要来源：①扩张性财政，即合理的债务结构；②与债务结构相配套的合理的信贷结构；③民资；④社会捐助和赠送；⑤国外资金；⑥生态补偿基金。

"国家林业生态保护工程建设基金"的使用范围为重点工程和重点地区。

（二）对林业实行轻税簿赋政策

国家应实行税收鼓励政策，按照统一税法、公平税赋的原则，确立合理的税目、税基和税率。进一步整顿税制，把减轻林农和林业企业负担作为政府税费改革的主要内容。今后可考虑在以下方面研究减轻税费问题：一是研究取消林产品的农业特产税；二是考虑对国内外企业以税前利润投资造林，国家免征所得税；三是对国有林业企业、事业单位从事种植业、养殖业和农林产品初加工利润，以及边境贫困林业局、林场、苗圃可以免征所得税，对以林区"三剩物"和次小薪材为原料生产的加工产品，可继续实行增值税，即征即退政策；四是按初加工农产品对待林业初加工产品，实行同步抵扣；五是对转产、调整结构、利用多种资源及以安置下岗人员为主要目的生产的产品，实行增值税，即征即退或暂缓征收政策；六是对林业生产、生活用水可考虑免征水资源费；七是对进口种子、种畜、鱼种和非营利性野生动植物可考虑免征进口环节增值税；八是由农民投资营造的公益林，国家除给予必要的管护补贴外，通过卫生伐和更新伐所取得的收入也应归投资者所有，并考虑免征一切税收；九是改革育林基金征收使用办法，可考虑由生产者自提自用，但国家对现在育林基金负担的公共支出要予以保证；十是加大对经济贫困地区，中央财政要转移支付的力度。

（三）结构合理的国家债务和信贷投入机制

1.认真总结世界银行利用长期信贷机制支持各国基础设施建设的经验和做法

世界银行通过对大约140个国家中的7000多个软、硬贷款项目进行信贷机制，贷款规模约有5000亿美元，其主要业务涉及对发展中成员国提供长期贷款。该行主要是面向政府，即由政府担保的项目贷款，资助它们兴建某些建设周期长，利润率偏低但又为该国经济和社会发展必需的建设项目。世界银行的贷款期限，短的数年，长的可达50年。贷款按主要用途分有：农业和农村发展、教育、能源、工业和非项目贷款、人口保健与营养、公共部门管理、小型企业、技术援助、电讯、运输、城市发展、供水和排水等。林业可以借鉴这种方式建立中长期信贷投入机制。

2. 给予林业和生态建设支持与保护

当今世界各国，凡林业发展卓有成效者，莫不与政府对林业高度重视和采取积极有效的经济扶持密切相关，创造了"人工林奇迹"的巴西、从木材进口国一跃成为木材出口国的新西兰是如此，森林资源富饶的美国、加拿大也是如此。

扶持国有林的发展是世界上许多林业发达国家林业扶持政策体系中的一项重要内容。美国等国家对国有林采取了统收统支的财务制度；日本对国有林实行了特别会计制度，国有林的全部收入均由林业部门自用，所出现的赤字由国家预算补贴，收入盈余则按特别会计的规定转入下年度使用。

对私有林的扶持方式虽各国不尽相同，但归纳起来大致可分为3类：一是对某些林业活动给予补贴；二是给予贷款优惠支持；三是给予税收优惠。

对私有林的生产经营活动给予补贴是许多国家为鼓励私有林的发展而普遍采取并行之有效的重要措施之一。补贴一般分3种形式：一是对某些经营活动进行一般性经济补贴；二是对某些特定地区的林业活动给予特殊性经济补贴；三是对遭受意外灾害的经营者给予临时性经济补贴，补贴的比例在30%—100%不等。

对私有林发放优惠贷款。考虑到林业经营周期长，利益比较低。为此，各国一般给予贷款利率和期限上的优惠。日本在"农林金融公库"贷款中规定，造林贷款年息为3.5%，还款从贷款后的20年开始，35年还清；瑞典的低息贷款年息为3%；法国造林贷款年息在0.25%—1.5%，偿还期在30—50年；智利对私人造林平均每公顷发放145美元贷款，3—12年偿还；西班牙和土耳其则提供长期无息贷款。

实行税收扶持政策。税收扶持的目的是为私有林创造一个良好的发展环境，吸引更多的资金来支持林业发展。法国对私人造林所用土地免征30年地产税，在森林资产转让时，如果继续承担良好经营的契约义务，可减免75%的财产转移税；英国对私有林主用于发展林业的资金所得减税50%。总的看来，对造林地免征土地税是一种普遍的优惠措施。此外，在资产转移、推动林工结合等方面各国也有一些特殊的优惠。

对人工林的发展实行大力扶持。据联合国粮农组织统计，1980—1990年，世界人工林面积增加了近1倍，发展极为迅速。这与各国对人工林的发展施以扶持政策密切相关。新西兰发展人工林的主要经验是政府制定了一整套鼓励社会及私人投资的政策，主要内容包括对人工林培育提供低于普通利息45%的低息贷款。越南把林地长期租赁给了农场、企业、军队、社会组织或者个人使用，50年不变，并免除前5年的土地租金，第二个5年土地租金减半。印度尼西亚对企业培育人工林提供全额资助，其中造林成本的35%为直接资助，32.5%为造林基金贷款，剩余的32.5%为从政府指定银行申请的低息贷款。在刚果，人工林是在工业人工林发展局的组织下，吸收各方资金并由政府给予补贴所发展起来的。智利于1974年通过了701号法令——《林业振兴法》，该法的主要内容为划为林地的土地不得进行土地改革；政府对造林、修枝的补贴；减免林业税收，免征人工林继承、转让、赠与税，减征木材采伐税的50%。巴西政府于1965年实施了造林税收激励法案，制定了向人工林的经营者提供低息贷款、降低林产品的出口关税等政策。

除上述扶持措施外，一些国家还通过制定一些相关政策为林业发展创造了良好的环境，如干预或鼓励林产品进出口，稳定国内木材价格等。

3. 加大力度寻求财政与信贷优惠相结合的扶持政策

继续坚持走全民参与、全社会办林业的路子，并按照"谁投资、谁受益"和优惠鼓励的原则，保障投资者的合法权益长期不受侵犯，鼓励社会各界向林业投工、投劳和进行其他投入，国家要对造林给予更多的资金配套和支持，以贷款贴息和造林为手段，把闲置的林地资源和富余的劳动力资源都充分利用起来，把城乡居民的存款合理引导到林业建设的主战场上来。

国家在信贷政策方面应进一步突出林业的特殊性，明确林业信贷扶持政策。一是严格区分政策性贷款与商业贷款的性质，对林业实行政策性优惠贷款，并采取相应的运作机制；二是在政策性贷款中对林业贷款实行计划份额制，保证政策性贷款可以用于林业的总量；三是建立新增项目的专项贷款，拓宽政策性贷款的渠道；四是适当延长贷款期限，加大贴息幅度；五是建立各级银行对林业贷款风险共担制度，促进林业贷款政策的落实，使国家给予林业的扶持优惠信贷足额和能够及时到位。

我国财政资金多用于林业与生态环境和基础设施建设；银行的信贷资金多用于经济林草建设、多元城镇化和乡镇企业。按照林业与生态环境、多元城镇化、基础设施建设的固有属性，其具有投资数额巨大、周期长、公益性的特点，我们要着手建立我国中长期投入机制，今后在国家信贷总盘子中调整存量和增量结构，中长期比例不应低于20%，并逐步达到30%；国家发行财政债券要增加中长期比例，不应少于20%，以后再逐步增加到30%。以上各项资金新增部分，要优先保证林业与生态环境综合治理、多元城镇化、要素市场、乡镇企业、基础设施所需资金。今后，对各国政府和国际组织利用长期贷款支持我国林业和生态环境建设项目的，我国政府不宜缩短内部还贷年限。

4. 发放国家林业专项债券

调整国家债务结构，设立林业中长期债券。国家在发行债券中，应考虑到国家对林业长期历史欠账的实际，进一步突出林业的特殊性，加大对林业的支持：一是在国家债券中对林业实行计划份额制，确保国家债券用于林业的总量；二是设立新增项目林业专项债券，以用于公益林和林业基础设施建设；三是对林业以中长期债券为主，辅之以短期优惠债券，并采取相应的运作机制；四是建立风险共担机制，促进林业债券的落实，使国家给予林业的扶持政策足额和及时到位。

（四）多渠道资本市场融资机制

林业投融资的趋势为要逐步减少间接投资，增加直接融资。林业企业按照社会主义市场经济体制的要求，深化内部改革，加快产业重组，建立现代企业制度，完善法人治理结构，增强在国际、国内两个市场的竞争力和生存能力。有条件的企业要争取更多的企业在国内、国外资本市场上市的可能，以获得更多的直接投资。一些中小企业也要按照资本市场准入规则争取在即将上市的"二板"市场中上市，以获取更多的资金支持。

（五）广泛的民间投入机制

采取单位、集体、个人一起上，义务植树、有偿服务、投工投劳、捐资赞助多种形式，公益林、商品林多领域，庭院绿化、社区林业建设等多种方式，广泛吸引民间资金投入林业。

（六）全方位的国外投融资机制

一是外国政府贷款，如日本、德国、奥地利、法国、荷兰、意大利、芬兰等提供的多种贷款；二是国际金融组织贷款，如世界银行贷款、亚洲开发银行贷款等；三是外商直接投资；四是各种无偿援助，如德国、日本、芬兰、韩国等国政府及联合国开发计划署、世界粮农组织、全球环境基金、欧盟等提供的双边和多边援助。

（七）利用国际"碳交换"机制发展林业

我国是《联合国气候变化框架公约》和《京都议定书》的签字国，去年7月，178个缔约国在德国波恩形成一项决议，允许以森林面积换取二氧化碳的排放指标，林业发展被推上了实施全球气候公约的重要位置，增加森林成了发展各国经济的首要条件。据此，世界许多国家和国际组织都在加速研究国与国之间，国内汇集固定二氧化碳的"碳汇"（主要是林业）与排放二氧化碳的碳源之间进行固碳与排碳权交换的"碳交换"机制与对策。这与我国实行的森林生态补偿机制相吻合。这一进程将对全世界的环境与发展发生重大而深远的影响，有利于建立生态建设的良性运行机制。对此，我国必须早动手，早研究，研究制定我国各种森林碳汇量的测量，碳交换规则等，务求成为规则制定国，以便在国际上处于主动地位。如果能建立起这套机制，这将形成我国生态建设投入与产出的良性循环。

四、加强对林业资金使用的监管

一要严格资金规范管理，建立责任追究制度，强化和规范对资金违规违纪问题的整改和查处。加强资金稽查，成立专门的资金监督检查机构，建立林业资金巡回稽查和专项稽查制度，整章建制，加强林业资金源头管理，促进稽查工作日常化、规范化。

二要建立健全林业资金财务管理制度和会计核算制度，抓紧制定相应的财务管理制度和会计核算办法，补充完善相关的内容和标准。

三要加强对资金的全过程管理，通过严格计划管理、预算管理，事中审核、事后检查等措施，确保资金使用合规、合法和真实、完整。要尽快制定林业资金的报账制管理办法，特别是林业重点工程资金的报账制管理。

四要加强社会舆论监督，建立林业资金使用违规违纪举报制度，对重大案件予以曝光。

第二节 建立规范有序的经营体系和运行机制

建立规范有序的经营体系和运行机制，这是加快林业发展的基础和前提。要根据市场经济体制的要求和经济发展的新形势，及时调整林业的管理政策，认真研究管用的方法，建立稳定的经营体系和良性运行机制，增强林业的动力、活力和吸引力。要在林业产权制度改革上大胆突破，在调整所有制结构上采取对策，在分类经营上深化措施，在激活各种利益主体上找潜力，推进林业新体系和机制的建立。

一、深化林业用地使用制度改革

（一）明确森林资源产权

以林地使用权、物权化为方向，稳定所有权，完善承包权，放活经营权，保护经营者的合法权益，使其享有相应的林产品处置权和受益权。对权属明确并已核发林权证书的，要坚决维护林权证书的法律效力；对权属明确尚未核发林权证书的，要尽快核发；对权属不清或有争议的，要抓紧明晰或调处，并核发林权证书。

已经划定的自留山，由农民长期无偿使用，不得强行收回。对目前仍未造林绿化的，要根据当地实际情况，采取严格措施，限期造林绿化。自留山上的林木，无论是现有林还是新造林，一律归农民个人所有。

分包到户的责任山，要保持稳定。前一轮承包到期后，原承包办法基本合理的，可以直接续包；原承包办法明显不合理的，可在完善承包办法的基础上，继续承包。新一轮的承包，都要签订承包合同，明确法律关系，承包期可达70年。对已经续签承包合同，但承包期不到70年的，经履行有关的手续，也可延长到70年。对群众不愿意承包的，由集体经济组织收回另行处置。对未履行承包责任，长期撂荒或者林木破坏严重的，经本集体经济组织研究并报县级林业主管部门认定，可以由集体经济组织收回另行处置。

对目前仍由集体统一经营管理的山林，要区别对待，分类指导，积极探索有效的经营形式。凡群众比较满意、经营状况良好的股份合作林场、联办林场等，要继续保持稳定、完善、提高。对其他集中连片的有林地，可以采取"分股不分山，分利不分林"的形式，将产权逐步明晰到个人。对零星分散的有林地，可将林木所有权和林地使用权合理作价后，转让给个人经营。对宜林荒山荒地，既可直接以分包到户、招标、拍卖等形式确定经营主体,又可由集体统一组织开发后,再以适当方式确定经营主体;对造林难度大的,还可以通过公开招标的方式,在一定期限内将林地使用权无偿转让给有能力的单位或个人去开发经营,但要限期绿化。不管采取哪种形式,本集体经济组织成员都有优先经营权。

(二)积极发展非公有制林业

国家鼓励各种非公有制林业建设主体跨所有制、跨行业、跨地区投资发展林业。凡有能力的农户、城镇居民、科技人员、私营业主、外国投资者、企事业单位和机关团体的干部职工等,均可单独或合伙参与林业开发,从事林业建设,所造林木归投资者所有,并有依法获得森林生态效益补偿的权利。

整个林业建设完全对非公有制林业开放,让其与公有制林业共同发展。国有林也可引入民营机制,搞公有民营或局部性的公有民营,降低经营成本,提高经营效率。

建立健全有关法规,进一步明确非公有制林业的法律地位。采取坚决措施,保护非公有制林业经营者尤其是造林大户的合法权益。统一税费政策、资源利用政策、投融资政策,为各种林业经营主体创造平等竞争的环境和条件。充分尊重非公有制林业经营者的自主权,放手让其发展。林地使用权允许流转和继承。要加强外商投资促进工作,给外商投资林业以国民待遇,以充分发挥农民和社区组织发展林业的积极性,加快造林绿化步伐。

(三)加速推进森林、林木和林地使用权的流转

在明晰产权、确保林农基本林地稳定的前提下,国家鼓励各种社会主体依法以承包、租赁、转让、拍卖、协商等形式推动国家和集体所有的宜林荒山荒地荒沙使用权的流转,加快国土绿化进程。按照依法、自愿、有偿的原则促进森林、林木和林地使用权的流转,盘活森林资源资产,激活各种利益主体,促进外部生产要素向林业的流动。对尚未确定经营者的大片国有宜林荒山荒地荒沙,也可依法无偿转让给附近的部队和生产建设兵团去植树造林,所造林木归部队和兵团所有。森林、林木和林地使用权可以依法继承、抵押、担保、入股和作为合资、合作的出资或条件。国有林地使用权的流转期限也可达到70年。

二、深化重点国有林区管理体制改革

抓住国家实施天然林保护工程的历史性机遇,深化重点国有林区的管理体制改革。改革的方向是:实行森林资源国家所有、中央和省(自治区)两级管理,政企分开、政资分开,建立国家林业行政主管部门、国有森林资源经营机构、林业企业"三权分离"的机制。国家林业行政主管部门行使对森林资源的执法监管权;国有森林经营机构负责森林资源的资产运营;林业企业则成为完全的市场主体,与国有森林资源经营机构建立市场化的契约关系。

具体实施措施:一是强化国有森林资源的管理,把由森工企业(集团)行使的森林资源管理权独立出来,设立专门的国有林管理局,负责国有林的经营管理,最终建立起国家

所有、分级管理、委托经营、严格监管的新体制。二是实行政企分开，把目前由企业承担的社会管理职能逐步分离出来，转由政府承担，使企业真正成为独立、平等的经营主体，参与市场竞争。同时，企业应当按照社会主义市场经济体制的要求，深化内部改革，加快产业重组，建立现代企业制度，完善法人治理结构，增强竞争能力和生存能力。三是建立起森林资源保护、培育和利用之间的利益制约关系。实行森林资源资产化管理，分别将公益林和商品林纳入经营性资产和非经营性资产的管理轨道。对经营性国有资产，实行资产保值增值责任制，以不同方式进入企业，由国有林管理局向企业派出董事，代表国家行使与其股份相适应的企业决策权、资产受益权和推选管理者的权利。放活林地的使用权，在已有森林资源管护经营责任制的基础上，实行谁造谁有和收益分成的营林激励机制。对非经营性资产，主要是分布在禁伐区和限伐区的森林资源资产，国有林管理局可以下设事业性机构进行经营管理。国有林管理局通过编制国有林经营方案、提供经费、人事任免、检查监督等多种手段对这些机构进行调节和控制。也可以通过合同委托经营和管护承包，将森林资源的管护责任落到实处，并根据管护责任的实际履行情况，兑现奖惩。四是合理分流林区富余人员，通过一次性安置、转产就业等形式，调整人力资源使用结构，为深化国有林区改革奠定基础。

三、深化林业分类经营改革

（一）实行林业分类经营是林业改革的中心环节

1. 林业分类经营是社会主义市场经济体制的必然要求

随着我国计划经济体制日益转向社会主义市场经济体制，原来靠计划配置资源的方式已转向了依靠市场配置资源的方式。森林的有形产品可以在有形市场上交换，为生产经营者带来经济收益。但无形产品，即为人们提供国防、科研、保护生物多样性等社会服务，以及美化环境、防风固沙、涵养水源等生态服务，目前不能通过有形市场交换。为了适应市场经济体制改革，需要通过分类经营建立一套森林有价、价值有偿、良性循环的运行机制，森林不分类，这套机制就建立不起来。

2. 林业分类经营是适应政府公共财政体制改革的客观需要

国家正在进行公共财政体制改革，财政支出将逐步从那些经营性、营利性领域退出，而主要保证政府机构、社会公益事业开支，建立社会保障体制。通过分类经营把产业部分和社会公益事业部分分开，使经营公益事业的主体得到政府的补偿。森林资源从实物形态上讲，是一种包括林地、林木、依托森林生存的野生动植物资源在内的资源；从价值形态上讲，是一种特殊性的，可以再生增值的，具有多种功能和生态群落整体价值的资源性资产。森林生态效益是以活立木为主体的乔灌草植物群落整体形式进行发挥的，一旦森林消失，生态效益就不复存在了。因此，建立森林生态补偿制度既是林业分类经营的核心，又是实施无偿使用森林生态效益转向有偿使用森林生态效益的关键。必须把分类经营与实施森林生态补偿这两项工作整合在一起，配套进行。补偿实际上就是一种特殊的买卖关系，政府花钱"买"生态服务，林业的所有者、经营者"出卖"生态服务。

3. 分类经营是林业政策的基础

生态环境、自然资源和经济社会发展的矛盾日益突出，是我国社会重要矛盾之一，也是林业面临的主要矛盾。分类经营就是在社会主义市场经济体制下，按照现代社会对林业生态和经济两个方面的要求，发挥森林的多种功能，将森林的五大林种相应地划分为以发挥生态效益和社会效益为主的公益林（含防护林、特种用途林）和以发挥经济效益为主的商品林（含用材林、经济林、薪炭林），分别按照各自的特点和规律运营的一种新型的林业经济机制和发展模式。林业分类经营有利于统筹兼顾经济发展与生态保护、长远发展和当前需要、局部利益和整体利益之间的关系，有利于保持人类与森林生态系统处于长期稳定、和谐发展的状态，使社会对森林资源的需求与森林资源的承受力达到互为接受的水平的经营模式，是走向森林资源可持续利用的必然要求。这是一种科学的管理体制、经营模式和政策机制，也是解决林业主要矛盾的政策基础。

4. 分类经营是实行科学经营，提高森林质量的重要措施

实行分类经营，对两类林业建立相应的制度和规范，按照不同的经营目标、方向、措施方案运行，有利于对两类森林都实行集约经营管理，使公益林业最大限度地发挥其生态效益，商品林业最大限度地发挥其经济效益，可以达到科学经营森林、提高森林效益和质量的目的。

（二）明确林业分类经营工作的主要任务和基本原则

1. 林业分类经营工作的主要任务

按照森林用途和生产经营的目的，把现有森林和全部林业用地划分为公益林和商品林。按照公益林业和商品林业的不同特点和经营规律，建立与其相适应的管理体制、资源培育方式、组织经营形式、投资体制和经营机制，制定和完善与之相适应的管理制度和经济政策。

2. 林业分类经营遵循的基本原则

（1）积极推进，循序渐进。整个林业分类经营工作通过试点逐步推进。中央和地方根据生态环境建设的需要和社会经济发展水平，自上而下，上下结合，由易到难，先重点后一般，因地制宜，划定公益林和商品林。

（2）事权划分，分级管理。明确中央与地方、政府与企业之间的权责关系。公益林作为社会公益事业，其建设管理是政府职能的要求，由各级政府进行组织建设和管理；商品林经营在国家产业政策给予的特殊支持和保护下推向市场。

（3）林业行政主管部门依法实行统一管理。依据《中华人民共和国森林法》《中华人民共和国森林法实施条例》的规定，林业行政主管部门是森林资源的行政主管部门，分

类经营后，各级林业主管部门对公益林、商品林的行政管理职能不变。

（4）与本地区经济和社会发展相结合。分类经营要从实际出发，根据本地的社会经济发展状况和生态环境建设的需要，将林业分类经营改革纳入经济和社会发展总体规划，以确保总体目标的实现。

（5）稳定林权。林地林木作为一个整体在管理上不可分割，林权证是确认森林、林木以及林地权属的唯一合法的法律凭证。已核发了的林权证不能因实施分类经营而改变。

（三）分类经营需要重点抓好的工作

1. 抓紧搞好森林分类区划界定

森林的分类、区划、界定工作是林业分类经营的首要基础工作，是林业分类经营改革的切入点和突破口。当务之急是要对所有林业用地进行分类。分类界定必须做到"五个到位"：一是现场区划到位，不能走过场；二是两林区划界定要落实到山头地块，界限分明，立碑公示；三是登记工作要到位，数据要准确，图表要齐备、统一；四是档案建立要到位，县、乡、村及国有森林经营单位均必须建立档案并要规范；五是与林权单位签订的协议或合同要到位，不重不漏。要从实际出发，根据当地的资源条件、生态环境条件和社会、经济发展的需求确定森林（含林地）多种功能的主导利用方向，并以此作为森林分类的依据。完整的森林分类区划界定工作要包括以下六个步骤：一是结合森林资源清查搞好森林分类区划界定的规划，特别是要根据森林的生态区位，确定哪些地方的森林应该划为防护林和特种用途林，为森林分类区划界定提供一个指导方案。二是建立领导办事机构和工作队伍。县、乡（镇）两级政府要成立由主管领导牵头，各相关部门参加的林业分类经营领导小组和办公室，组建承担森林分类区划界定具体操作工作的工作队。三是搞好试点培训。要组织参加此项工作的人员集中学习，掌握分类经营和森林分类区划界定的各项方针、政策、任务、目标、原则和工作步骤。四是加强宣传，统一思想认识和工作方法，层层落实工作任务和责任。五是搞好现场界定的外业工作。要深入山头地块，逐块界定落实林种。逐村、逐组、逐山头、逐地块、逐个林班、小班落实界定，明确四至界线和权属，核准土地种类和林种类型，并进行认真的填表登记，填写现场界定书，由乡、村、社干部群众签字认可。六是完善法律手续。在现场界定基础，填写界定书，由县、乡和参加界定的负责人与生态公益林的所有者和经营者代表签字，林权单位和县乡政府盖章，完善法律手续。同时要搞好公益林、商品林综合统计表和林种分布图，将完整的森林分类区划界定成果资料，上报县级人民政府、由县级人民政府组织审定验收后，正式行文上报省级林业主管部门，经省（区、市）人民政府批准上报（国家公益林）或者批准公布（地方公益林）。

2. 落实经营形式

对公益林，一般应采取"林权分散，经营管理集中"的形式。其中国有林原则上应该是国有国营，但也可以搞国有民营。对于公益林中的集体林，实行集体所有，集中经营和管护。个体林，从长远来看，不划为公益林的，最好不划；必须要划的，最好采取收买、调换等方式，变为集体所有或者国家所有，也可采取委托经营、联合经营的形式，由林权权利人委托国有林场、乡村林场、林业工作站等单位经营管理。

对于商品林，可以采取林主认为合适的经营形式，尽可能地放开放活。以经营成本最低，经济效益最高为目标，适宜什么形式就采取什么形式。

3. 划分林业事权

事权是在不改变森林权属关系的情况下，按受益的范围和性质，确定受益者的责任，主要是投入责任。公益林一般应划分为国家和省两级。《中华人民共和国森林法实施条例》第八条规定，"国家重点防护林和特种用途林，由国务院林业主管部门提出意见，报国务院批准公布；地方重点防护林和特种用途林，由省、自治区、直辖市人民政府林业主管部门提出意见，报本级人民政府批准公布；其他的防护林、用材林、特种用途林以及经济林、薪炭林，由县级人民政府林业主管部门根据国家关于林种划分的规定和本级人民政府的部署组织划定，报本级人民政府批准公布"。这是法定程序。根据这一规定，我国的公益林分为国家公益和地方公益林。国家公益林由中央财政补偿，地方公益林由各级地方财政补偿。国家公益林依照国家规定的标准，在各省已划定的公益林中进行确定。申报国家公益林，申报领取国家森林生态补偿基金，必须依法严格检查验收，并依法履行批准公布手续。

根据生态区位、受益范围确定国家公益林。凡跨省级地域发挥森林生态效益的大江大河上、中游和大型湖库周边的水源涵养林、水土保持林，大规模的防风固沙林，国家重点生态工程所形成的公益林，边境重地的国防林，沿海防护林基干林带，森林生态系统的典型代表和生物多样性保护特别重要地区的森林、林木和林地等，一般应划为国家公益林。国家公益林可以在以下范围内划定：①江河源头；②江河干流；③重要湖泊和大型水库周围；④沿海岸线第一层山脊以内或平地1000米以内的森林、林木和林地；⑤干旱荒漠化严重地区的天然林和沙生灌丛植被、沙漠地区的绿洲人工生态防护林及周围大型防风固沙林基干林带；⑥雪线及冰川外围地段的森林、林木和林地；⑦山体坡度在36度以上土层瘠薄，岩石裸露，森林采伐后难以更新或森林生态环境难以恢复的森林、林木和林地；⑧国铁、国道（含高速公路）、国防公路两旁的森林、林木和林地；⑨沿国境线范围内及国防军事禁区以内的森林、林木和林地；⑩国务院批准的自然与人文遗产地和具有特殊保护意义地区的森林、林木和林地；⑪国家级自然保护区及其他有重点保护一级、二级野生动植物及其栖息地的森林和野生动物类型自然保护区的森林、林木和林地；⑫天然林保护工程区内的禁伐公益林。

国家公益林必须由省级人民政府统一申报，同样，省级公益林应由地方市一级政府申报。

4. 落实国家对两类林不同的政策和管理制度

我国现行法律对两类林的投入政策、林权权利人的权利、采伐利用政策、流转政策都做了不同规定。分类经营后现行不分林种,一律对待的政策和管理制度都应作相应的调整,这才能全面、准确、严肃地执行国家法律和政策。

第三节 强化科技支撑和人力资源保障体系

现代林业大发展,出奇制胜在科技。必须全面实施科教兴林战略,大力推进林业新科技革命,为林业跨越式发展提供强大的科技支撑和不竭动力。必须全面贯彻人才资源是第一资源的战略思想,加速人力资源开发,为林业发展不断注入新的活力,提供强有力的人才保障。

一、发挥林业建设中的科技支撑作用

新中国成立以来,特别是改革开放以来,我国林业科技工作取得了长足发展,已经初步形成了包括科学研究、科技推广、标准质量、科技管理等在内的比较完整的林业科技创新体系,为促进我国林业发展和生态环境建设做出了重大贡献。但是,我国林业科技工作总体上仍处于以初级技术和实用技术为主的低度化状态,远不能适应国民经济和社会发展以及林业跨越式发展的要求。主要表现在:

一是林业基础研究薄弱,科技持续创新能力不强。全国从事林业基础研究的人员仅占科技人员总数的10%左右;在国家重大基础研究项目计划中林业所占的比例太低;对于森林与水、森林病虫害发生与控制机理等重大基础理论问题缺少持续、有效的研究。

二是高新技术应用滞后,对传统林业的改造、带动作用不强。生物技术、信息技术、新材料技术等高新技术的研究与应用在林业行业尽管已经起步,但尚未形成规模,没有实现重大突破,制约了我国林业产业的发展和全行业科技水平的提高。

三是科技与生产脱节的问题仍没有从根本上得到解决。我国林业科技进步对林业经济增长的贡献率仅为48%,不仅低于农业57.5%的水平,还低于全国58.5%的平均水平,更低于国外发达国家70%—80%的水平。同时,我国林业科技成果转化率只有55%,人工造林良种使用率为60.8%,虽然已经有了一定的发展,但仍有需要改进空间。

四是林业科技投入严重不足,总体实力较弱。目前,林业科技投入仅占林业总产值的0.3%;由原创性科技成果、高素质科技人才、先进科研手段和完备的基础建设等指标所反映的林业科技总体实力还相当薄弱。

五是林业科技队伍的发展水平参差不齐,整体素质有待提高。特别是缺乏了解世界林业科技前沿情况、学术造诣深、懂经营、善管理的高层次科研人才和复合型人才。

六是林业科技体制改革有待进一步深化,科技资源没有得到有效配置和充分利用。

21世纪上半叶,我国林业处于一个十分重要的发展时期。根据"三生态"战略思想,

我国将通过以重大生态工程建设为载体，促使我国林业实现由以木材生产为主向以生态建设为主的历史性转变，实现山川秀美的宏伟目标。为此，必须全面贯彻落实"科学技术是第一生产力"思想，大力推进林业新科技革命，深化科技体制改革，建立适应社会主义市场经济体制和林业科技自身发展规律的林业科技创新体系，为实现林业跨越式发展提供强有力的科技支撑。

（一）大力推广科学技术，全面提高林业生态建设的科技含量

紧紧围绕林业发展和生态建设对林业科技的迫切需求，选择先进成熟的科技成果和实用技术进行优势集成和组装配套，并通过建立科技示范基地、开展技术培训等多种形式，加速林业新技术、新品种的推广应用，充分发挥科技在林业生产和建设中的示范、辐射和带动作用，这是新世纪我国林业跨越式发展赋予林业科技推广工作光荣而又十分艰巨的历史重任。第一，要建立健全适应社会主义市场经济体制的新的推广机制，鼓励、引导广大林业科技人员从事技术推广、技术开发、技术服务和技术咨询，吸引政府和企业、社团、民间机构等社会力量参与科技推广工作。第二，紧紧围绕林业生产特别是生态建设中林木良种选育、营造林、天然林保育、荒漠化治理、重大病虫害防治、生物多样性、木质及非木质资源综合利用等重大技术问题，遴选水平高、适用性强的科技成果和实用技术进行推广应用，全面提高生态工程建设的科技含量。第三，根据林业科技的总体布局，在条件成熟的地区，建立一批林业科技推广试验示范点，通过科技成果和实用技术的组装配套，充分发挥示范样板和辐射带动作用。第四，加强推广体系建设，形成比较完善的省、地、县、乡四级推广网络。第五，加强林业技术培训工作。通过新闻媒介、培训、科普、科技下乡等多种形式和渠道，不断提高广大林农的科技文化素质，增强学科学、用科学的积极性和主动性。

（二）加大研究与开发力度，提高林业科技的创新能力

根据林业可持续发展总体战略目标，结合我国林业发展实际，跟踪世界林业科技发展最新动向，研究、预测和提出我国林业各个发展阶段对林业科学技术的需求及其关键技术问题和重大理论问题，以及我国林业科技自身发展需要研究解决的关键理论问题，找准各阶段林业科学技术研究与开发的主攻方向，明确和强化各阶段科研工作的重点，采取积极有效的措施，改革科研管理体制和机制，加大科研投入，以分类经营思想为指导，组织和实施好各项研究与开发计划。重点加强与树木育种有关的分子基础研究和以生物技术、信息技术为主的高新技术研究，为林业科学技术的研究与发展奠定坚实的理论基础，大幅度提高林业科技的基础理论水平和原始创新能力，大幅度提高林业可持续经营管理的技术水平，强化针对林业重点生态工程天然林保护、退耕还林、防沙治沙、防护林建设、自然保护区建设等亟须解决的关键应用技术开展科技攻关，研究突破林业重点工程建设中存在的

关键技术瓶颈，为林业发展以及提高森林生态效益和经济效益提供切实可行的、强有力的科技支撑。

（三）强化林业标准和质量监督工作，确保林业建设的质量和效益

应对社会主义市场经济体制的要求和国际上的激烈竞争，必须加快实施林业标准战略。一是要加大林业标准的制修订工作力度。紧紧围绕林业生态建设和产业发展在各个阶段的工作重点和实际需求，研究制定既符合世贸规则，又能保护本国利益，并有利于促进林业各项事业发展的林业标准和技术规程，建立健全以国家标准和行业标准为主体，地方标准和企业标准为辅的林业标准体系。二是要强化标准的实施和质量监督工作。加大标准的执行和实施力度，不断提高林业生产建设工作的采标率，使林业各项工作真正做到按标准设计，按标准施工，按标准验收；重点加强国家级质量监督检验中心建设，确保木质及非木质森林产品的质量，提高市场占有率和国际竞争力。三是抓好林业标准化示范工作，充分发挥示范点的示范样板和辐射带动作用。四是积极参与国际标准的研究制定，并逐步提高我国采用国际标准的比率。

积极开展森林认证工作，不断提高森林可持续经营的水平。参照国际森林可持续经营标准及指标体系，结合我国森林经营的特点和实际，系统建立我国森林可持续经营标准与指标体系，并在森林经营单位认真加以宣传、贯彻。同时，完成我国森林认证标准与原则的制定，在不同区域和不同层面的森林经营单位开展森林认证试点工作，完成森林认证机构、培训机构、人员资质技术规范的编制，建立比较完善的森林认证工作体系及其工作机构，促进我国森林可持续经营与国际接轨。

（四）加强专利工作，强化知识产权保护

根据国家实施专利战略的部署和要求，研究制定"林业知识产权保护条例"等管理办法，切实加强林业知识产权的保护与管理，维护国家、企事业单位和广大科技人员的合法权益。采取有效措施，鼓励、引导广大科技人员从事专利技术的研究与开发，力争在林木良种选育、营造林、重大病虫害防治、森林产品加工利用等方面，创造出更多的拥有自主知识产权的专利产品或技术，不断提高我国林业专利的数量与质量。提高专利技术的应用水平，促进专利技术尽快转化为现实生产力，创造效益，形成市场竞争优势。

积极推进植物新品种保护工作。一是加强林业植物新品种保护测试机构和代理机构建设，为植物新品种保护工作的顺利开展奠定基础，创造条件。二是加强植物新品种测试技术标准的制定，加快植物新品种的申请、检测与名录发布工作。三是建立全国统一的植物新品种数据库，并建立信息管理系统和网络体系。四是加大对植物新品种权侵权、假冒等违法行为的打击力度，切实维护新品种发明者的合法权益。

（五）增强科技产业建设，努力提高林业产业的竞争力和整体实力

实现林业产业发展的战略目标，建立比较发达的林业产业体系，必须以科技为先导，

充分发挥林业科技产业的强大推动作用。一是加强国家工程中心建设。依托工程中心在对科技成果进行中试的基础上,创造出科技含量高、市场竞争力强的优势产业和拥有自主知识产权、高附加值的名牌产品,使之成为林业科技产业的孵化器和辐射源。二是加强林业科技园区建设。根据林业科技力量布局和发展规划以及林业产业结构调整的需求,在全国范围内建设一批林业科技园区,以市场为导向,以林业科研机构和高等院校为技术依托,选择技术成熟、有良好产业化基础、市场前景好的科技成果进行优势集成、组装配套,形成规模化发展,建成集知识创新、技术创新、机制创新等多方面示范功能为一体的林业科技创新基地,培植一批科技型龙头企业。三是大力发展林业高新技术产业。紧密结合我国林业发展的实际,通过信息技术、生物技术、新材料技术等高新技术在林业上的应用,在林木种苗、竹藤花卉、资源培育、植物生长促进剂、木质及非木质新型复合材料、资源管理等方面建立一批林业高新技术企业,并以此促进传统林业产业的技术改造和产品的更新换代,提升林业产业的竞争力。四是建立健全符合市场经济规律的新型管理体制和运行机制。按照现代企业制度的要求,建立有效制衡的企业法人治理结构,实现政企分开,落实自主权,放活经营权;建立股份制、股份合作制等多种经营模式,形成有效的竞争激励机制,充分调动各方面投入林业科技产业建设的积极性。

(六)广泛开展林业科技国际合作与交流,提升林业科技的国际竞争力

随着全球经济一体化进程的加快,林业发展及生态环境建设将在一个更加开放的环境中进行,这给林业科技的发展带来了新的发展机遇和严峻的挑战。林业科技必须抓住机遇,沉着应对,尽快形成全方位、多层次、宽领域的对外开放新格局。一是针对WTO规则要求及其变化,及时加强对科技政策等相关问题的研究,制定应对措施,调整发展战略。特别是要充分利用"绿箱政策"中有关的优惠措施,加强林业科技能力建设,提高林业科技持续创新能力。二是抓住机遇,充分利用好国内国外两种资源、两个市场,不断扩大科技合作与交流领域。实施"走出去"战略,鼓励林业科技人员参与国际重大林业问题的合作研究,取得自己的知识产权和发展的主动权;实施"请进来"战略,不断加大引进国外先进技术和智力工作力度,提高我国林业发展和生态环境建设的技术水平和管理水平。三是积极开展经济贸易活动,促使我国林业科技新产品、新技术进入国际市场,参与竞争,提高国际影响力。

二、建立健全人力资源开发体系

(一)用现代化思想指导林业人才开发和教育

在人才战略实施上,树立整体性人才开发的思想,培养和开发适应现代林业发展需要的行业人才;在培养开发模式上,树立人才要主动适应林业发展需要的思想,把人才开发培养建立在自我提高、自我加压的基础上;在基础与专业教育的关系上,树立加强基础教

育，拓宽专业口径，增强人才培养适应性的思想；在知识传授与能力和素质的关系上，树立注重素质教育，融传授知识、培养能力与提高素质为一体，相互协调发展、综合提高的思想；在理论与实践的关系上，树立理论联系实际，强化实践教学的思想；在教与学的关系上，树立学生是教学活动的主体，更加重视学生独立学习能力和创新精神培养的思想；在统一要求与个性发展的关系上，树立在一定的教育目标指导下，人才培养模式的多样化以及加强因材施教，促进学生个性发展的思想；在本科教育与终身教育的关系上，树立本科教育要重视学生独立获取知识能力培养，为学生终身学习和继续发展奠定基础的思想。要充分认识到未来社会对高质量的人才需求的紧迫性，强化质量意识，建立起现代人才质量观。在加强素质教育中，注重学生思想道德素质、文化素质、业务素质和身心素质的全面发展。结合当地经济和社会发展实际，推动林业科技教育相结合，统筹发展农村的基础教育、职业教育、成人教育和高等教育，培养用得上、留得住的人才。

（二）建立健全林业教育培训制度，构建适应新世纪需要的人才培养模式

教育培训体系要建立政府统筹、教育部门主管、林业科技等多部门参与的管理机制。构建以高等院校、科研院所为龙头，地市、县高中等职业院校为骨干，乡、村农民学校为基础的省、地、县、乡、村林业农村教育培训体系。为扎实推进素质教育，应在农村初中适当引入劳动和生活技能的教育内容，特别是要把农村初中普遍开展"绿色证书"教育作为实施"全国绿色证书"教育的有效途径，从而加力推动我国林科教的改革与发展。

高等林业院校要按照"培养基础扎实、知识面宽、能力强、素质高的高级专业人才"的总体要求，探索多样化、多规格化的人才培养模式。高等林业院校根据人才知识能力素质结构的整体走向，要着重针对传统内容与现代内容、传授知识与提高素质、基础与应用、继承与创新、实施面向 21 世纪教学内容与课程体系改革计划等方面，深入展开研究，取得成果，通过试点后推广应用。教学方法的改革要有利于加强学生自学能力、独立分析解决问题能力的培养，有利于加强学生创新思维和实际创新能力的培养，有利于个性和才能的全面发展。

要进一步明确中央与地方、行业与企业、行业与社会的责任与分工，正确处理好行业管理与地方管理、行业培训与工程培训、行业培训与社会培训的关系。

（三）完善林业教育培训体系和运行机制

进一步制定并完善林业各类岗位规范、资格认定制度和持证上岗制度，制定配套政策，把培训、考核、使用结合起来，逐步建立培训、考核与使用一体化的运行机制。在林业行业中逐步推行职业资格证书制度，切实加强林业职业技能鉴定工作。利用多种形式积极开展林业培训，鼓励学校、企业、个人和社会团体积极参与。企业要对所属的员工定期地进行业务知识和机能的培训，创造条件为员工提供进修学习和培训的机会，包括在职或短期脱产免费培训、公共进修等。

网络教育的特点是信息量大，覆盖面宽，不受时间、地点的局限，适合社会各阶层受教育者的终身多种需求，是加强林业教育培训的好形式。要增加网络教育的各种设施，如专用卫星、计算机网络的硬件和软件。广泛开展网络教育，实施农村学校"校校通工程""农科教远程培训工程""西部农民远程教育工程"，扩大林业教育培训的覆盖面，尤其是要使西部地区和边远地区的学习者得到高质量的教育，基本普及信息技术教育，大幅度地提高农民的科学文化素质和运用科学技术的能力。联合高层次人才组成的国家科研院所、高等院校与企业形成网络，互相支持，成为一个开放的整体。重视基础教育，培养具有较高技能、能够传播最新知识的人力资源。

（四）活化用人机制

一是改革和完善专业技术职务聘任制，改革工资分配制度，改革大中专毕业生分配制度，建立社会保障制度，引导人才资源合理配置；二是发挥供求作用机制、竞争作用机制、工资作用机制等人才市场运行机制的作用，加强政府的政策指导和法律约束，使政策配套；三是吸引国内外高级人才为我国林业建设事业提供专门或短期服务，打破行政隶属关系、户籍管理制度和不同所有制关系对人才的束缚，实现人力资源跨地区、跨行业、跨所有制的优化组合；四是利用外国专家讲学、学术交流、合作研究、合作开发，合作培养研究生、指导实验室工作，用使其担任客座教授和顾问等方法，引进智力、信息和经验，实现人力资源的共享；五是支持多家企事业在自愿、互利的基础上，结成"人力资源战略联盟"，在更大范围内实现人力资源的共享。

（五）稳定基层和林区人才

通过对工资、福利、艰苦地区林业从业人员的津贴、特殊岗位津贴、住房待遇、工作条件、进修学习、职务职称晋升等政策调节措施，把优秀人才留在基层。据调查，林业行业的人员工资普遍比其他行业的工资要低，特别是林区工作人员的工资更低，因此，应制定向林业行业人员，尤其是基层或林区工作人员倾斜的工资、津贴和福利政策。比如，凡在林区工作的林业人员，可浮动工资，连续工作满一定年限的予以固定；长期在林区工作的人员，其津贴在工资中的构成可比国家规定的比例高；凡是到林区工作的大中专毕业生，可提前定级；对承担林业重大建设项目和重要研究课题的国内外专门人才实行岗位津贴制度，费用在项目和课题经费中专项列出；加大对员工提供经济性的福利服务项目的力度，例如，增加医疗保险、带薪疗养和休假的机会等。逐步改善基层和林区人员的工作和生活条件，进一步落实子女入学就业、配偶安置和退休管理服务工作，在购房上应给予适当的照顾，切实解决他们的后顾之忧；对基层和林区工作人员的职务职称晋升给予适当的照顾，在同等条件下应优先予以晋升等。

（六）建立林业人才库，培育林业人才市场

加强人才信息的收集、加工、储存和提取工作，建立人才考核评价和人才调查统计体

系（人才市场不仅仅指人才中介机构，它还包括人才供求的市场关系、市场信息、市场价格等内涵）。组建国家、省、地三级林业人才库，建设各级林业人才市场，建立完善各类林业人才网络体系，及时掌握人才资源状况，引导人才合理流动。

（七）制定劳工标准等措施，加强对林业劳工权益的保护

通过制定劳工标准，包括劳动报酬、劳动条件、劳动时间、劳动保护等措施，切实加强对林业劳工权益的保护。具体措施可以考虑：林区职工的工资标准不应低于同类行业人员，而且应保证按时足额发放；完善和落实各种基本的福利设施和制度，包括保证员工生活的项目（健康服务项目和各种集体服务设施）、员工文化娱乐项目和经济性的福利服务项目以及教育培训福利项目等。采取各种安全技术措施，控制或消除生产中极易造成员工伤害的各种不安全因素；采取各种劳动卫生措施，改善作业现场的劳动条件，避免化学的、物理的、生物的有害有毒物质危害职工的身体健康，防止发生职业性中毒和职业病；遵守标准工作时间，严格控制加班加点现象，保证劳动者有适当的工余休息时间。完善劳动保护的管理制度，包括宣传教育制度、安全生产责任制度、安全生产检查制度等。

（八）加强对全社会的林业和生态意识教育，提高全民的生态意识

应把增强国民生态文明意识列入国民素质教育的重要内容。通过加强森林公园、自然保护区、生态科普基地建设，出版科普读物，开展生动活泼、喜闻乐见的群众性宣传教育活动，向国民特别是青少年展示古今中外丰富的森林文化，扩大生态文明宣传的深度和广度。增强国民生态忧患意识、参与意识和责任意识，树立国民的生态文明发展观、道德观、价值观，形成人与自然和谐相处的生产方式和生活方式。要把林业和生态知识纳入中小学课本中，纳入科学普及和社会道德教育培训体系，以学校教育为起点，建立健全结构优化、纵向衔接、横向沟通的林业教育新体系，以高等院校、科研院所为龙头，以各级各类全日制学校为依托，以地（市）、县高中等职业院校及乡、村林业学校为骨干，以各级林业教育培训基地为重点，突出职业教育，强化成人教育，推广网络教育（远程教育）和继续教育，全面提高全社会的林业和生态意识。

（九）加强林区教育和人才开发

政府应关心和支持林区基础教育，确保林业基础教育的投入，巩固和提高林区基础教育的质量。目前林区基础教育使林业企业不堪重负，可以结合国有林区管理体制改革，交由社会来办。要加快林业职业技术教育的发展步伐，密切结合林业发展的需要，进一步发展中等林业职业技术学校和高等林业职业技术学院，将其作为培养劳动后备力量的主力军队伍。充分利用现有资源，鼓励高等学校利用社会投资兴办或与企业合作举办高等林业职业技术学院，大力促进林业职业技术教育的发展。采取多元化办学模式，发展林业高等教育，为林业现代化建设培养大批合格的高层次林业人才，在发展现有公立林业高等教育的同时，吸收民间力量和外国资金，鼓励和支持社会力量办学，积极推动中外合作办学，形

成多种所有制办学的格局。要制定优惠政策，稳定林区人才队伍，吸引国内外各类人才参与林区建设。

第四节 建立健全完备的林业法制体系

实行依法治林制度是保障林业发展、维护林业正常秩序的需要，也是林业发展的一条重要经验。在市场经济体制下，更要把林业建设的全过程都纳入法制轨道，对各种生产经营行为进行规范、引导和制约，强化与之相适应的法律，采取严格的法律手段保护森林，发展林业，保护林业建设者的合法权益，坚决打击一切破坏森林资源的违法犯罪行为。

一、林业法制建设的成就和现状分析

（一）林业立法工作取得很大成绩，但仍需进一步完善

改革开放以来，我国林业立法速度明显加快，全国人民代表大会及其常务委员会先后审议通过或者修改并颁布实施了7部法律，即《中华人民共和国森林法（试行）》《第五届全国人民代表大会第四次会议关于开展全民义务植树运动的决议》《中华人民共和国森林法》《中华人民共和国野生动物保护法》《中华人民共和国种子法》《中华人民共和国防沙治沙法》和《全国人民代表大会常务委员会关于修改〈中华人民共和国森林法〉的决定》。

国务院先后发布实施了有关林业的行政法规12部次，包括：《国务院关于开展全民义务植树运动的实施办法》《森林和野生动物类型自然保护区管理办法》《中华人民共和国森林法实施细则》《森林采伐更新管理办法》《森林防火条例》《森林病虫害防治条例》《陆生野生动物保护实施条例》《植物检疫条例》《自然保护区条例》《野生植物保护条例》《中华人民共和国植物新品种保护条例》《中华人民共和国森林法实施条例》等。除了上述有关林业法律法规以外，《中华人民共和国刑法》等有关法律法规也有一些涉及林业的修改规定。

由林业牵头执行（或参加牵头执行）的国际多边公约或者双边协定有4项，包括：《联合国防治荒漠化公约》《濒危野生动植物物种国际贸易公约》《关于特别是作为水禽栖息地的国际重要湿地公约》和《国际植物新品种保护公约》。参与执行的有4项《保护臭氧层维也纳公约》《联合国气候变化框架公约》及其《京都议定书》《生物多样性公约》。我国由林业负责执行的有关环境资源保护的双边协定有5个，即《中日候鸟保护协定》《中澳候鸟保护协定》《中美自然保护议定书》《中印老虎保护协定》和《中俄老虎保护协定》。

这些法律法规对加强我国森林资源、野生动植物资源的保护、培育和合理利用，开展全民义务植树活动和防沙治沙工作，建设管理自然保护区等发挥了重要的作用，促进了依

法治林的开展。随着市场经济体制的建立和林业的发展，必须对原有的法律法规进行修订、完善、补充，使之进一步发挥作用。已经不适应的要进行调整，空白的要予以补充，该强化的要予以强化。重点要研究制定保证生态优先、维护生态安全、推进生态文明的立法，贯彻实施《防沙治沙法》和国际公约的立法，以及制定若干配套的行政法规。

（二）有法不依、执法不严、徇私枉法问题时有发生

林业执法工作中有法不依、执法不严、徇私枉法问题时有发生，不仅阻碍了林业法制建设的进程，还玷污了林业主管部门的形象，是当前法制建设中最突出的问题。原因主要有：

1. 地方保护主义和官僚主义

一些地方政府、部门和单位重眼前利益轻长远利益，地方保护主义和部门保护主义严重，有的姑息纵容违法犯罪，有的对违法案件有着"大事化小、小事化了"的态度，推诿扯皮，久拖不决，有的领导存在着对法人犯法不治罪等严重错误认识，企业法人和政府领导违法案件不断发生，成了当前森林资源案件的主体。2000—2001年，在国家林业局受理的550起案件中，企业法人违法案件有176起，占32%；政府领导行为违法案件有345起，占63%；两项合计占95%。在处理林业案件时，以权压法、以罚代刑的现象时有发生。有的对本系统、本单位发生的问题有意掩盖包庇，该报的不报，该加重处罚的从轻处罚，该法办的内部处理了事。对随意采伐林木的，无人执法处理，有的纵容林业系统内部监守自盗，引发了破坏国家森林资源的恶性案件。

2. 对违法犯罪行为打击不力

有的地方领导干部法制观念淡薄，对严格执法的重要性认识不够，对破坏森林资源违法行为制止不坚决，打击不力。近年来，全国年均发生各类林业行政案件50万—60万起，其中，盗伐滥伐、毁林开垦、乱占林地、违法运输、经营加工木材案件数量居高不下，大案要案还时有发生。

3. 监管制度不完善

一是缺乏规范的案件报告制度。对一些突发事件、重大案件缺乏敏感性，反应迟钝，信息不灵。二是缺乏严格的责任追究制度。案件发生后，对于地方和单位负责人应该负什么责任，都没有可遵循的明确依据，使得森林资源监管措施乏力度，许多案件只是不痛不痒地处理一下了事。国务院已经明确表示，要建立健全领导干部保护和发展森林资源任期目标责任制，把各级政府的主要领导作为第一负责人，但这一机制在落实上还缺乏有效的具体措施。

4. 执法队伍素质有待提高

林业执法内容的复杂性、专业性等特点，决定了从事林业执法工作的人员必须具备较高的素质，掌握一定的法律知识和专门的林业知识。《中华人民共和国行政处罚法》和国

务院的有关规定实施以后，全国林业系统经过多次清理整顿，虽然基本上纠正了合同工、临时工的执法现象，但从整体上看，林业执法人员素质还比较低，还不适应林业执法的需要。一是从事林业执法工作人员的总体知识水平不高，大量在第一线工作的基层执法人员受教育程度较低。二是执法人员的法律知识不全面，除森林公安干警根据《中华人民共和国人民警察法》的规定具有一定专业知识外，多数基层执法人员接受法律知识培训、学习的经历十分有限。三是办案质量不高，有的案件在法律法规适用、执法程序、法律文书制作等方面都出现了不同程度的差错，很难保证公正执法。四是少数执法人员徇私舞弊、滥用职权，以权谋私，执法犯法，损害了法律应有的公正性和严肃性，影响了林业主管部门的形象。

5.执法体制不顺

从林业执法的主体资格来看，有的执法主体不是行政机关。东北内蒙古国有林区的130多个国有林业局，既行使森林资源管理职能，又是森林资源的经营利用者。本身不是行政机关，又不是事业组织的国有林业局，却又必须代表国家行使行政处罚权。有的执法人员没有公务员身份，仍为企业或者事业编制。据2000年统计，四川全省2817名森林公安干警中，企事业编制占75%之多。

从林业执法条件来看，有的执法机构执法经费没有固定来源。森林公安机关大部分属于事业编制，有的经费短缺，个别的甚至靠执法活动维持正常工作。基层林业工作站有的事业费都难以保证，还要承担繁重的执法任务。四川省凉山州1998年有森林公安、林业检察、林政、林业稽查、木材检查站等6种主要执法机构，有在岗执法人员690多人，由于地方编制限制、财政困难等原因，其中93%的执法人员均依靠当地征收的育林基金来获取开支。

（三）普法工作开展不平衡

林业普法是林业法制建设的基础性工作。只有人们对国家的法律有了基本的了解，遵纪守法，规范各种行为，才能依法行使自己的权利和履行自己的义务。目前林业普法工作的开展还不平衡：一是一些地方领导干部对普法工作的重要性认识不足，没有把普法工作摆上议事日程，普法工作机构不健全，普法经费不落实，没有认真执行考核验收制度，致使这些地方的普法工作水平整体较低。二是在一些边远的林区，由于经济、文化发展水平的限制，信息传播手段落后，普法培训工作难以开展。个别地方还受封建迷信思潮影响，或者是家族宗法观念至上，增强法律意识的动力不足。三是一些地方由于客观条件限制，森林资源稀少，对林业的地位和作用认识不深，林业主管部门机构不健全，对林业法律、法规的宣传、执行不到位。

二、加强林业法制建设的途径

（一）强化综合法律对林业的支持，加强林业专项立法

清理、修改国家综合法律条款不适应加速林业发展的部分，使之适应林业发展的要求。在完善林业综合立法的基础上，强化林业专项立法，特别是要突出对生态建设、生态安全和生态文明的立法，抓紧制定天然林保护、退耕还林、湿地保护、国有森林资源经营管理、森林林木和林地使用权流转、林业建设资金使用管理、林业工程质量监管、林业重点工程建设等方面的专项法规，加快修订现行不适应市场经济要求的法律法规，尽快建立现有法律的配套法规体系，确保林业各方面的工作都有法可依。

（二）建立和执行破坏森林资源案件责任追究制度

针对当前森林资源保护管理的严峻形势和大量案件的形势，要建立和严格执行发生破坏森林资源案件责任追究制度。对凡是不认真履行职责，监管失误，甚至违反有关法律、法规和政策规定，执法犯法，导致森林资源遭到破坏的国家工作人员，要坚决追究其行政责任直至法律责任。

（三）加大违法犯罪的打击力度，有效遏制林业重大案件发生

要结合林业案件发生的形势，及时组织开展林业严打斗争，制造声势，严厉打击破坏森林的违法犯罪活动。林业系统内部监守自盗是一种十分恶劣的行为，造成的社会影响极恶劣，必须切实加大查处和打击的力度，决不姑息养奸。东北、内蒙古重点国有林区是我国森林资源分布最集中的地区，要把这一区域作为严打整治的重点区域来抓，打击重点是超限额采伐和企业法人的违法犯罪行为。要狠抓一批超限额采伐的典型案例，一查到底，直至追究企业法人的法律责任，以坚决遏制破坏森林资源犯罪行为的蔓延之风。林业主管部门要加强与公安、工商、海关、监察、环保和检法部门的合作，相互支持，协同作战，形成严打整治的强大合力。对影响重大的案件，要请检察院和法院提前介入，力争快破、快捕、快判，做到严格依法办案，绝不以罚代刑，大事化小。要建立督办案件和严打情况通报制度，实行重点对象挂牌治理，领导挂牌督办，限期查结。

（四）严格执法监管，建立规范约束的执法机制

一是实行案件报告制度和案件督办制度，对所辖区域发生的破坏森林资源案件，未及时发现、上报，甚至是隐瞒不报的，要严肃追究有关责任人员和领导的责任。对查处林业案件不力的，上一级林业主管部门要下达督办通知书，案件管辖单位要在限定时间内办理完毕并报告处理情况。

二是实行错案追究和赔偿责任制度，对不负责任造成有法不依、执法不严的，要追究

执法人员的责任；对违法办案造成侵犯当事人合法权益的，要依法承担赔偿责任和其他法律责任。

三是加强执法检查，扩大社会监督，建立行政执法动态监督机制。在加强内部监督的同时，扩大外部监督制约。各级人大、政协要及时组织林业法实施情况检查、视察活动，抓住执法中的热点和难点问题，实行重点检查监督，对执法中存在的问题，督促其改正。加强对全社会的林业法制宣传教育，林业主管部门要广开举报途径，设立投诉电话，明确举报受理机构和人员，积极履行告知义务，自觉接受社会监督。

四是改革执法体制，进行相对集中的执法权探索。林业执法工作要不断适应林业发展的新形势，积极探索建立有利于提高林业执法权威和效率的执法体制。具体做法是，在县级以上林业主管部门设立综合性的专门执法机构，将以林业主管部门名义行使行政处罚权、现在由林业主管部门不同的内设机构负责查处的林业行政案件，全部由执法机构负责查处，其他机构负责主管业务的管理工作，不具体参与案件查处，林业主管部门的法制工作机构对执法工作依法负责监督管理。

（五）规范执法行为，提高林业行政执法队伍素质

一要把好入门关，录用执法人员要有严格的标准，经考核合格的才能上岗，同时要安排政治素质好、责任心强的人从事执法工作。二要经常不断地抓好执法人员的学习、培训工作，使其牢牢掌握林业法律法规知识，对所从事执法工作的范围、对象、权限、手段、权利和义务等内容，必须熟练掌握，并且及时更新知识结构。三要抓好执法队伍教育，实行廉政执法，对少数素质低、不符合执法资格条件或者有违法乱纪行为的执法人员，要坚决予以清除。四要坚持实行凭证执法，从事林业行政执法活动的，应当取得全国统一的《林业行政执法证》。五要建立激励机制，定期开展评比活动，对在执法工作中成绩突出的执法人员，给予精神或者物质奖励。结合实行执法责任制和错案追究制等，建立和推行执法人员考核"末位淘汰"机制，对一定时期内考核结果在本单位排名居后的执法人员，根据具体情况调离执法岗位，重新安排工作。

（六）强化林业普法，使公民知法懂法

林业普法是一项长期的、艰巨的工作。各级领导要高度重视普法工作，指定专人负责，建立专门的队伍，制定切实可行的普法规划和计划，明确普法工作的主要任务、目标、实施步骤和考核验收办法，提供并落实必需的经费，为完成各项普法创造良好条件。

1. 建立健全普法工作制度

要建立健全普法工作目标管理责任制。各级普法规划分解形成年度工作计划，层层落实工作任务，明确年度工作目标，并组织进行严格的考核，考核结果作为评价普法工作机构业绩及对普法工作人员进行奖惩的主要依据，以此加强对普法工作人员的管理，提高普法工作质量。要建立健全公务员法律知识学习培训和考核制度。林业行政主管部门的公务

员（包括各级领导干部）多数都要在日常工作中履行法定的职责，他们的法律素质的高低直接影响到了法律实施的后果，影响到了行政管理的水平，影响到了行政决策的效益。因此，应当始终把公务员列为重点普法对象，定期组织法律知识培训并进行考核。抓好了以公务员为主的普法对象的学习培训，就抓住了普法工作的重点。

2. 将普法考核结果作为干部、职工晋升、晋级的重要依据

普法工作往往被视为"软"任务、可有可无的事情，产生这种现象的原因主要在于人们对普法工作重视不够，对普法的作用认识不深。目前，把"软"任务变成"硬"指标是提高普法工作效率的关键所在。总结各地的经验，在今后的普法工作中，一个可行的办法是，逐级推行把普法考核结果作为干部、职工晋升、晋级的重要依据之一，从而把普法工作与每一个普法对象的切身利益紧密相连。这样做有利于提高人们对普法工作重要性的认识，增强普法工作实效，也有利于提高干部、职工自身的法律素质，从整体上不断推进普法工作。

3. 落实普法工作经费

普法工作的目标是提高全体公民特别是各级领导干部的法律素质，因此，普法工作具有一定的公益性。普法工作又是由各级政府及其有关部门组织进行的，体现了一定的政府职能。从做好普法工作的外部条件来说，必须保证一定的工作条件。所以，必须严格执行中央关于普法工作所需经费应列入各级政府的财政预算的规定，确保普法工作的有效运转。

（七）改革林业行政审批制度

要按照逐步建立与社会主义市场经济体制相适应的行政审批制度的要求，按照WTO的原则，改革林业行政审批制度，促进依法行政，提高行政效率。要在全面清理林业行政审批制度的基础上，提出改革的意见。改革的原则是正确处理合法性原则和合理性原则的统一，对既合法又合理的，提出保留意见；对有法律法规和规范性文件依据，但已不适应政府职能转变和市场经济要求的审批项目，提出取消或调整的意见；对符合合理原则，但不符合合法原则的，尽快提出依照法定程序制定文件的建议。

（八）加强对国有森林资源的监管

由于国有林区管理体制不顺，在一定程度上加剧了对森林资源的破坏。要充分用足现在有的条件，加强对资源的监管。按照《中华人民共和国森林法实施条例》的有关规定，抓紧向天然林资源保护工程区及重点集体林区的省份派驻森林资源监督机构，进一步加强对森林资源保护管理的监督检查。各地要从实际出发，逐级向下派驻森林资源监督机构。抓紧制定森林资源监督管理办法，规范监督行为，明确监督职责。对不履行职责，搞假监督和软监督的，要严肃追究监督机构主要领导的行政责任。

第五节　建立与国际接轨的新型合作交流体系

新世纪的林业发展必须积极面对经济全球化、贸易自由化以及我国加入WTO的机遇与挑战，广泛吸纳外部生产要素和先进管理思想，全方位扩大林业对外开放，加强林业领域的国际合作，加快国际接轨步伐，大力发展外向型经济，扩大林业发展空间。

一、顺应林业发展的国际趋势

1. 随着全球环境问题的加剧，林业的国际地位日显重要

随着全球对森林与环境问题的日益重视，全球林业正在发生着深刻的变化。人们最早认识的林业是一项传统产业。自16世纪早期工业革命以来，人类文明加速发展，但生态环境却在不断恶化。气候变化异常、生物物种消失、土地资源荒漠化等一系列与森林有关的环境问题使人们对林业内涵的认识逐步深化。林业已经成为国际政治、经济、外交斗争的一个重要方面，地位日益重要。特别是1992年联合国环境与发展大会之后，林业的公益效益及其地位正在日益得到强化。为了迎接新形势的挑战，各国政府和国际组织纷纷调整了自己的发展战略，力求在竞争发展的大格局中立于不败之地。

自1992年联合国环境与发展大会以来，国际社会先后成立了政府间森林问题工作组、政府间森林论坛、联合国森林论坛等机构，开展了世界范围内的官方磋商，力争在此问题上有所突破，以实现全球性的森林可持续发展。与此同时，由全球150多个国家参加的森林可持续经营标准与指标的国际进程和林产品认证工作也在蓬勃发展，国际社会所产生的变化都不同程度地直接影响或间接波及了各个国家的林业部门。近年来全球范围内开展的林业政策、计划和管理机构的调整，不仅体现出外部的政治经济倾向，也反映了林业部门内部的变革。从经济贸易方面来看，我国入世后，将面临"国内市场国际化，国际竞争国内化"的残酷的竞争局面。上个世纪末期，亚太经合组织的一些发达成员就为更多地占领国际市场提出了要超前于WTO实施贸易投资自由化（即2004年取消贸易壁垒），林产品是优先讨论的9种商品之一，但通过发展中成员的努力使他们并未达到目的。2001年11月10日，我国正式成为WTO成员方，表明了中国积极参与区域和世界经济合作的立场。入世后，中国将严格遵循国际通行的市场规则，实行公开、透明、平等的贸易和投资政策，进一步推动全方位、多层次、宽领域的对外开放。这也意味着我们在享受权利的同时还要承担相应的义务，在拓宽发展空间的同时要失去一些阵地。按照WTO协议，我国的林产品最晚在2020年前就要完全进入全球市场。

2. 国内林业新形势对推进林业国际合作提出了新要求

加入WTO后，我国将由目前有限范围和领域的开放转变为全方位的对外开放；由以

试点为特征的政策主导下的开放转变为法律框架下可预见的开放；由单方面为主的自我开放转变为与世贸组织成员之间的相互开放。随着我国改革开放的不断深入，党中央、国务院和社会各界对林业空前重视，国民经济发展和社会可持续进步对林业的要求也越来越高。林业已经成为我国国民经济和社会可持续发展的基础，成为我国生态建设的重要的组成部分。特别是西部大开发战略的实施和六大林业建设工程的相继启动，使林业的转轨变型进入了实质层次，林业的性质、任务正经历着前所未有的深刻变化，林业正在加速实现由以木材生产为主向以生态建设为主的历史性转变。传统林业的影子正在日趋淡化，现代林业的轮廓正在显现。所有的这一切不仅给林业的对外开放工作带来了良好的发展机遇，同时也带来了挑战。

3. 中国林业必须更广泛地参与国际分工与合作

经过多年的不懈努力，我国林业对外开放工作取得了显著的成绩。截止到2000年底，国家林业局已同世界上近1/3的国家和地区建立了工作联系和合作关系，同22个国家签订了部门间林业合作协议，代表中国政府同6个国家签订了8个政府间协定，利用国外资金约25.6亿美元，林产品年进出口贸易额达182.49亿美元。同时还积极参与多边国际活动，已代表国家加入了11个国际公约或国际组织。此外，还开展了海外森林开发，输出林业科技成果和林业机械设备等业务。

但是，随着全国和全球经济一体化进程的加快，地区界限、行业界限、国别界限越来越模糊。林业如果不加大力度，主动融入经济社会发展的大格局，就会逐步被时代所淘汰。我国必须紧紧抓住机遇，采取有力措施，在对外开放的广度和深度上迈出实质性步伐。开展对外交流与合作，这是实现林业跨越式发展的需要，是我国林业同世界林业接轨的需要，必须从世界经济发展的客观规律和共同发展趋势的高度认识我国对外开放的客观必要性，进一步实行走出去，引进来的对外开放政策，把对外开放作为一项战略性任务抓紧、抓好。要在自力更生的基础上，把视野从国内范围扩展到国际范围，放手调动国内一切可以调动的积极因素，放手利用国外一切可以为我所用的因素，引进来、走出去，学习、引进、吸收国外的先进经验和实用技术，以天下之长补己国之短。

二、加快林业与国际合作的有效措施

1. 增强开放的意识，树立正确的指导思想

面对林业改革开放发展的新形势，必须顺应全球化的发展趋势，进一步扩大对外开放力度，发展开放型经济，扩大商品和服务贸易，优化进出口结构，坚持和完善利用外资方针，有步骤地扩大开放程度，以增强中国林业在国际上的竞争力为目标，不断提高林业对外开放的水平和效益。

必须关注全球环境保护事业日益升温的形势，履行林业有关的国际公约。必须从国际和国内发展的趋势出发，积极扩大国际合作与交流。必须跟踪全球林业动态，积极参加研

究对策，按照维护国家权益、为国家林业建设服务的原则，积极参与国际合作。要针对我国加入世界贸易组织、参与国际森林问题磋商和亚太经合组织林产品贸易自由化谈判等国际重大活动，认真研究经济全球化后给中国林业带来的挑战和我国林业参与国际贸易的利弊，要结合多边国际谈判，积极参与全球林业游戏规则的制定，以及加快我国森林可持续经营标准与指标体系、森林认证体系的建立，及时做到中国林业与国际林业的接轨。

2. 应对加入 WTO 的新形势，认真研究入世后的林业对策

WTO 的基本规则是建立一个公正、开放、统一、透明、有效率的全球一体化市场，促进全球资源的合理配置。这既给我们带来了机遇，同时也带来了挑战。机遇主要是有利于缓解国内森林资源压力，促进天然林保护、退耕还林等林业生态工程建设有利于改善林业投资环境，增加资本流入，有利于林业企业的长远发展，有利于促进林业产业结构调整，提高优势产业国际竞争力，如我国的木材市场、林产品出口、花卉、森林旅游等均可因此受益。面临的挑战主要是，我国的产业管理体制和企业经营机制将受到较大的冲击，部分失去保护的产业前景堪忧，像我国的人造板、制浆造纸、林业机械、经济林果等行业短期内就将体会到国际竞争的残酷性。

要研究我国就加入世贸组织做了哪些与林业有关的承诺，给林业带来了什么样的机遇和挑战，在此基础上，提出能够趋利避害的可行办法。WTO 的 23 个协议 492 页中只有两项条款关涉到了企业，其余均与政府有关。政府要从管制与审批的管理模式中摆脱出来，建立一个全面、彻底的市场机制。入世后我国政府对经济的管理将从参与微观活动转变为重视宏观调节，将逐步把精力集中在少数关系到国计民生的重要领域，如农业、生态保护、基础设施建设等。这就要求我们要顺应新的形势，切实转变政府职能，提高政府对林业的宏观调控能力，加强依法治林，使林业行政管理制度化、法制化、规范化、程序化。

3. 积极参与林业全球游戏规则的制定

研究制定适合我国国情的森林可持续发展标准和指标体系，制定林产品贸易相关政策和对策，维护国家的根本权益。要充分利用"绿箱"政策，特别是有效利用结构调整支持、环境计划支持、地区援助等手段，加强林业的能力建设，提高我国林业产业的竞争力。

积极参与国际多边合作，在积极参与国际森林问题多边磋商以及亚太经合组织林产品贸易自由化谈判等对我国林业有影响的重要活动的同时，结合我国加入 WTO 的现实，认真研究我国林业，特别是林产工业面临的挑战以及将来国际森林公约政府间谈判、林产品区域贸易自由化对我国带来的利弊。

4. 认真履行与林业有关的国际公约

不论是由林业牵头执行的《联合国防治荒漠化公约》《濒危野生动植物物种国际贸易公约》《关于特别是作为水禽栖息地的国际重要湿地公约》等，还是参与执行的《保护臭氧层维也纳公约》《联合国气候变化框架公约》《京都议定书》《生物多样性公约》，以

及有关双边协定等,都要认真履行我们的义务,切实按公约办事,加大履约的责任,树立中国在世界上的良好形象。

5. 利用好国内外两种资源、两个市场

要着力在引进技术、引进资金、引进管理经验上下功夫。实施木材资源进口替代和木材加工产品出口导向相结合的战略,尤其是沿海地区,应借助地利,发挥优势,为引进外资造林,发展林产工业创造经验。充分利用国际资源,弥补国内需求缺口,发挥比较优势,以形成多层次的对外开放格局。大力发展外向型经济,增强林业的国际竞争力。

6. 转变政府管理经济方式,提高按国际通则办事能力

最大限度地减少对林业企业的直接管理,变直接管理为间接管理,变单项管理为综合管理,变实物管理为价值形态管理。同时,要改革林业投资体制,全面建立生态效益补偿制度,这是广泛吸收资金、调动全社会生态保护积极性的根本举措。

尽快建立现代企业制度,提高企业国际竞争力。要摆脱资源约束,加快工业原料林基地的建设步伐、加大国外森林资源的开发力度。人造板业要提高主导产品生产规模、档次,巩固市场占有率。制浆造纸业要实现林纸一体化,以市场为导向,做到以纸促林、以林保纸。森林旅游要加强优势旅游资源开发,培植森林旅游企业。花卉产业则要依据不同生态条件发展特色品种,着力市场建设等。

7. 开展全方位多领域的对外交流与合作

一是采取多元化的策略把林业融入国际主流。积极引进发达国家的关键技术、管理手段、政策经验及先进适用的成套设备,为我国林业建设事业服务。要发展双边,加强多边,稳定周边,开拓民间,积极促进林业对外开放的全面发展。即在合作渠道上,坚持官民并举,突出发挥民间渠道的灵活性;在合作对象的选择上,统筹兼顾,把引进技术和资金的重点放在西方发达国家上,把输出人才和科技成果以及引进资源的重点放在周边国家及其他发展中国家上;在合作形式上,要采取多样、灵活的方式,要发挥优势、扬长避短,进一步完善多渠道、多层次、多形式、全方位的对外交流与合作。

二是多渠道、多层次筹措资金,进一步加大利用外资力度。积极争取国外援助、优惠贷款和外商投资,投入营造林、林产工业、制浆造纸等领域建设。①发挥林业资源优势,努力扶持外向型林业企业发展,在强化传统主导出口产品的同时,积极开发新兴产品、高附加值产品,把我国林业新产品、新技术打入国际市场,增加国际竞争力。②进一步扩大利用外资的规模。在充分利用林业自有资金、国家拨款和贷款的同时,还应实行多渠道、多方式、多层次的投入。要考虑把利用外资同调整经济结构、促进产业优化升级、提高企业经济效益结合起来,同建立和完善社会主义市场经济体制,增强林业行业的国际竞争力结合起来,同扩大出口,发展外向型经济结合起来。③抓住国际社会和发达国家关注环境和森林的有利时机,结合我国西部大开发战略中林业生态建设工程,继续积极争取无偿援助,同时积极探索利用发达国家的政府低息优惠贷款推动合资合作。根据我国商品林基地建设和林业产业化发展的实际需要，积极发挥政府外事部门的优势及桥梁作用，为企业使用外国政府贷款、招商引资搭台，形成政府搭台、企业唱戏的局面，扩大利用外资规模，弥补国内林业建设资金的不足。

三是充分发挥科技合作的先导作用，促进我国林业的升级上位。科学技术的国际化、全球化趋势已日益明显，国际互动已成为参与国际竞争的重要手段。面向21世纪，林业科技发展必须站在国际化的高度来构想，要在扩大贸易、国际科技合作与交流等方面取得长足进展。林业国际合作要以科技为基础，以市场为导向，以贸易为纽带，以经济效益为目的，走科经贸一体化的发展道路。重点要在生态环境问题、实施西部大开发战略、林业重大工程建设以及林业产业建设中充分发挥其先导作用，通过进一步促进我国林业的科技创新，为林业发展提供强有力的支撑和保障，同时也为新世纪林业建设提供更广阔的发展空间，以推动林业的跨越式发展。

8. 从战略的角度抓好海外森林开发

要加大海外开发森林、输出劳务和技术的力度，合作方式可视本部门、本单位的具体情况灵活多样。要有重点地将对俄森林资源开发作为突破口，积极探讨与非洲、东南亚、南美洲等地区合作开发森林资源的有效途径和具体方式，通过境外投资获得长期来源，以缓解国内木材供需矛盾；与境外投资相结合，实行有选择的资源开发劳务输出政策，将林业开发项目与适量的劳务输出结合起来；以国内较成熟的技术和成套设备作为投资，有计划地到发展中国家发展林业加工工业。

9. 提高外资项目管理水平

世行贷款造林项目、联合国援助项目、外国政府援助项目以及国外海外民间捐赠项目的实施为林业建设注入了活力。要切实加强对这些项目的实施和管理，树立良好的国际形象，为争取新的项目创造条件。

参考文献

[1] 彭镇华. 海峡西岸现代林业发展战略 [M]. 北京：中国林业出版社，2010.

[2] 李克亮，宋宗水，宋继善，等. 中国林业发展战略问题研究 [M]. 北京：中国林业出版社，1986.

[3] 孙建. 中国非公有制林业发展的实践与探讨——关于非公有制林业经济的战略研究 [M]. 北京：中国林业出版社，2008.

[4] 雷加富. 中国森林生态系统经营——实现林业可持续发展的战略途径 [M]. 北京：中国林业出版社，2007.

[5] 中国可持续发展林业战略研究项目组. 中国可持续发展林业战略研究总论 [M]. 北京：中国林业出版社，2002.

[6] 周生贤. 实施以生态建设为主的林业发展战略——中央林业决定落实情况调研报告 [M]. 北京：中国言实出版社，2005.

[7] 陈幸良. 中国现代林业技术装备发展战略研究 [M]. 北京：中国林业出版社，2011.

[8] 袁尚勇. 林业可持续发展战略理论与实践 [M]. 北京：中国林业出版社，2012.

[9] 李世东. 中国林业信息化发展战略 [M]. 北京：中国林业出版社，2012.

[10] 刘延春. 生态·效益林业理论及其发展战略研究 [M]. 北京：中国林业出版社，2006.

[11] 李育才. 面向 21 世纪的林业发展战略 [M]. 北京：中国林业出版社，1996.

[12] 彭镇华. 北京现代林业发展战略 [M]. 北京：中国林业出版社，2014.

[13] 姚昌恬. 西部大开发林业生态建设发展战略及政策研究 [M]. 北京：中国林业出版社，2003.